华为营销方法丛书

销售就是拿订单

华为金牌销售的成长之路

THE PURPOSE OF SALE IS TO GET THE ORDER

THE COURSE OF BEST SELLER'S GROWTH OF HUAWEI

周庆 易鸣 向升瑜 ◎ 著

中国人民大学出版社
·北京·

各个基础单位一定要有效益，否则公司就没有存活下去的基本条件。我们未来的改革一定要把销售收入、优质交付所产生的贡献作为基本薪酬包和奖金。

——任正非 2014 年《洞庭湖装不下太平洋的水》

前言

三十年来，华为人以市场为驱动，聚焦客户需求，不断冲锋陷阵，历经艰难困苦后铸就了当下的辉煌。在华为的发展过程中，华为销售人员的狼性精神一直被业内外所推崇，被尊为学习的榜样。

基于“以客户为中心”的价值导向，构建系统销售能力是华为市场人员辗转世界各地，搞定客户的关键。让华为人具有一线实战能力也被定为华为持续发展壮大的核心竞争力。没有上过前线，没有打过仗，没有拿下过项目，在华为是很难有晋升机会的。同时，一些机关岗位、研发岗位的人员也会被强制要求去一线锻炼，接受市场的洗礼。2016年10月底，华为就一次性派出2 000多名具有15~20年研发经验的高级专家及高级干部投入市场。在任正非看来，只有把对技术的深刻理解能力与前线将士的战场掌控能力结合在一起，才能赢得未来的战争。

由此可见，构建强大的销售能力，不论是对个人的职业成长，还是对企业的持续发展，都很关键。在现代企业管理中，销售能力的建设不再只是销售人员的关切点，而是企业所有成员都必须重视的课题。只有全员皆兵，才能打赢每一场战争。

许多企业在学习华为营销的过程中，想了解华为的销售人员究竟具备怎样的结构化能力，又是如何作战的。依笔者的经验认知，华为销售的成功之处并不在于从行业中找到了业务能力最强的营销人员，而在于华为能够根据自身情况以及产品特点对销售人员进行有针对性的培训，并且促使销售人员通过不断摸索、学习，不断创造，成长为专注、有狼性、有战略思维能力的金牌销售员，并且在这个过程中逐渐形成了华为独有的销售模式。

所以，任何公司想要向华为学营销，任何销售人员想成为华为式的金牌销售，首先需要透彻理解华为的营销精神和行动法则，然后再投入实践中。

为了能够更好地给读者朋友提供营销管理方面的帮助，本丛书创作团队从实践出发，将多年来积累的客户需求挖掘和项目管理经验，以及行业内外的经典案例，编著成册，向读者朋友们全面展示华为金牌销售的成长之路。

本书以华为金牌销售的营销技巧为核心内容，从华为金牌销售的狼性基因，盯紧目标客户、开启销售大门，在一线实践中快速成长，在销售过程中强化销售能力，借助自己的销售能力拿下更多销售额，开阔自己的视野、挑战自我等多个方面阐述华为金牌销售是如何进行有效的销售准备，又是如何接触客户、跟进目标客户，最终打动重点客户，拿下订单。

在本书的创作过程中，我们结合华为公司的实际情况，以及笔者所了解到的或参与过的华为发展过程中的公开案例、华为人的经验等内容为大家剖析华为金牌销售的成功之处。

同时在写作过程中，我们尽量贴近企业当下的现实情况，注重将知识理论与真实事件相结合，以便于读者更好地理解华为金牌销售的营销技巧，从而能够真正解决实际工作中遇到的难题。希望各位读者朋友能够通过阅读本书，提高自己的营销能力。

在写作过程中，有幸得到了众多相关人士的支持，在此深表感谢。同时我还要感谢我的合作伙伴周庆先生、向升瑜女士，没有你们的全力支持和互相配合，这样的研究工作也无法得以顺利完成。

衷心希望各位读者朋友能够通过阅读本书，有所收获，这也是对笔者最高的奖赏。同时，本书的论述难免有不足之处，还希望读者朋友们提出宝贵的意见和建议。

易鸣

2018 年 2 月

目录

第1章 华为狼性基因

『企业就是要发展成一批狼！』这是任正非在1988年6月华为刚创立不久时提出来的口号，也是任正非第一次强调狼文化。任正非一直强调的这种『狼性文化』被深深地刻在所有华为人心中，并在他们的工作中一直践行着。

1. 三十年征战的背后

1987年，任正非创立华为时，注册资本仅有2.1万元，从事的不过是一些小型交换机、火灾警报器等产品的代理销售业务。后来，华为误打误撞进入了交换机领域；在激烈的市场竞争中，任正非带领华为人凭借狼性精神在通信领域脱颖而出。

1.1 从野蛮成长到称雄世界

中国内地最早的移动电话叫作“大哥大”，1987年这个像砖头一样大的家伙出现在深圳、广州等最先富裕起来的人群中。当时，买这样一部电话要两万多元，光入网费就得八千元，这个钱可以在深圳买套房子。

同年，华为在深圳郊外宝安的一个工业园成立。那个时候的华为还不知道自己未来能做什么，更不会想到自己会成为中国移动电话快速普及的强劲推手。当时的华为，为业务部门配了一部大哥大，部门领导出门谈业务时拿着，用来在客户面前撑门面。

早年的华为当了一段时间的“倒爷”，而后一直在固网领域耕耘，不温不火。从 1998 年年中开始，华为从“有坚实天花板”的固网领域，战略转移到“无线的未来是无限”的移动通信领域，开始了华为发展历程中前途未卜的“长征”，这一决策影响着华为的生死存亡。如果没有挺过来，就不会有驱动华为快速成长的无线事业部，更不会有今天与苹果一较高下的终端业务。最终，华为挺过来了。华为没有破产，也没有沦落成“奄奄一息的固网公司”。关键时刻，中国移动等运营商和千千万万的普通老百姓将民族的移动通信事业一举撑了起来。

正是巨龙、大唐、华为、中兴等民族品牌的移动通信设备，使得运营商建网成本大幅度下降，资费也便宜了很多。自此，手机由奢侈品变成了大众消费品，走进了普通人的生活。

改革开放后的中国，通信设备市场蕴含巨大的成长机会，客户需求滚雪球一般增加。当时的华为只有一个目标：抓住市场机会，抢占市场份额，实现企业的快速发展。

在征战国内市场的过程中，任正非采取了“农村包围城市，逐步占领城市”的市场策略——先占领世界电信巨头没有顾及的广大农村市场，步步为营，逐渐深入城市。到1998年，华为已经基本实现了“农村包围城市，逐步占领城市”的战略目标，国内的主要城市都有华为的核心产品。在交换机市场，华为超过了西门子、朗讯等国际电信巨头，成为两家最大的供应商之一。对于华为当时取得的成就，外界给予了非常高的评价。

思科公司总裁钱伯斯这样评价华为：“在今后的几年里，思科将只有一个竞争对手，那就是华为。”美国著名的商业杂志《商业周刊》也曾预言：“也许到了2007年下一届通信展的时候，朗讯还会设一个小小的展台，来特别展示它转变为全球最大的华为产品经销商和集成商。”《中国企业家》杂志社社长刘东华也说：“任正非几乎是中国最有静气和最有定力的一个企业家，但他能按照企业发展、企业生存本身应有的逻辑，把华为做成一个世界级企业，并在和跨国公司产生不可避免的对抗性竞争时，能屡屡获胜，这是特别可怕的。在国际商界看来，华为是中国企业里一家特别可怕的企业、非常难以对付的企业。”

面对众多竞争对手的打压，华为为了拓展更多的生存空间，将目光转向了海外，开启了国际化的道路。在进行国际化的初期，华为员工对外国客户很陌生，外国客户对华为更陌生。更为麻烦的是，各种各样的壁垒接踵而来。屡战屡败，使华为认识到：要想打开国外市场，华为必须学会“借力打力”。因此华为积极建立战略合作关系，与合作伙伴成立合资公司。

1997年，华为与俄罗斯电信公司、俄罗斯贝托康采恩合资成立了贝托华为公司，与巴西建立了合资企业巴西华为；2003年，华为与埃塞俄比亚电信公司签署金额超过2000万美元的交换产品合同，同年，华为还与3COM合资成立H3C公司；2005年，为了打入欧洲电信市场，华为与英国电信巨头马可尼公司建立了战略合作关系。

关于华为国际化道路上的艰辛，任正非曾用“屡战屡败、屡败屡战、败多胜少、逐渐有胜”来概括。有人认为华为的国际化之路，就是靠“与一个跨国公司合作然后再与另一家跨国公司合作推动的‘借船出海’”，但“借船出海”并不是投机取巧。任正非说过：“国际市场拒绝机会主义，无论是赢得客户认可、与合作伙伴达成战略合作还是从竞争对手手中抢单，靠的都是华为自身的竞争能力。”

不管是面对国内市场的艰难险阻，还是海外市场的诸多挫折，华为人都选择迎难而上，他们用顽强的意志战胜了这些困难，最终获得了成功。

1.2 前赴后继，几代华为人的奋斗

市场扩张初期，华为尚处于公司规模小、没有品牌的状态，这种状态下华为难以赢得客户的认可，甚至经常被客户误解。但是，华为的销售人员依然一步步打开了市场，取得了令人惊讶的业绩。这背后的原因何在？华为前海外市场副总裁范厚华表示：“困难是拿来克服的，挫折是拿来斗争的；没有做不下的市场，也没有完不成的任务，关键是有没有信仰。华为人坚信，只要客户有需求，只要我们努力奋斗，就一定可以做大市场。”

华为和众多民营企业一样，不具有政府背景，只能将国际电信巨头没有能力顾及的县城作为市场切入点。例如，当时在黑龙江只有爱立信公司的三四个员工，华为为了能够争取到每个县的本地网项目，派出了两百多人驻守在各个县。经过全体华为人的努力，华为在国内市场节节取胜，进入了行业前三。随后，面对竞争对手的打压，华为选择去国外市场拓展生存空间，证明自己，用华为的优秀产品服务全球客户。

事实上，在华为三十年的发展历程中，正是因为每一个华为人都扮演着奋斗者的角色，并甘愿为公司的远大目标而不懈努力，才帮助华为取得了今天“世界第一”的成绩。

任正非说：“我们有员工在高原缺氧地带工作，爬雪山，越丛林，徒步行走了8天，为服务客户无怨无悔；有员工在国外遭歹徒袭击头上缝了三十多针，康复后又投入工作；有员工在飞机失事中幸存，惊魂未定又救助他人，赢得当地政府和人民的尊敬；也有员工在恐怖爆炸中受伤，或几度患疟疾，康复后继续坚守岗位；我们还有三名年轻的非洲籍优秀员工在出差途中因飞机失事不幸罹难，永

远地离开了我们……20年的历程，20年的国际化，伴随着汗水、泪水、艰辛、坎坷和牺牲。”

正是凭借这种奋斗的精神，华为在横扫国内市场的同时走向世界，拿下了一个又一个的订单。很多人将华为的成功归功于任正非的英明领导，而任正非却将这一切归功于全体华为人的艰苦奋斗。所以，华为的规模越是壮大，任正非便越是强调奋斗精神，强调“以奋斗者为本”，并且在绩效管理上将员工向奋斗者的方向引导。

1.3 以市场为导向，传承狼性基因

在实践中，华为文化的核心被归纳为“狼性文化”。在发展初期，华为的文化以狼性为主导。任正非是这样描述狼的：“狼有三大特性，一是敏锐的嗅觉；二是不屈不挠、奋不顾身的进攻精神；三是群体奋斗。”

狼群作战，在很多人眼里其实是非常残忍的画面，曾有探险者记录了一场令人震惊的画面：在非洲大草原上，有一群狼紧紧盯着一群野牛。狼三三两两，看上去无精打采的，野牛警惕而又悠闲地漫步在草原上，好像狼对它们根本构不成威胁。但随着头狼的一声长啸，群狼恢复了神气，开始慢慢跑动起来。而此时的野牛好像也感觉到什么了，但为时已晚，一场屠杀开始了。

只见六头凶悍的狼疯狂扑向母牛和小牛聚集的地方，野牛四散奔逃，只顾自己活命，而根本不管同伴的死活。因此，那些跑得慢的小牛和老牛被遗弃了，逐渐被狼群赶到了早已设好的陷阱里。接着，又出现了一批狼，它们迅速围攻、屠杀。

在弱肉强食的动物世界里，这就是狼的生存之道。在任正非看来，企业要扩张，也必须像狼一样。

在市场扩张的过程中，华为人能够及时地发现并响应客户需求。当市场出现目标的时候，华为人能够比竞争对手更快地做出反应。就如同狼在捕猎时，时刻保持着警惕，注意观察猎物的一举一动以及周围的环境，它们不会放过任何一个进攻的机会。如果华为人知道客户在某个小岛上开会，他们会在第二天出现在客户面前。保持敏锐的嗅觉，主动出击，是华为人在市场竞争中取得一个又一个胜利的重要原因。

不屈不挠、奋不顾身的进攻精神是狼的又一大特性。华为人似乎领会到了这一点，特别是市场部的人员，他们经常把“只有想不到的，没有做不到的”这句话作为他们的行动准则。只要还有一线希望，他们一定会努力到最后。任正非向华为人强调：“面对困难要不屈不挠，不害怕‘冷板凳要坐十年’。”因此，华为人一旦确定目标就会奋不顾身地去实现，绝不退缩。

狼在捕杀猎物时喜欢群体作战，华为人也是如此。“压强战术”“胜则举杯相庆，败则拼死相救”等是对群体作战的生动诠释。华为人为了一个共同的目标，自觉地担负起自己的责任，并甘愿为其他团队成员牺牲自己的利益。群体奋斗的精神激励着无数的华为人奔赴海外，征服了无数的海外客户。

总的来说，正是拥有了这样的“狼性文化”，华为才取得了一次又一次的成功。而任正非一直强调的这种“狼性文化”也被深深地烙印在所有华为人的心中，并成为华为的标志性牵引力。

2. 锻造群狼协作精神

华为是狼性文化的代表企业，高度的合作精神是华为人的典型特征之一。任正非强调：“跨国公司是大象，华为是老鼠。华为打不过大象，但是要有狼的精神，要有敏锐的嗅觉、强烈的竞争意识、团队合作和牺牲精神。”企业成长的过程中，华为人一直在齐心协力地为实现公司的战略目标而努力奋斗。

2.1 成功源于团队的齐心协力

任正非希望华为人像狼群一样，发扬团队合作精神。在任正非看来，“狼狈为奸”是个褒义词，华为人只要能够像狼和狈一样形成完美的合作，就能赢得市场竞争的胜利。为了提升销售人员的士气，任正非不断地向他们宣扬“狼性”理念，希望他们在保持持续进攻精神的同时，也能像狼群一样协同作战，通过合作取得胜利。

华为曾组织过一次拓展训练，其中有一个“攀越高墙”的比赛项目：要求参加的人员在不借助任何外力和设备的情况下，翻越一道高 5 米左右的墙，而且墙面是平的，没有任何可借力的凹凸不平之处。

比赛正式开始以后，华为人将团队互助精神淋漓尽致地展现出来：身体强壮的人主动当人梯，让别人踩在自己的肩膀上；还没开始攀爬的人则负责保护正在攀爬的队员，防止他摔下来；爬上墙的人会伸出手，像接力赛一样保证下一个队员能够轻松爬上去。比赛的场面很火爆，却在有条不紊地进行着，一支将近100人的队伍在不到20分钟的时间内，全部跨越了这道5米高的屏障。最后，所有人都在分享这份喜悦，互相拍手以示祝贺。显然，他们是一个幸福的整体。

由小见大，活动中彰显的这种精神也是华为人骨子里的一种互帮互助精神，华为取得今天的成绩也离不开员工的这种精神。

成功源于团队的齐心协力，对于当前市场环境中的企业来说尤为如此。正如美国零售业巨头西尔斯公司的管理者罗伯特·伍德所说："无论多么强大的士兵都难以战胜敌人的围剿，但是他们一旦联合起来就会战无不胜。"

2012年初，黄宜旭(化名)调入条件艰苦的S国代表处。在石油管道监控项目上，华为没能抢占先机，与客户第一时间取得联系，结果友商抢先一步与客户接触。S国具有非常大的市场潜力，而且该项目还处于第一期，如果能够中标项目的话，也有利于增加后续扩建项目中标的机会。因此，华为必须抓住这次机会。销售员黄宜旭与同事们兵分两路，产品线负责制订交付方案，客户线凭借积累的关系网络，与客户多次进行交流，最终在大家的完美配合下，拿下了该项目。这次成功也为华为后续项目的成功拓展奠定了基础。黄宜旭由衷地感叹道："我身旁聚集着一群为了理想甘于奉献、不畏艰险、敢打敢拼的同事，能和他们一起工作，我很骄傲！"

由此看来，任何成功都不是凭借某一个人的才干就能够完成的，而是要借助团队整体的力量。每一个销售人员都需要明白，团结精神有利于销售队伍应对工作挑战，加快销售目标的实现。因而，团队精神必不可少。

2.2 分工明确，责任到位

"经营管理之父"法约尔提出企业管理的十四项原则，其中之一就是"分工明确"。对一个企业来说，分工明确，让员工保持一致的行动方向是至关重要的。只有分工明确，提高个人的工作效率，才能提升公司决策的执行效果。

华为人力资源管理制度中明确规定："员工应努力扩大职务视野，深入领会公司目标对自己的要求，养成为他人做贡献的思维方式，提高协作水平与技巧。另一方面，员工应遵守职责间的制约关系，避免越俎代庖，有节制地暴露因职责不清所掩盖的管理漏洞与问题。”

2009年，杨永云（化名）调任A国代表处固定网络解决方案销售部长。为了实现从对一个项目负责到对一片市场负责的角色转变，杨永云对自身岗位职责进行了诸多思考。

A国具有较大的市场空间，要想抓住更多的市场机会，就得建立起一个良好的团队。当时，系统部作战平台已经建立完善，客户经理队伍也非常优秀，唯一比较薄弱的地方是解决方案销售队伍。为此，杨永云提出：解决方案团队要把客户经理当客户。

杨永云之所以提出这个想法，是因为在产品销售的过程中，需要产品经理和客户经理各司其职，形成合力。之前，杨永云总是听到双方相处不和谐的声音，互相抱怨对方的工作责任履行不到位。究其原因，就在于双方沟通不及时，对于各自分工不能形成良好的配合，没有统一的行动方向。

产品经理“把客户经理当客户”，能够将产品的亮点、价值首先传递给客户经理，说服客户经理后，客户经理才能更好地将产品优势传递给客户，从而提高团队的作战能力。同时，对于客户提出的要求，客户经理也要及时反馈给产品经理，产品经理在收到反馈后，要及时对客户需求做出响应。这样一来，各自分工明确，在作战过程中形成合力，为统一的目标方向而努力。通过这种作战方式，2011年，团队在A国实现了累计17个网络项目的突破，当年，代表处网络解决方案销售团队还获得了总裁奖。

由此看来，在完成任务的过程中，只有个体相互沟通配合，分工明确，团队才能高质高效地完成工作。分工明确是为了让成员清楚自己的职责所在，如果分工不明确，就会造成大家责任不清，不知道自己该干什么工作，也可能都在做同样的重复工作，不仅浪费时间，办事效率低下，而且也不能产生商业价值。

对于销售团队来说，团队成员之间是相互影响、相互联系的一个有机整体，只有让成员们清楚地了解自己的工作职责，才能形成团队合力，提高工作效率，实现团队的目标。

2.3 团队成员优势互补，形成合力

“役其所长，则事无废功”，只要发挥一个人的长处，则凡事不会不成功。同样的道理，如果我们能够借助别人的长处弥补自己的不足，那么，也绝不会有完成不了的工作。

为了研发某大数据平台，30 多名华为员工组建了一个开发团队，这些成员对大数据都不是很熟悉，作为“创业”团队，内外部条件都不成熟，唯有靠内部的相互支撑补位。在研发的过程中，每天都有无数的新问题出现，每次都是靠着团队成员发挥个人优势来为团队解决难题。

当时，要做一个信息处理平台，但是由于时间紧迫，来不及按照平时的运作模式来开发新的部件，项目经理想到团队中的钟胜吉（化名）专业技能强，说不定有办法。于是钟胜吉接受了任务，一个星期就写出了可以有效缓解信息缓存的新部件，并一次性通过了测试，顺利地解决了问题。

还有一次，需要一个底层信息抓取程序，还原运行过程数据变化情况。当时时间非常紧急，但是一直没有进展，大家都很焦急，“好不容易争取过来的机会，华为大数据产品还没有在舞台亮相就要谢幕了吗？”没办法，项目经理只能每天带领大家进行头脑风暴。一天，技术强人王申亮（化名）提出，“我认为可以从大底层编出一套程序来试试。”从大底层编程序难度非常大，但王申亮正是这方面的能手。他按照这个方法，第一次写出的程序取得了不错的效果，项目组终于看到了希望，经过几次调整与修改，程序性能越来越好，最终这个难题也被克服了。

团队成员，特别是管理者，都应该向华为人学习，正视自己的不足，也要懂得借助团队的力量，发挥每一个成员的优势，这样就能够将问题一一化解。

华为人的这种作战方式体现了社会心理学中的一个定律：互补定律。互补定律是指双方在需求、气质、性格、能力等方面存在一定的差异，当双方的需要和满足途径恰好成为互补关系时，双方就可以在活动中相互吸引，并发挥各自的优势，保证活动整体的完美。

如果能够将这个定律应用到销售团队协作中，获得的销售成果一定会不错。在销售工作中，这个定律的应用可以简单概括为：优势互补。也就是说，让成员们各自发挥所长，在规定的时间内做好自己擅长的事情，而且确保整个

过程的信息互通。所以，在小组成员协作配合跟进销售项目时，每一个销售人员都要谨记一点：发挥自己的优势，为团队贡献力量。

3. 主动出击，寻找机会

2014年，任正非向华为新员工寄语："在你任职期间，有一项最重要的职责，或许你的上司永远都会对你秘而不宣，但你在任职期间要始终牢牢地记在心里。那就是企业对你的终极期望——永远做非常需要做的事，而不必等待别人要求你去做。在我们之间雇用关系的存续期间，让它始终伴随你左右，成为你积极主动工作的一盏指路明灯，时时刻刻鞭策着你思考和行动。只要你是我们的员工，你就拥有我们的许可：为我们共同的最佳利益而积极主动地行动。"

3.1 捕捉市场信号，主动出击

机会一直存在，你不抓，别人就会抓。机会可能稍纵即逝，如果错过了机会窗，没能获得规模效益，将会严重影响企业的生存与发展。因此，华为对销售人员有严格的要求，一定要主动捕捉市场信息、机会。

主动性体现在两个方面，一是主动发现市场，能够前瞻性地辨认出市场机会或障碍；二是主动采取行动，在辨认出市场机会或问题后要迅速调动资源、采取行动。

V运营商是B国三大运营商之一，也是华为的重要客户之一。华为驻B国代表处某位市场人员在一次与本地员工喝咖啡时，了解到B国南部一个小镇有一个重要的"Gramado电影节"。小镇人口仅3万人，每年8月14日到8月19日举办南美洲最有名的电影节，届时旅游人数将大增，当年是V运营商在商用GSM网络后第一次参与电影节。这位市场人员意识到这是一个潜在的客户需求，于是让项目组人员制订了一份详细的计划书。当市场人员把这份电影节网络保障计划和建议书放在客户总监桌子上时，客户总监十分惊讶。看到原有CDMA网络在电影节期间的通话量数据，客户总监说，他看到了一份"商机"。华为提出的召开一个小型媒体宣传活动的建议被客户采纳。电影节后，V运营商的用户数在南部几大城市超越了其他老牌运营商。

如果这位市场人员只是坐在办公室里打打电话，可能永远也不会有这样的机会。由此看来，市场人员不仅要有灵敏的市场嗅觉，即要对客户的需求有敏锐的洞察力，也要在了解客户需求的基础上，及时地响应客户需求，为客户提供相应的产品和服务。

当机遇出现的时候，你是主动出击、奋力一搏，还是畏首畏尾，任机会从眼前悄悄溜走呢？相信，每一个渴望成功的人都会毫不犹豫地主动出击，迎接挑战。我们不能让懒惰的情绪占据我们的思想，而是应该充分发挥自己的主观能动性，尽可能出色地完成任务。

在职场中，没有什么东西能像积极主动的态度一样体现你的人格魅力。只有积极主动地做事，才能获得成功。因此，在工作中，销售人员要始终保持积极主动的态度。

3.2 不要害怕被拒绝，主动约见客户

销售人员要主动地为客户提供服务，首先要让自己拥有“主动工作”的意识和心态。只有内心“主动”起来，才能在行为上有主动的表现。

不敢主动与客户交往的原因一般有两个：一是怕自己的主动交往无法引起客户的积极响应，使自己陷入尴尬境地。二是人们心里对主动交往有很多误解。譬如说，销售员可能会想：“这么主动，客户一定会觉得我有所图谋。”

在这种心理下，多数销售人员会选择妥协或逃避，然后为自己的行为寻找借口，并在潜意识里把借口当作一种“合理的声音”，掩饰甚至纵容自己的惰性，以致变得不思进取，工作长期没有进步。销售人员如果能够通过自我激励，拒绝借口，主动约见客户，勇敢面对客户，则会取得意想不到的效果。

赫尔曼是一位保险销售员。当时，戴尔公司是一家拥有500名员工的公司，赫尔曼在与一家大保险公司的竞争中丢掉了戴尔的业务。

在丢掉这笔业务的当天，他又重新开始了另一轮的推销。因为一个真正的销售员从不轻言放弃。他似乎已经不可能再约见戴尔公司的任何人，或者引起戴尔公司任何人的重视了。于是，他开始了疯狂地搜索。在戴尔公司的一份年报中，他找到了一个人名，这个人是戴尔公司的董事会成员，同时这个人也是他所在保

险公司的一名高级经理。赫尔曼打电话给公司总部，让他们找出这个经理的联系方式。他打了许多电话，写了许多信，做了许多尝试，终于让这个经理同意向戴尔公司的采购主管举荐他的公司。戴尔公司主管采购的人说，他对现状很满足，对更换保险公司这个想法根本不感兴趣。赫尔曼开始致力于打造和这个人的长期个人关系。他邀请此人参加公益活动，邀请他观看体育赛事，并且为这个采购主管提供最新的信息，让他及时了解一个发展中的企业对保险业都有哪些最新的需求。他与此人联系频繁，通过服务、服务、更多的服务，他和这个人建立了一种真正紧密的联系。

终于有一天，一个电话，几句交谈，赫尔曼又回到了戴尔，签下了保险合同。而此时，戴尔已经有 1 500 名员工。不久后，戴尔的员工已经达到 15 000 名。赫尔曼说："我再也不会把这份订单丢了。"

如果赫尔曼因为第一次被拒绝而放弃继续销售的机会，不主动与客户建立密切的联系，就不可能成功，他的销售之路也肯定不会如现在一般精彩。这告诉我们，在销售的过程中，一定不要害怕被客户拒绝，要主动约见客户。

华为的狼性销售团队就是这样建立起来的。前华为人汤圣平说过："华为的销售人员能做到：你一天不见我，我就等你一天；一个星期不见我，我就等你一个星期；上班找不到你，我节假日也要找到你。"正是这支执着、专注、有着敏锐嗅觉的销售团队，才使得华为不断地成长，成为全球最大的通信设备商。

销售之路，高低起伏，遇到一些矛盾和困难是必然的，销售员越是找借口，就越会让自己恐惧销售，反而，不找借口勇往直前的人会在销售方面越来越顺利。只要行动，必能有所改变；只要行动，必能有所收获；只要行动，必能有所收获、成长。

3.3 在思想上艰苦奋斗，盯紧目标

华为在成立之初，不仅面临着人员和资金短缺的问题，而且诞生在一个激烈竞争的时代。那时候，朗讯、阿尔卡特和爱立信等世界通信巨头云集中国，几乎瓜分了整个中国市场，以华为当时的实力来说，想要打破这种垄断几乎是不可能的，甚至随时都有被巨头"吃掉"的危险。因此，任正非告诫华为人："我们没有任何优势，只有艰苦奋斗，只有永不停止地为客户服务才能活

下来。”

当华为取得一定成绩后，任正非仍然强调华为人要艰苦奋斗。对此，很多人不能理解。其实，任正非所说的“艰苦奋斗”并不单纯地指身体上的艰苦奋斗，而是思想上的艰苦奋斗。对此，华为高级副总裁梁华在新员工培训中指出：

“如何持续地真正地保持这种艰苦奋斗的精神，也是公司管理层经常思考的问题。公司的核心价值观是‘以客户为中心，以奋斗者为本，长期坚持艰苦奋斗’，但这里所说的艰苦奋斗，不是让大家每天吃干馒头，穿补丁衣服，我们指的是思想上的艰苦奋斗，就是让大家扎扎实实地做好本职工作。只有做到了这一点，公司才会有非常强的竞争力。就像任总说的：‘我们为什么做到今天？我们就是把别人喝咖啡的时间用来工作了。’”

事实上，在任正非看来，成功只是暂时的，华为人只有在思想上继续艰苦奋斗，长期保持进取、不甘落后的状态，朝着既定的目标方向努力，才有可能实现华为的持续发展。

很多销售人员难以全身心地投入到销售工作中，就是因为心中杂念太多，无法集中注意力，这是他们无法提高业绩、实现自我突破的关键所在。与经营企业一样，作为一名销售人员，也要确定自己的目标，在努力实现目标的过程中，尽量不受别人的影响，踏踏实实做自己该做的事。被别人的言论左右，这是没有主见的表现，也是成功人生的大忌。如果你认准了奋斗的目标，就应聚集自己所有的能力，全力以赴地拼搏，做好自己该做的事，这样才有更多成功的机会。

4. 做销售，就要有坚韧性

销售是一份需要长期坚持的工作，作为销售人员，要充分开发企业的潜在客户，使其成为真正的客户，并把每一个新客户变成企业的固定客户。在这个过程中，销售人员可能会遇到很多的困难，这就需要他们具备坚韧不拔、顽强不屈的精神，只有这样才能克服一切困难，从而实现成功。

4.1 不达目的，誓不罢休

有人说过这样的话：成功就在拐弯处。你最艰难的时候，也正是需要坚持的时候，因为哪怕再坚持一两个月，或许情况会截然不同。

丘吉尔一生最精彩的演讲，是他最后的一次演讲。在剑桥大学的一次毕业典礼上，整个会堂有上万名学生，他们正在等候丘吉尔的出现。正在这时，丘吉尔在他的随从陪同下走进了会场并慢慢地走向讲台，他脱下他的大衣交给随从，然后又摘下了帽子，默默地注视所有的听众，过了一分钟后，丘吉尔说了一句话：永不放弃。

丘吉尔说完后穿上大衣戴上帽子离开了会场。整个会场鸦雀无声，一分钟后，掌声雷动。

在现实工作之中，我们往往对失败的结论下得太早，遇到一点点挫折就自我怀疑，然后半途而废，陷入悲观情绪之中。任何时候，我们都不能轻易放弃，要始终坚信：成功者永不放弃，放弃者永不成功。

华为在1994年北京国际信息通信展的展台上写道："从来就没有什么救世主，也不靠神仙皇帝；要创造新的生活，全靠我们自己。"华为一直在夹缝中求生存，在看起来没有多少转圜余地的绝境中，凭借它的耐性和坚韧不拔的精神坚持到最后，最终获得成功。华为"狼文化"就是这样一步步被逼出来的。

2003年，董栋（化名）被调往南非负责拓展片区第一大移动运营商V。让董栋担忧的是，自己刚上任客户经理还不到半年，而将要面对的客户与华为的关系正处于边缘状态，已有两任客户经理的销售业绩为零了。

在第一次拜访客户时，董栋非常紧张，交谈时磕磕巴巴，结果交流还没结束，客户方的负责人就离开了。会后，董栋再联系客户时，客户没有给他任何的回应，董栋也见识到了客户的难搞。

在董栋受挫后，他的主管不断地鼓励他，为他讲了华为一个市场前辈拓展客户的故事，这个故事坚定了董栋的决心，他决心一定要打开客户关系。意料之中，董栋也连续几年是"零绩效"，但他并没有放弃，一直在坚持努力。

2006年，华为3G数据卡在全球热销，董栋抓住了这次机会，向V运营商销售了两万片数据卡，终于为公司拿到了第一份订单。拿到订单后，董栋非常高兴和激动。

正是因为董栋坚持不放弃，他才最终突破了“零绩效”。实际上，成功没有想象的那么困难，只是我们无法始终坚持成功的信念，在成功来临之前就自我放弃了。

销售工作很少有一帆风顺的时候，很多销售人员不堪忍受这种内心的煎熬；从小有所获到大功告成，这之间的距离其实并不远，但是很多人在没有达成目标之前就放弃了。因此，对于销售人员来说，不达目的誓不罢休的精神显得尤为重要。只有坚持不放弃，才有可能实现最后的成功。

4.2 用坚持和毅力打动客户

坚持是一个人最难能可贵的优点，很多销售人员就是因为坚持才使客户的态度慢慢转变。很多客户最初对销售人员推荐的产品或服务不屑一顾，但是在客户不断的拒绝声中，销售人员一次又一次证明自己，最终打动客户，赢得客户的认可和尊重。

2003 年，张仁军（化名）被派到尼日利亚做销售。对张仁军来说，去尼日利亚做销售是一件非常具有挑战性的工作，他不仅要面对陌生的环境、语言障碍，更糟糕的是当时华为在尼日利亚毫无人脉关系，也没有任何知名度。在艰难局面下，张仁军试图与尼日利亚的公司谈合作，但都收效甚微，在多数时候都被当地公司拒于门外，更有一些人还嘲笑道，“华为？中国？我从来没听说过！”

人们常说，“不言放弃的人总会遇到机会。”一次偶然的机会，张仁军得知当地项目负责人的女儿将要举行婚礼，张仁军决定去婚礼现场碰碰运气。张仁军去往婚礼现场的途中下起大雨，汽车还抛锚了，但这并没有浇灭他的热情，张仁军准时赶到了婚礼现场。到达婚礼现场时，张仁军的脸上混着泥和雨水，但他仍然为项目负责人的女儿带去了最真挚的新婚祝福。最终，在张仁军坚持不懈的努力下，项目被成功地拿下了。从 2003 年到 2015 年，尼日利亚手机用户从不到 200 万，增加至 1.3 亿。

华为之所以能够取得这样的成绩，是因为它的背后有无数个像张仁军这样的员工在努力开拓市场。这也告诉我们：在开拓市场的过程中，坚持不懈的真诚努力最终可以打动客户。

销售人员在与客户建立联系的过程中，如果缺乏坚持和毅力，就容易半途而废，得不到客户青睐，也失去了证明自我的机会。在最初开拓市场时，总会遇到多种困难，而坚持始终是获得成功的最佳路径。华为人用实际行动告诉我们，机会是自己争取的，而争取的办法就是坚持。

面对困难，人们经常会用坚持就是胜利来自我鼓励。在工作中，坚持不仅是一种自我鼓励，更是一个认真负责的人应该做到的。坚持是考验销售人员耐心和真诚的时候，销售人员要善于让客户感知自己的诚意，只要争取到一次机会，成功就有了希望。

4.3 在困难中，磨炼意志品质

“谁能忍受别人忍受不了的痛苦，谁就能走到别人的前面。”不论是个人的成长还是企业的发展，无一例外都验证了这一道理。

任正非说：“越在最艰难、最困苦的时候，越能磨炼人的意志，越能检验人的道德与良知，越能锻炼人和提高人的技能，也越是我们的队伍建设最重要的时候。检验一个公司或部门是否具备良好的企业文化与组织氛围，不是在企业一帆风顺的时候，而是在遇到困难和挫折的时候，古人讲患难知人心，就是这个道理。”在任正非看来，磨难也是一种财富，经历过磨难的人才能经受大风大浪的考验。困难可以磨炼人的意志品质，使其在前进的道路上收获更多的鲜花与掌声。

2003年，一通来自A电信运营商的咨询电话让郭仁军（化名）作为第一批踏上布隆迪土地的华为人，去开拓新市场。

当地条件非常艰苦，整个布隆迪最好的超市占地面积也不到200平方米。再加上当地人很少使用英语，郭仁军难以约见客户，让他体会到了各种挫折感。有时约到了客户，但由于资源不足，难以与客户进行技术交流，郭仁军也只能借助远程交流，为客户解答疑难问题。

有段时间，布隆迪特别不安全，经常发生各种危险的事情。有一次，郭仁军在餐馆吃饭的时候，突然街对面有手榴弹爆炸，他面前的事物立马蒙上了一层厚厚的灰。还有一次，郭仁军夜晚在回家的路上遇到了一群抢劫犯，还好当时成功地脱身了。

对于郭仁军来说，危险的环境、难以见到客户，这些都不是最艰难的事情。最煎熬的是难以交到朋友。布隆迪是法语国家，在很长一段时间里，郭仁军都没有说过一句中国话，这让他感觉自己仿佛已经与世隔绝了。

大年三十那天，郭仁军没有回家，仍然在布隆迪等待某个项目的投标结果。在收看国内春节联欢晚会时，也许是节目突然触发了他的思乡之情，郭仁军立马给他妻子打电话："我一个人这么折腾到底是图什么！我不干了，挺不下去了，我这就辞职！"但他妻子的一番话却让他冷静了下来："就这样走了，你真的甘心吗？"

冷静下来的郭仁军，决心要做出一番成绩，不能被这点困难打倒，在后续的工作中，尽管条件依然艰苦，但郭仁军工作却更加努力了。在他不断地努力下，2004年，华为在布隆迪签下了两个大单。

困难并没有让郭仁军停止奋斗的步伐，反而磨炼了他的意志品质，让其用更加坚韧不拔的精神去面对一切困难。

对于销售人员来说，是坚持还是放弃，结果有着天壤之别。销售人员唯有坚定意志，才可能以积极的心态面对生活中的各种挫折，进而战胜它们，实现自己的价值。

5. 坚持成就导向

成就导向是指关注最终目标和带来可能收益的行动的行为特征。华为领导力素质模型中对成就导向的定义是："不断地追求更新、更好、更有效、更杰出，是不断地自我发展和追求成功的趋势。"具有高成就导向的人会积极主动地承担具有挑战性的工作，通过不断地展现自己的能力，实现事业上的进步。华为人在工作中，坚持成就导向使其为组织和个人创造了巨大的价值。

5.1 对成就的强烈向往

在工作中，对成就有着强烈向往的人往往会有一些突出的表现：努力比他人更好地完成工作；不满足于当前取得的成就，努力挑战更多更难的任务……对成就的强烈向往，能够促使一个人在社会活动的特定领域力求获得成功或取得成就。强烈的成就动机使人具有很高的工作积极性，渴望将事情做得更为完美，提高工作效率，获得更大的成功。

黄志华（化名）2001 年加入华为，2003 年开始从事项目交付，多年的项目交付经验已经让他成为专家。

黄志华一直相信“功崇惟志，业广惟勤”，也就是成就来源于伟大的目标和坚持不懈的付出。黄志华多年的从业经历也让他深刻体会到这句话的正确性，正是因为他对成就的强烈向往，才使他成为一个技术精深和视野开阔的专家。在他看来，一个人有没有对成就的强烈向往很重要，如果没有强烈的成就导向，就很难在忙碌的生活中找到空闲的时间来积累知识，提升自己；相反，如果对成就有强烈的向往，个人才有动力挤出更多的时间来沉淀和提升自己，从而不断地完善自己，实现自己的价值。

黄志华说：“我个人正是选择了技术道路后，将工作当成施展自己才能的舞台，坚持学习，才得到了快速成长。看到自己的努力给公司创造越来越大的价值，成就感也就随之而来了，而成就感让我更愿意投身到技术之中。公司现在的技术导向和专家导向非常明确，这给了我们技术人员良好的成长环境，希望大家都能珍惜，坚持下去。”

由此看来，对成就的强烈向往可以让员工抓住展示自我的机会，这不仅可以让自己得到成长与进步，也可以为团队做出更多的贡献。

2014年，华为海洋网络有限公司COO毛生江在与新员工座谈时说道：“在销售工作中，坚持成就导向很重要。很多具体的销售活动是没办法监控的，只是有一个目标，得靠自己的努力去达成。对于销售人员来说，如果没有成就导向，你可能会很担心见客户；如果你是成就导向高的人，就有一种做不到誓不罢休的劲头。所以我们需要自我成就感很强的那类人，因为他如果很想做成某一件事情，就会千方百计达成，而不是靠别人监督。”

销售是一个富有挑战性的职业，就工作性质而言，它是一种成果导向的工作，它的结果直接体现为个人的业绩。因而，它也决定了销售人员必须要有对成功的强烈向往和憧憬，要不断地为自己树立目标，并通过努力不断地实现目标，从中获得成就感，而这种成就感又能激励个人加倍努力，获得更大的成功。

5.2 从基层做起，但目标高远

坚持成就导向，并不意味着不脚踏实地、空谈目标，而是要在树立高远目标的同时，坚持从基层做起，踏踏实实地做好基础工作，只有这样才有可能完成更有挑战性的任务。

在华为，任正非强调没有实践能力的人才算不上真正的人才。因而，他要求华为没有基层管理经验，没有当过工人，没有当过基层秘书和普通业务员的一律不能提拔为干部，哪怕是有博士学位的人也不行。经过基层的实践，那些优秀的员工在实践中获得成长的机会，不仅证明了自己的能力，也为公司输送了一大批实用型的人才。

在踏实工作的同时，个人也要有所追求，才能实现更好的发展。个人所能达到的高度是由其目标来决定的。

2014 年，华为消费者 BGCEO 余承东在与新员工座谈时说道："21 年前，我加入华为。那时候华为还是一个很小的公司，大概 200 多人。1995 年我一个大学舍友的弟弟找工作的时候，问他来华为不，他说 1993 年来还可以，现在机会不好了。后来屡次跟我说，当时进来就好了。我想告诉大家，虽然我们现在有 15~16 万名员工，但你们加入华为不晚，因为华为是有很强成长性的公司。人的追求和态度，决定了未来的发展。我们在发展的过程中是有偶然的成分，比如加入差的公司，耽误了好几年；加入有成长潜力的公司，可能就走得更快更顺，但是都没有大的偏差。一个有追求的人，不管在哪个岗位上，都会做得很出色。有的人不论在什么岗位上，都有对卓越的追求、不断进取的精神，在岗位上总是越做越好；有的人得过且过，结果可能就完全不同。你的追求就决定了你的未来。"

华为提倡员工为自己制定较高的目标，通过这种方式，激励自己为实现目标而努力奋斗。因此，在华为，员工有追求才能获得更多成长的机会。

对于销售人员来说更是如此。只有树立高远的目标，热切期望成功，才能产生一种强大的进取力量。进取力量的强弱、进取精神持久程度决定了销售员的成败。

5.3 不断成长，实现自我价值

销售其实是一个能够磨炼人的意志、实现自我价值的良好平台。生活中总有坎坷和艰苦，销售工作就是对人生百态的真实模拟，在销售中可以直面压力、竞争、利益等各式各样的问题。每一次遇到这些问题，销售人员都可以将它们看作对自己的考验和挑战，当迈过了这道坎，不仅意味着实现了成功销售，更重要的是证明了自己，实现了自我价值。

在华为人看来，困难是用来克服的，而不是放弃的借口。因此，他们在工作中，无论遇到什么都能坚持到底，通过在失败中总结教训，在成功中积累经验，不断实现自身的成长与进步，从而取得一定的成就。

季晓峰（化名）所在团队负责终端变革项目“高级计划管理系统 APS”，由于季晓峰在这方面知识储备较多，经验较丰富，同事们都认可他的能力，因此在没有任命的情况下，季晓峰就承担了该项目负责人的角色。在向领导汇报了自己的计划后，季晓峰带领团队成员开始着手项目开展工作。

在项目开展的过程中，资源有限，但季晓峰主动向上级组织寻求帮助，获得了支持，有效保障了每个节点所需的资源，使得项目能够按计划进行；遇到团队无法解决的困难，季晓峰就向其他部门的人员请教和学习，吸收借鉴已有的优秀经验来解决问题，同时也为自己积累了更多的人脉关系，为后续的工作开展奠定良好的基础。

在季晓峰看来，只有做成这个项目，才能更好地在华为生存下去，实现自己更大的价值。他表示：“困难和质疑不应成为实现目标的绊脚石。更何况，所有的‘低效’‘冲突’‘汇报’背后，华为人奋斗和进取的主旋律足以形成我和大家一起努力实现价值的理由，也是我成长的好机会。”

销售人员应该很清楚地认识到：从事销售就是为了使自己在挑战中不断成长，并且获得认可，实现自我价值。因此，销售人员应该始终保持一个信念：既然无法回避销售，那么就正视它、尊敬它、热爱它，并让它改观我们的人生。当然，成功也不是一蹴而就的，人人都会经历一个成长的过程。要做好销售工作，就必须战胜自卑，建立强有力的信念，在实践中总结和成长，最终实现成功。

6. 增强人际理解力

《孟子·梁惠王上》中指出："权，然后知轻重；度，然后知长短；物皆然，心为甚。"销售人员需要和各种多样的人打交道，包括客户、上级、同事等，在与他们交往的过程中，只有清楚地了解他们的想法和意图，才能更好地与他们相处，赢得他们的认可和赞美。因此，人际理解力是销售人员必不可少的素质之一。

6.1 保持理性，与他人和谐相处

美国的心理学家丹尼尔指出，一个人的成功，只有20%是靠智商，而80%是凭借情商获得的。由此可见学会掌控情绪对于销售成功的重要性。善于掌控情绪的销售员，对生活和工作中矛盾和事件引起的反应能适度地排解，能以乐观的态度、幽默的情趣及时地缓解不良情绪，始终保持积极的销售心态。

无论是在工作中还是生活中，人与人之间的冲突是难以避免的。当发生冲突时，人们如果不能保持理性，就容易受负面情绪的影响，将原本很小的事情放大，导致出现不可收拾的局面。

A公司需要在B区域市场执行一场销售推广活动，要求公司的策划经理与B区域的销售经理共同拟订一份推广策划书。策划经理经过几天的调查与分析，设计了一个促销方案，并发给了区域经理。区域经理看了促销方案后回复：无趣，无聊，需要重新设计。策划经理看了邮件后，非常生气，回复邮件解释了方案，列举了该区域经理以往为人处事的不对，并把邮件抄送给了公司总经理和副总经理。这时，策划经理把自己的QQ签名改为："珍惜生命，远离内心不和谐人。"B区域经理看到策划经理的QQ签名时，认为是在说自己，也把自己的QQ签名改成："无耻、龌龊小人。"整个事件从一个对事的冲突转化成对人的冲突，矛盾开始升级，一场销售推广活动眼看就要搁浅。

很显然，这本来只属于工作沟通的失误，但由于双方态度和沟通不当，演变成了人际冲突，且愈演愈烈，如果不加以干涉很可能会导致整个营销推广活动无法完成。在人际交往、社会交往活动中，人们需要遵守最基本的社交礼仪，对他人表示尊重、友好和亲善，相互之间才能和谐相处。

邮件是员工之间、上下级之间进行沟通的方式之一，但有些人在发邮件时不注意行为规范，导致达不到沟通效果，有时还会影响同事之间的关系。为此，华为内部对邮件的使用形式做了相关的规定。

在任正非的要求下，华为质量与流程 IT 管理部对邮件使用方式进行了统一的规定，如沟通有多种方式，选择邮件沟通方式，请首先确认是否是最有效的方式；正确使用标点符号，通过标点收件人可以看出你的性格和情绪；如果不是特别忙、特别为难或者完全不想搭理，尽量早点回复别人的邮件，因为人家可能在等；做一个有礼貌的人，不仅仅是在面对面的场合，书面文字更能体现你的涵养……

通过这种制度化的规定，华为人在工作中能够选择恰当的方式与他人进行沟通与交流，从而形成一种和谐相处的氛围。在与他人相处的过程中，如果任凭情绪发泄，难免会有语言和行为过激，这些将不利于良好形象的建立和人脉关系的形成。我们要相信自己的控制力，积极地控制情绪，使自己的语言行为更理智、更职业，从而赢得他人的青睐和尊重。

6.2 欣赏你的上司和同事

只有发自内心地欣赏上司和同事，才能在工作中与之建立良好的人际关系。良好的人际互动和工作氛围，将大大增强员工的归属感，进而调动员工的工作积极性。

2016 年 11 月，李斯齐（化名）被调往深圳支撑新产品开发。由于新产品开发进度紧，李斯齐每天都很忙碌。有一天，李斯齐收到了行政人员发的生日祝福邮件，才惊觉已经在深圳待了两个月。原以为离开了原部门，同事们应该不记得自己的生日了，没想到生日当天收到了原部门团队的一封信和祝福视频。

刚到深圳的时候，李斯齐不是很适应这里的环境，非常想念家人和熟悉的同事们。收到曾经并肩作战的兄弟姐妹们的创意生日礼物，李斯齐深受感动。看着视频中那些熟悉的面孔开心地为他唱歌，给他送祝福，李斯齐非常开心，也非常庆幸是这个团队的一员。

该邮件还记录了李斯齐进入该团队后的成长轨迹，包括他所承担的工作、付出的努力、遇到的挫折等，就连那些他自己都忘记了事情，他的主管都帮他记录了下来。这份礼物充分体现了主管和同事们对李斯齐工作的认可和肯定，让李斯齐感受到了大家的关爱，也使他萌生了一个想法："继续努力，做得更好。"

团队对李斯齐工作的肯定和欣赏，鼓舞了李斯齐，让他对工作更加有动力，驱使其自愿为团队创造更多的价值。正是因为华为人看到了与上司、同事建立良好人际关系的重要性，才对他们的工作进行赞赏与肯定，从而形成了良好的工作氛围，提高了团队成员的工作积极性，也取得了很好的绩效成果。

在工作中，销售人员需要与上司和同事建立良好的人际关系，从而营造良好的工作氛围，充分激发团队的工作积极性。在具体操作上，与上司建立良好的人际关系的第一步就是尝试着从他的角度来看待工作。通常上司与下属员工具有不同的视角，因为他要时刻站在企业和团队的利益上考虑问题。其次要与上司建立信任关系，比如通过按时完成销售业绩、信守承诺、准时上班不缺勤、不随意散布机密等行为方式来建立信任关系。

在与同事相处的过程中，遵守群体规范是第一条原则。这些规范往往是不成文的规定，包括了群体成员应该做哪些行为、不该做哪些行为的标准。只要我们不偏离群体规范，那么许多行为都能被同事接受，反之，将被同事共同抛弃。其次，认可和称赞同事的努力和成绩。虽然上司的肯定更能让身边的同事感受到自己的重要性，但是我们也可以适当地扮演这样的角色，达到这一目的的有效方法就是将某人值得称道的成就告知群体其他成员，认可同事的同时也能让自己赢得更多来自他们的肯定。

欣赏上司和同事、给予他人支持的人能够促进他人成长，而且自己往往也是一个积极的人。我们给予上司和同事支持，看到他们积极的一面，可以促进相互成长，从而建立友好互助的人际关系。

6.3 真诚对待客户，影响客户感知

面对客户时，销售人员要找到与其沟通的方法，如果方法不对，很可能会影响到企业和客户之间的关系，到时损失的不仅是一个客户，还有可能使企业的声誉受损。杰亨利法则告诉我们，在人际沟通中，坦率真诚的沟通是促进沟通渠道通畅的有效保证。

因此，销售人员在与客户交往的过程中，要真诚地对待客户，时刻保持谦逊的态度，以平和的心态去面对客户，一切行为都以满足客户需求为首要条

件，从而影响客户的感知，得到客户的信任和认可。

李峥毕业后就加入了华为，一干就是十年，从一名产品经理成长为一名销售业绩高达数亿美元的高级客户经理。

在津巴布韦开拓市场的几年时光里，李峥逐渐领悟到了一个重要的道理：作为客户经理，只有真诚地对待客户，才能赢得更多客户的赞赏。当客户发现问题后，如果客户经理试图掩盖这些问题，尽管能让客户暂时不追究，但终究还是存在一定隐患的，不利于企业的长远发展；如果客户经理主动地向客户坦诚问题，并努力帮助客户去解决问题，就能让客户感受到真情实意，影响客户的感知，从而在客户心中树立良好的形象，与客户建立友好的合作关系。

有一年，津巴布韦代表处承接了一个光缆项目。在项目进行的过程中，客户CEO对华为进行了投诉。李峥了解到客户投诉的原因后，觉得在津巴布韦这种艰苦的环境下，工期延迟是很正常的事情，客户没必要如此生气，肯定还有什么他不知道的问题。于是，李峥主动邀请客户一起下站点检查，通过一天时间的实地考察，李峥发现交付时间并不是影响客户感知的重要因素，而是交付质量。在项目开展的过程中，华为人不重视交付质量，导致大量光缆裸露、没有回填等问题，这让客户非常愤怒。李峥明白，即使是再优秀的客户经理，与客户关系再好，出现这种交付质量的问题都无法向客户交差。

之后，作为客户经理，李峥主动向客户真诚地道歉，并向客户做出了承诺：华为一定会及时解决好所有的问题。在李峥的牵引下，华为团队对整个项目进行了整改，争取完善每个细节。半年的整改，共投入二十多万美元，最终得到了客户的认可，取消了对华为的罚单。由于李峥及其团队能够真诚地对待客户，之后客户更是不计前嫌，还给了华为一个大订单。

销售人员的工作就是要打动客户，赢得客户的心。赢得客户的心，关键在于真诚的态度，正如任正非所说："华为这十几年来，一直在铸造两个字：诚信，对客户的诚信，对社会的诚信，对员工的诚信。只要我们坚持下去，这种诚信创造的价值是取之不尽、用之不竭的。"

在与客户沟通时，除了保持真诚的态度，也要讲究一定的技巧，特别是要做到实事求是，不能夸大其词或弱化问题，这样才有更大可能获得客户的认可，推动双方后续的合作。

7. 扩大个人影响力

优秀的销售人员，在与他人交往的过程中，可以通过沟通与交流来影响和改变对方的心理和行为，从而实现自己的目标。因此，销售人员要想提高业绩，就得塑造强大的个人影响力，以此来打动更多的客户。

7.1 适度包装自己，展示亮点

销售是一份事业。实际上，我们销售的并非只是产品，更多是要推销自己。因此，在开始这份事业之前，要好好地规划自己的销售生涯，把自己作为销售的第一个产品，进行科学的“包装”与“规划”，使自己成为一个成功的品牌。

首先是对自己外在形象的包装。在现实的销售工作中，有很多事情是无法迅速达成的，譬如说，快速拥有销售冠军的心理素质，庆幸的是，销售人员可以迅速地改变自己的形象，为客户留下良好的印象，从而获取客户的关注和赞赏，最终也强化了自己的心理认知。

俗话说“穿衣戴帽，各有所好”，但衣着打扮不能随心所欲，而应该根据不同的环境、自身的条件以及情景的需要来搭配，并用服饰的符号显示出个性与品位。销售人员的服饰装扮可以向客户传递出重要的信息，审美素养、个性修养、文化涵养都能从其服饰的色彩、款式中体现出来。

从色彩上来讲，亮色代表活力、健康、热情，暗色代表严肃、刚健、稳重，销售人员应该根据自己的爱好以及场合搭配颜色，形成适合自己的风格。从款式上来讲，正装适合于正式的、庄重的场合，而休闲装适合轻松、活泼的场合。

其次是用知识包装自己。“胸藏文墨虚若谷，腹有诗书气自华”，知识可以体现人的修养和境界。在华为，要想当好一名客户经理，不仅要懂得销售知识，也要懂得技术等方面的知识。

华为的客户经理除了承担建设客户关系的工作，还要对商务谈判、项目运作、交付质量等负责。因此，需要掌握多方面的知识，才能很好地胜任这个岗位。

黄友文（化名）是一名客户经理，曾经接手过约旦的一个无线搬迁项目。客户诉求很高，中间几度换人，最终还是倾向于选择华为。但是，项目迟迟不关闭，影响双方的工作开展。为此，华为团队想了各种办法，经过两个月的谈判，都没能关闭项目。有一次，黄友文向客户提出是否可以采用华为自产天线，并将电源电池的室外站改为延用室内站。最终客户采纳了这个建议，关闭了项目谈判。当时与黄友文一起通宵加班的产品经理开玩笑说道：“客户经理懂技术，订单止不住。”

另外，作为销售人员，行为举止也很重要。风度翩翩的举止能够给对方一种美感，且人们也乐于与优雅的人交谈、交往。有些人在与他人交流的过程中，习惯用很多手势，这些手势有时会在不知不觉中暴露自身的本质。要想给客户好的印象，就得保持正确的手势语言，避免冒犯他人。

产品在销售前需要精心包装，销售人员也是一样，适度地包装自己，才有机会打动更多的客户。当然，包装自己并不意味着可以向客户夸大其词，说假话，而是向客户展示出自己的亮点。

7.2 主动推销，被更多的人认知

很多人认为销售只是自己暂时找不到工作的临时替代职业，因为这是一个艰辛、处处受气，并且被人瞧不起的工作。

曾经有一个富家子弟，不想靠家庭力量发展，想从最基础的工作做起，于是做起了推销员，可是在经历了几次挫折后，不禁萌生退意，想要换别的工作。他的父亲，一位从做推销员起家的亿万富翁是这样对他说的：假如你连一件商品都销售不出去，你怎么能把自己销售出去呢？假如连自己都销售不了，你做什么事情能够成功呢？

事实上，人的一生都是在不断推销中。日本“推销之神”原一平这样说过：“人人都是推销员，什么事都与销售有关，自从你诞生以来，你一直都在推销。小时候，你用哭闹向妈妈推销，接到的订单就是牛奶和妈妈暖和的怀抱；演员向观众推销表演艺术；创造家推销自己的发现；律师向法官推销辩解词；政治家推销政见……”作为一名销售人员，如果不能认同自己的职业，反而觉得销售是一项非常艰辛的工作，那么注定一生将备受煎熬；如果觉得销售是让人瞧不起的行业，那么注定不会赢得太多掌声。

被吉尼斯纪录誉为“世界上最伟大的推销员”的乔·吉拉德曾经总结了推销自己“三步曲”，即首先要把自己推销给自己，然后把自己推销给别人，最后再把产品推销给客户。因此，销售人员首先要树立起对职业的认同感，然后主动向客户推销自己，最终赢得客户的认同。

前华为副总裁李一男也曾说：“不仅要能干，还要能说，能写，善于利用一切机会推销自己，树立自己的品牌形象，很必要！要创造条件让别人了解自己，不然老板怎么知道你能干？外面的投资人怎么相信你？提早把自己推销出去，机会自然会来找你，搞个个人主页是个好注意，特别是培养自己在行业的名气，有了名气，高薪机会自不在话下，更重要的是有合作的机会……”

华为成立初期，为了扩大市场份额，许多华为人纷纷奔赴市场一线，向国内外企业推销华为产品，那些能够主动推销自己、坚持不放弃的人都成功打开了市场，得到了更多客户的认可，实现了自身的价值。

7.3 提升软实力，扩大影响力

一般来说，影响力包括权力影响力和非权力影响力。权力影响力是个人所处岗位所赋予的，职位越高，其权力影响力越大；非权力影响力则来源于个体自身的综合素质，综合素质越强，对他人言行产生的影响越大。

在职场中，非权力影响力更为重要。因为非权力影响力不是强制性地让他人接受，而是通过个人魅力来影响他人的，使后者自愿地、主动地改变自己的言行，这种改变体现的是一种心理上的信任感。要扩大非权力影响力，就需要从多方面提升自己的软实力，让他人真正从内心深处表现出对你的认同感。

在华为工作两三年后，年轻气盛的张乾（化名）自认为能力是最强的，但在更换项目组主管时却没有提拔他，反而提拔了另外一名并不是那么出彩的同事。张乾觉得这种做法非常不公平，于是在工作上也不好好配合新的主管。在他看来，这样继续在岗位上做下去不能发挥出他的价值，便萌生了离开公司的想法。

刚好这时一个新同事被调入了张乾所在的项目组，从事产品基础开发工作。该名新同事在进组之前就当上主管了，但因为想学更多的东西，才来基层工作。他非常好学，每天都在钻研技术问题，来项目组不久后就成了技术专家。而且他在为人处世上也很客观，深受同事们的赞赏和认可。此时，张乾才明白自己之前的想法有多幼稚。

事实上，张乾从未想过自己是否适合做主管，只是觉得升职是组织对自己的认可，才一心想当主管。这名新同事的做法让张乾明白了，影响力不是岗位赋予的，而是自己真正拥有足够的实力，才能让别人从心底里对你表示认可。

由此看来，良好的个人素质和优秀的专业背景，有利于个体建立良好的人际关系，从而提升其影响力。

对于销售人员来说也是如此。在向客户销售产品和服务的过程中，销售人员要依靠其非权力影响力来获得客户的认同。因此，销售人员需要全方位掌握产品知识，提升自己的专业能力，打造独特的个人魅力，以此来扩大在客户中的影响力。

第2章 销售能力建设

销售能力的强弱决定了销售行为的结果，因此，销售人员必须清楚地知道自己应该具备哪些能力，才能在平时注意培养这些技能，不断地提高销售能力，完成销售目标。在实践中，华为市场人员注重全方位地培养自己的销售能力，以此来实现业绩的快速提升。

1. 培养持续学习的能力

成功的道路没有止境，不可因为一时取得了成绩就洋洋自得，骄傲自满。销售人员只有持续地学习，才能不断地进步和成长，实现更大的成功。

1.1 养成自主学习的习惯

任正非指出："技术培训主要靠自己努力，而不是天天听别人讲课。其实每个岗位天天都在接受培训，培训无处不在、无时不有。如果等待别人培养你成为诺贝尔，那么是谁培养了毛泽东、邓小平？成功者都主要靠自己努力学习，成为有效的学习者，而不是被动的被灌输者，要不断刻苦学习提高自己的水平。"由此看来，培训的目的不是让员工学会某种技能，而是培养其养成自主学习的习惯。

因此，大部分华为人是通过自主学习来提升自己的能力的。一位华为人说："通过识别自己最薄弱的环节，专门攻克该领域，直到熟练掌握所需技能为止，这会让个人业绩得到最快的提升。"

2006年，于南芬加入华为知识产权部，经过多年的锻炼，已经成长为一名高通许可问题首席专家。在她看来，许可谈判需要经历一个较长的过程，尤其是大公司的专利许可谈判，涉及较多方面，难度较大。要想做好许可谈判，具有多方面的知识储备，才能在谈判中取得较好的结果。因此，在进入知识产权部后，于南芬一直保持着自主学习的习惯。除了熟悉华为的产品和业务，她还每天针对不同国家的专利法和判例进行对比分析，并对公司所签署的合同条款进行研究，不断地学习谈判知识和技巧，以提高自己的专业水平。通过不断学习，于南芬不仅对公司产品业务了然于胸，而且对行业发展趋势也有了更深入的理解，同时由于许可谈判要经历技术、商务和法务谈判三个阶段，且大公司专利包都比较大，于南芬通过学习也更加清楚在不同国家进行许可谈判时需要注意的问题等。自主学习让于南芬不断地充实自己，成长为一名专家，并取得了很好的业绩。

在任正非看来，互联网时代的学习机会很多，只要主动去学习，努力去学习，总会比别人进步得更快。

华为副总裁陈黎芳与新员工座谈，提到在华为工作如何才能脱颖而出时，她的建议之一就是坚持自主学习："第一，希望各位能努力地、反复地学习公司文件、任总讲话，看一两次不大明白，多读几遍，你就会明白，它是灯塔，谁先读明白，谁就先知道方向，比别人先进步。第二，建议将80%的学习时间用在针对性业务学习上。第三，多和部门、外部门同事交流学习，请人喝杯咖啡、吃碗小面，收获远大于你付出的成本。第四，不把时间浪费在小道消息上。财富、智慧、健康，或许都不是人生唯一的意义，我们努力是为了自己有可以选择的能力。"

总的来说，华为奉行"不断学习"的思想，要求员工善于不断学习，通过保持持续学习的能力，及时清除发展道路上的障碍，从而不断突破组织成长的极限。

1.2 培养问题意识，抓住关键点

问题意识是人们对难以解决的问题产生探究心理的一种思维状态，这种思维能够驱使人们不断地发现问题、分析问题和解决问题。在现代企业的管理中，由于市场竞争激烈，企业发现问题并解决问题的能力就显得尤为重要。海尔集团CEO张瑞敏先生曾说："我每次去现场转一圈，如果我没发现问题，就说明我有问题，说明我的要求太低了。"由此看来，张瑞敏将问题意识融入了其经营理念，也正是这种问题意识，让他带领海尔在国内外市场上收获了一致好评。

除了张瑞敏强调问题意识以外，还有很多企业家也非常注重培养员工的问题意识，例如松下幸之助、任正非等，他们都试图通过培养员工的问题意识来不断地提高企业的市场竞争力。

潘永光从事通信设备安装工作十多年，从2006年开始与华为设备打交道，经手安装了无数的华为通信设备。

2012年的一天，有两名华为员工向潘永光提出："能不能让华为新员工一起上站，学习安装基站的知识？"潘永光出于向后辈传授经验的目的，立马就答应了。

于是，在潘永光他们上站时，一支学习小分队时刻跟在他们身后。尽管上站时间长，也需要扛重设备，但他们从来不叫苦叫累，反而非常有问题意识，经常向潘永光和他的同事们请教各种问题。在前辈们解答问题时，有的人用笔或者手机记下来，有的人还专门录了音。他们这种求知的欲望，让潘永光和他的同事们都深受感动，也愿意给更多的机会让他们学习到更多的知识和技能。

通过这种学习的方式，大家也发现了设备可以进行优化的地方，向华为反馈建议后，这些设备也变得越来越好了。

由此看来，具备问题意识的员工能够不断地对产品和服务提出新的要求，从而使企业产品和服务得到改善和优化。

培养问题意识，并不意味着遇到问题就去寻求帮助，而是要自己尝试解决问题，提高自己解决问题的能力。

姜味2012年入职华为，在华为工作的几年时间里，个人也实现了从新员工到团队主管的转变。

初入华为时，她的同桌叫亚芬，非常聪明而且经验丰富。在工作中，姜味为了偷懒，图方便，经常一遇到问题就问亚芬，甚至有一些很简单的问题也懒得自己去处理。有一天，亚芬很严肃地找到了姜味，说道："凡是在问对方之前，先问下自己，怎么想这个问题，有的本身问出来就很幼稚，或许有些问题你自己都可以回答，忍住那一时的冲动，锻炼自己的思考力，你会收获更多。"姜味这才意识到，自己的偷懒不仅给别人带来了不便，而且也导致自己思考能力的下降。从那以后，姜味再遇到问题时，会冷静思考。久而久之，姜味解决问题的能力越来越强了。

培养问题意识，就是要求我们能够积极地去思考。但是在工作中，不是所有问题都可以马上得到解决，面对眼前无法解决的问题，我们不应急于解决问题，而是在做各方面努力尝试的时候，仔细观察自己所处的情境，进行创新性的思考，从而更加顺利地解决问题。

1.3 培养概念思维，学会归纳总结

华为对思维能力的定义是："个人对问题进行分析、归纳、推理和判断等

一系列认知活动，它包括分析推理和综合思维两方面。”其中综合思维也称概念思维，这种思考问题的方式是将分散的信息综合在一起，从中看出它们之间的联系，找到事物背后隐藏的问题或存在的模式。当个人具备一定的概念思维时，就能根据已有的概念、技术等手段找出能够有效解决问题的方法。

当前ICT行业正处于转型期，这对华为客户经理的个人素质提出了前所未有的挑战，传统一线客户经理的工作思维方式不再适用于当前环境，而是需要更加系统化地“经营”一个项目，才能获得更多客户的青睐和认可。

为此，华为重大项目部对客户经理进行了训战，以培养更多的销售专家和商业领袖。张文涛也参与了这次训战，在第一次用“九宫格”宣讲项目时，他还是用传统的思维来思考项目，项目宣讲变成了项目汇报，结果自我感觉良好的张文涛被培训老师的一连串提问给吓蒙了：“你的项目为客户带来了哪些独特价值？客户关系是独特价值吗？你的交易模式是否可以延伸？如果讲给后来人，哪些方面可以提高交易质量？概算和预算是否匹配？最终能否盈利？”

原来，张文涛觉得客户经理就是签单、签单、再签单，但通过训战学习，他对商业模式、交易模式、概算以及商业画布里“九宫格”等方法论有了更加清晰的认知。学会这套方法论后，张文涛带领团队成员针对具体项目展开了方法论的实践工作。通过应用这个方法论，大家的工作都变得更加简单了，不仅目标非常清晰，而且责任明确。

任正非在华为大学的一次讲话中指出：“人要善于总结，人的思想就是一根根的丝，总结一次打个结就是结晶，四个结就是一个网口，多打结，纲举就目张了。总结的越多就越能网大鱼。”

销售人员只有不断地学习新知识，积极地思考，学会总结经验和教训，才能确保业务效率和质量不断得到提升。

2. 树立经营意识，为盈利负责

在任正非看来，销售额是为了实现利润，不是企业奋斗的最终目标。他表示：“华为的高层们一定要记住，利润才是衡量执行是否有效的唯一标准。”

2.1 从以销售为中心转为以经营为中心

过去华为客户经理是以销售为中心的，只注重向客户推销产品的过程和结果，这对成立初期的华为来说，是可行的。但随着华为逐渐走向成熟，业务规模不断扩大，以销售为中心不能够完全满足多样化的大客户需求了。于是，华为客户经理转向了以经营为中心，即始终坚持以客户中心，实现客户价值最大化，帮助客户实现商业成功。

很多客户经理拼尽全力争取到项目，但拿到项目后，就不注重交付阶段的事情了。这是典型的重销售、轻交付，这种做法让客户感到被欺骗，需求得不到满足，严重损害了客户的利益。例如华为的马电事件，因为重销售而轻交付导致客户给董事长写了投诉信，影响了华为在客户心中的形象。此后，华为通过积极改进，成功转变了经营模式，从以前的以销售为中心转变为以经营为中心，志在为客户提供高质量交付的同时，实现项目盈利。

2006 年，华为开始了从“以销售为中心”向“以经营为中心”的持续改进，随着 IFS（集成财务转型）的推行，经营管理逐步得到了细化。而 2010 年立项的 IFS-PFM（Project Finance Management，项目经营管理）项目，更是让华为实现了更加精细化的管理。

IFS-PFM 项目旨在围绕“拉通、闭环、可视”，帮助解决项目经营售前售后断裂等方面的问题。PFM 以“树立经营意识，售前售后拉通，风险假设闭环，项目经营可视”为项目变革目标，建立了相对完善的项目经营管理体系，从而提升了项目经营的效率和质量，保证了项目的有序进行，提高了客户满意度。

以经营为中心，要求参与项目的每位员工都要有整体意识。项目的各个环节是紧密相联的，如果在售前到售后的全过程中发生任何细小的疏忽或配合不好都能导致失败。如果每个人都认为只要做好自己的事即可，而不与其他员工或部门形成有效配合，就会导致类似马电事件的情况重现，不仅损害客户的利益，也使得自身的利益受损。

作为销售人员，在与客户交往的过程中，更要注重以经营为中心，强化为客户服务的意识，集中资源帮助客户取得商业成功，这样才有机会赢得客户的青睐和认可，获得更多合作的机会。

2.2 让项目盈利，以支持公司运转

销售额与利润是企业发展过程中密不可分的两个关键名词，两者在一定程度上都反映了企业的规模和效益。但任正非认为企业发展的好坏，关键要看真实的利润，只有利润增长才能支撑公司在激烈的市场竞争中实现更好的发展。

任正非指出："既然用效益说话，那么部门就要交出钱来，目前全球经济前景黯淡，我们现在就是拿钱，就是每个部门都拿钱来，不拿钱就不行，要讲究这个金融危机，最主要的问题就是钱，没有现金流就不行。"在华为，不打粮食的干部是要下台的，员工是要为公司贡献利润的。

2012 年，华为帮助 Mascom 公司在博茨瓦纳进行 2G&3G 搬迁项目，搬迁区域涉及博茨瓦纳的首都和国家第二大城市。由于这两个地方是国家重点区域，包含大量的政府和金融机构，因此客户对网络的质量要求非常高。华为是第一次在博茨瓦纳开展此类项目，不仅缺乏经验，而且人手不足，再加上项目组对友商设备不了解，导致团队遇到了许多的困难，客户也逐渐对华为的能力产生了怀疑。

但是，华为人深知一旦开展项目，就一定要达到公司的经营要求，实现盈利，这样才能实现双方的价值。为此，项目组成员通宵值班，在客户办公室门口驻守，随时为客户解决问题。由于项目组成员的努力付出，华为逐渐得到了客户的信任，双方建立起了良好的关系。

华为员工不仅在开展项目的过程中考虑盈利，在签订分包合同时也分外小心，仔细考虑每个细节会给公司带来什么样的后果。针对每一条内容都会进行仔细的分析，尽量绕过他人的套路，为公司避免不必要的损失。后来，该项目顺利地完成了，不仅得到了客户的高度赞扬，而且公司也赚取了不少的利润。

由此看来，员工具备经营意识，主动去思考如何让项目盈利更多，不仅能为公司创造商业价值，也是快速实现自身价值的重要方式之一。

为了让项目有更多的盈利，华为消费者业务CEO余承东在2017年新年致辞时说道："2017年是华为精细化运营变革年，一切要以利润为中心。每个人都要从每个细节点滴上提升效率，严控成本与风险，以实现公司长远的健康发展。"

2.3 既要让客户满意，又要维护公司利益

过去，华为在项目交付中更多地聚焦技术方案，而忽略了成本和盈利问题，导致许多项目利润不高，甚至亏损。为了活下去，任正非强调，在为客户提供优质产品和服务的过程中，既要让他们满意，也要为公司的长远发展考虑，项目要实现一定的盈利。

天馈经过长时间使用后还能保证其高质量吗？这是客户在英国 VDF 项目中所担心的重要问题。为了避免引起网络干扰，客户要求在合同中添加一条：测试原来天馈的 PIM 值。如果按照客户的要求对前期交付的站点进行单站测试，将会大大增加项目的交付成本，因为每个站点的单站测试成本高达 700 英镑。

华为项目组的陈新亭想到了一个好办法，他利用设备内置的类似测试功能在站点现场为客户进行了演示，并为客户详细讲解了该功能的操作原理以及各种优点。客户对该功能表示很惊讶，同时也被陈新亭的讲解打动了，最终决定采用这个模拟演示功能。这个做法为华为省下了几百万英镑的费用支出。

陈新亭说："在欧洲项目交付中，由于人力成本高，对质量的要求也高，单站交付成本经常高于设备成本。因此，我们要多利用自己的技术能力从技术上关注经营和改善经营。"

从这个案例中，我们可以看出华为人不再单纯地只聚焦技术方案，而是在满足客户需求的基础上，利用技术能力来提升企业的效益，为实现企业的商业成功做出贡献。

华为强调"以客户为中心"，并不意味着完全牺牲自身的利益来成就客户，在关键时刻，员工也要主动地去维护公司利益。

一次，客户被华为说服并进行核心网搬迁。在重新招标的过程中，结果中标的是友商。程岩（化名）觉得不能输得这么不明不白，于是带上一名律师和客户代表进行补偿谈判。在谈判的过程中，程岩并没有因为对方是客户而放弃公司的利益，放狠话、拍桌子，通过法律的武器，硬是为公司争取了 750 万欧元的补偿金，有效维护了公司的利益。

面对客户，销售人员如果一味地追求利润，而不把客户的利益放在眼里，

就无法得到客户的长期信任；如果一味地满足客户需求，而不顾成本，就会增加企业的成本负担，既不利于公司实现长远发展，也不利于自身的发展。在满足客户需求的同时，合理地维护公司利益，才是获得成功的关键。

3. 提升客户关系管理能力

销售人员要想积累一定的客户资源，提高客户忠诚度，就得提高其客户关系管理能力，通过“锲而不舍”地追求客户，与客户沟通交流，获取他们的信任。

3.1 在公司与客户之间发挥纽带作用

销售人员作为连接公司与客户的桥梁，很大程度上决定了公司与客户之间的关系。首先，销售人员代表公司向客户展示产品和服务，他们的表现决定了客户购买产品和服务的意愿度。同时，销售人员也是客户的代表，他们代表客户向公司反馈意见，传递对产品和服务的想法和建议，以及提出新的需求。

任正非说：“过去，我们的销售制度是客户经理制，后来我们转为了客户代表制。为什么呢？就是要加强自我批判的强度。客户经理的目标很明确，是单方向的，推介式的。而客户代表呢？首先他们必须代表客户，代表客户来监督公司的运作。客户代表的职责就是站在客户的立场来批评公司，他不批评就失职；他乱批评，没有在整改中吸取他的批评，考评也不能好。他只有多批评，并实事求是，使批评的内容得以整改，他才会有进步。这样，我们一定能从客户代表那儿听到批评意见。为什么实行这项制度呢？因为，我们常常听不到客户批评了，客户认为我们的员工太辛苦，工作中有一点点错，告诉公司怕影响他们的进步，有意见也不提了。久而久之，我们会认为太平无事，问题的累积则会毁坏整个客户关系。而客户代表又不同，他的职责就是批评公司，只要我们时时、处处，把客户利益放到最高的位置，我们又善于改正自己存在的问题，那么客户满意度就会提高。”

对客户而言，销售人员的能力和形象是公司在他们面前唯一的有形表现。在与客户接触的过程中，如果销售人员表现良好，给客户留下很好的印象，就会提升客户的购买意愿，进而使客户对销售人员所代表的公司和产品产生忠诚度，在两者之间建立一种较为牢固的关系。由此看来，“客户对销售人员的忠诚”是销售人员客户关系管理能力的表现形式之一。

因此，销售人员必须有效发挥在公司与客户之间的纽带作用，为客户提供良好的产品和服务，也促进公司实现商业成功。

3.2 积极与客户交往，建立信任关系

销售工作的属性决定了销售人员必须与客户搭建牢固的关系。而要与客户建立良好的关系，就得积极与客户交往。在与客户交往的过程中，销售人员一方面可以将公司有价值的信息通过某种方式呈现给客户，另一方面可以收集客户的反馈信息，使公司的产品和服务得到改进，在这一来一往中就可以建立起相互间的信任关系。

何慧初入职场做产品资料时，以为需要针对不同国家的客户做不同的资料。结果在与客户交流的过程中，她发现并不是这样的。事实上，从事类似工作的客户对产品的关注点和需求是差不多的，何慧说：“我们想当然地认为某种是正确的，反而给自己增加了工作，沟通能够纠正偏差，让目标更加准确、清晰。在沟通的过程中，客户的想法也会对我们的工作产生新的启发。”

一次，客户问何慧：“你们的资料是否可以通过 IPAD 来阅读？”这给了何慧新的启发。后来做资料时，何慧就给客户提供不同的多种介质的材料。

何慧的同事们评价她：“贴近客户。”每年访谈 150 位客户，既让她与客户保持了良好的关系，也让她在沟通中找到了更多高效的工作方法。

由此看来，与客户保持良好的关系，不仅能够将产品和服务有效传递给客户，同时也能从客户那里获得对自己工作有用的信息。

只有主动与客户交往，企业才有更大概率发现更多的市场机会，某银行客户的大数据市场就是这样被打开的。

2012 年，在国外 IT 巨头都已完成初步大数据业务布局的时候，华为的大数据才刚刚起步。一天，当时大数据的市场兼业务负责人祝升去参加金融行业的一个展会，正好看到 Z 银行总行信息技术部的何总驻足于友商的大数据展台，祝升觉

得华为的机会来了，于是主动上前与何总聊了起来。

听完祝升的介绍，何总当即决定找个时间做进一步的交流。后续，在双方技术人员交流的过程中，客户对华为大数据的介绍非常满意。就这样，华为被纳入了Z银行的大数据平台考察名单，有机会与国际巨头们一较高下。

积极与客户交往，也有利于销售人员形成良好的关系网络。相关研究表明，关系网络是促成工作绩效提高与职业生涯成功的重要因素。关系网络中的成员可以帮助我们解决工作中的难题，提供精神支持，他们还能购买我们的产品和服务。经营关系网的一种有效方法是，与他们保持紧密的联系。这种联系可以像午餐那样正式，也可以像电子邮件那样简短。

3.3 用心维系客户关系，与客户患难与共

销售人员为客户服务的过程中，在任何时刻都要为客户的利益着想，与客户患难与共。面对自然灾害、人祸的时候，与客户一起渡过难关，把客户当成真正的朋友，从而提高客户对企业和产品的忠诚度。

有人觉得，帮助客户解决困难是在浪费时间。但事实上，客户在困难中受损失，企业和销售人员的利益也会受到影响。因此，从长远的角度来看，销售人员需要用心维系客户关系，主动帮助客户摆脱困境，这样做有利于双方间建立起长期的合作关系。

对此，任正非强调：“抗震救灾、资助教育……这些东西在《华为人》或外部媒体上发个花絮就可以了，不为客户服务的就是花絮，不说更好。”华为人认为在灾难中以最快的速度赶往现场，为客户保住设备，并让客户保持通信顺畅等才是最为重要的。

2014年7月，塞拉利昂出现埃博拉病毒。为A运营商提供设备的H友商有两名维护工程师因为害怕被感染，在8月下旬选择了撤离。

对此，客户CEO感到十分不快。之后，客户致电华为在塞拉利昂某地代表处负责人，让华为搬迁H友商的全部设备。9月初，客户董事会同意让华为负责二期扩容中的全网搬迁。

每当客户见到华为代表处负责人时，都会说：“你怎么还在，我以为你走了。”病毒流行的几个月里，只要客户有需求，代表处就会派专业人员前去为客户解决

问题。

最终，华为的坚守得到了回报。接下来的几个月里，华为陆续拿下了塞拉利昂几个大运营商的项目。

华为用坚守换来了信任。在市场被其他企业占领的情况下，谁能坚守到最后，谁在客户心中的分量就更重。华为人在世界各地的成功，离不开这种只要客户有需求，就有华为人的精神。

因此，销售人员在维系客户关系的过程中，要与客户共进退，尤其是当客户面临困难时，要尽可能地满足其需求。在困难中建立的友谊，是双方后续开展更多合作的坚实基础。

4. 提高信息收集与分析能力

信息收集与分析能力是销售人员的基本能力。全面收集与分析客户的信息，不仅可以为制定销售策略提供思路，也会对部分合作条款的拟订提供参考依据。

4.1 知己知彼，方能百战不殆

俗语讲得好：知己知彼，百战不殆。销售工作也是如此，只有准确掌握客户的所想所做，才能有针对性地对其采取匹配的销售策略，从而实现销售目标。因此，销售人员需要具备一定的信息收集能力，以掌握更多的客户信息。

收集的客户信息资料越多，越准确，客户的图像就越清晰，面谈的切入点就越明确。当你摸清客户的一切信息后，在心理上你就会觉得准客户已经由陌生人变成好朋友，这样，在拜访客户的时候，你就会游刃有余，能在最短的时间内缩短你与客户之间的心理距离，让客户与你“一见如故”。其实，这是一种心理现象，心理学认为压力随熟悉程度的加深而减轻直到消除。因此，客户资料的收集应尽可能全面、详细。客户信息收集得越多，客户形象越清晰，拜访时的切入点越明确，你就越能准确地把握客户的心理。

华为优秀客户经理主要针对三个方面的信息进行收集与分析：所负责区域内所有客户群的网络规划及需求信息；所负责区域内竞争对手的信息；工作

周报和建设项目动态表。收集信息的具体途径有很多，包括官方网站、网络搜索、招聘广告、其他相关人员的介绍等。

王成录回顾其三年的工作，发现和客户面对面沟通是提升业务能力的最佳途径。初入职场，为了准确掌握客户的所想所做，王成录给自己定的目标是：3 年内拜访 100 位以上的 CXO 人员，直接和他们面对面沟通，以此来快速获取客户需求，找到市场突破点。定好目标之后，王成录就开始了具体的工作。每一次和客户沟通之前，王成录都会认真地做好准备。在准备的过程中，王成录对产品和业务知识把握得越来越透彻，同时通过与客户面对面的交流，也获得了客户的第一手资料，王成录对客户需求拿捏得越来越准。王成录通过这种工作方式，让自己和所在团队始终在第一时间了解到客户的需求，在帮助客户实现商业成功的同时，也让自己和团队收获了巨大的成功。

与客户面对面交流是收集客户信息最直接的方式之一。这种方式能够更直观、快速地了解到客户的明确需求和潜在需求，从而提高销售人员的工作效率。

在市场竞争中，谁掌握的信息多，谁的主动权就大；谁对客户的信息了解得越透彻，越全面，销售工作就越容易展开，越容易收到事半功倍的效果。

4.2 分析信息的及时性与有效性

在信息收集的过程中，经常会出现这样的现象：收集到的信息不完整、不真实或者收集到的信息陈旧，不能与时俱进，参考的价值不大。无论上述哪种情形，都将会严重影响销售工作的效率，因此，销售人员要对收集到的信息进行分析，确保收集信息的及时性和有效性。

在对信息进行分析的过程中，首先要了解信息的及时性。不及时的信息，就算是再准确，也是无效的。

客户经理田晓天（化名）负责某地区局，该局正好有一个交换机扩容的大项目。由于各种原因，华为与该局没有建立太多的业务联系，整体关系不算很好，客户对华为的产品没有深入了解，更没有信任度可言，只有一名项目建设主管非常欣赏华为。田晓天刚接手该地区局，要想马上与该局合作难度很大，正当他艰难地做好客户关系时，得知华为在邻近区域的 C&C08 机因操作错误而出现了较大的常规故障。田晓天对于获取的信息立刻进行了分析，认为这两个地区局相距不远，且双方局长关系不错，如果消息外传到该地区局，即使这只是个操作故障，也会使得客户的信任度下降。于是，田晓天立刻联系了办事处，要求封锁这个消息，至少在新项目合同签订之前不能让客户知道。最终，消息被封锁了，田晓天拿下了该项目。

如果田晓天当时没有及时得到信息，或者这个信息被竞争对手的销售人员获取，那么华为很可能就难以顺利地拿下这个订单。

有时候，收集到的信息不一定是准确的，例如有的客户为了压价，会提供虚假信息，指出竞争对手的报价较低，这时就需要销售人员能够全方位地分析，分辨信息的真假，避免掉入陷阱。

总的来说，为了准确把握客户的情况，销售人员必须对收集来的资料进行归类、分析，从大量的资料中寻找到可以与客户沟通的突破口。另外，销售人员还要善于通过一些表面的信息，深入地分析客户，这样，达成销售目标就不成问题了。

4.3 结构化表达，准确传递信息

人们在沟通与交流的过程中，经常会由于信息传递偏差，导致沟通不畅。问题出现的原因可能是双向的，一方面可能是信息传送者表达信息的过程中，选择了不恰当的语言或者表达方式，导致信息传递失真；另一方面可能是信息接收者在接收信息的过程中，由于认知、喜好等方面的不同，对信息进行了筛选或加工，导致信息接收失真。

对销售人员来说，准确传递信息很重要。销售人员需要准确地把公司产品和业务知识传递给客户，打动客户，取得客户的信任和认可，同时也需要将客户需求以及反馈意见传递给公司。

信息传递偏差可能造成沟通结果与预期大相径庭。只有准确传递信息，才能实现沟通的目的，所以我们要解决传递偏差导致的信息传递失真的问题。要想准确地传递信息，就必须掌握科学的表达方式。在销售过程中，遵循FABE原则阐述观点，客户更容易听懂和接受。

F 就是 Feature，是指属性，即产品的基本功能等；

A 就是 Advantage，是指优势，即产品比竞争对手好的地方；

B 就是 Benefit，是指利益，即客户购买产品能获得的好处；

E 就是 Evidence，是指证据，即产品的质量有保证。

OPPO的销售人员根据这个原则来向客户销售产品，取得了不错的成效，这也是任正非提出的要向OPPO等企业学习的优秀经验之一。按照这种结构化的表达模式，销售人员不仅能够有效地发出信息，也能使对方准确地理解信息。当然，在传递信息的过程中，销售人员还要注意尽量使用通俗易懂的语句，不能频繁使用一些复杂而难懂的专业术语。但也并非建议一直避免使用复杂的语言和专业术语，当面对客户专家时，则应该更多地使用专业术语，体现销售人员的专业性。

企业的日常经营与运作是靠信息传递来实现的，这一过程在很大程度上又需要组织成员的相互沟通来完成。如果沟通不到位，就会影响思想和情感的传递与反馈。华为致力于通过强化企业对内、对外的沟通来实现客户需求信息的上传下达，最终及时快捷地解决客户遇到的问题，并提供他们急需的产品和服务，借此构建起领先的基因。

5. 培养销售策划与运作能力

任正非指出："市场部要做到每一件事都要进行策划，树立市场策划的思维模式，去规范指导工作。以策划报告实施的动态跟踪、评估、修正、总结来提高自身的营销策划水平和判断与组织能力，在贯彻全面顾客服务意识中加强对内部顾客和外部顾客的服务，以服务展示公司的新形象内涵。"

5.1 制定销售策略与执行计划

制定销售策略与计划是销售能力的体现，也是一种工作的技能。只有在全面了解客户所在的市场的情况下制定销售策略与计划，才能增加销售成功的可能性。

德鲁克说过："一个人花钱购买一双鞋子，不是为了支付制鞋商所期望获得的利润，而是为了得到一双漂亮大方又舒适的鞋子。”也就是说，客户的价值来源于他的需求，只要能够积极响应并满足客户的需求就能创造价值。人们常说“顾客就是上帝”，不管企业愿不愿意承认，这都是事实。客户需求代表了市场方向，销售人员需要迎合客户的需求来制定合理的销售策略与计划，从而达成销售目标。

华为刚进入非洲市场时，由于文化背景方面存在差异，起步并不顺利。于是，华为客户经理深入前线做调研，逐渐了解到想要在非洲某些国家获得市场，关键在于搞定该国的总统。

于是，华为人就想尽办法接近各国总统。有个国家的总统对斗鸡很有研究，华为的客户经理就制定了作战方案，向总部申请斗鸡方面的专家，研读斗鸡相关的书籍等。在拜访这位总统时，客户经理就送出有关斗鸡的书，还设置了专门的斗鸡场，举办斗鸡比赛，供总统观看。通过这种定制化的策略，华为客户经理成功搞定了这位大客户。

针对客户需求，制定恰到好处的销售策略和计划，是华为人取得销售成功的主要原因。

制定销售策略时，不仅要考虑客户的具体需求，针对其痛点推荐合适的产品和服务，更要在销售方式上下狠功夫。

很多客户不喜欢“单向灌输式”的销售方式，因此，在张全锋看来，用事实说话是最有效的。一次，在与山东移动客户沟通时，张全锋发现客户的痛点在于：建设成本多久能回收？网络建设成功的概率有多大？于是，张全锋带着这些问题，对山东城区和市郊进行了实地考察，在此基础上计算了投资建设成本和回收周期，制定了一套详细的方案。这些真实的数据分析，让客户对华为的能力表示信服：“华为在固定宽带接入的咨询能力超出我们的预期，方案很贴近实际，让我们对发展固定宽带更有信心了！”

销售人员在制定具体销售策略与执行计划的过程中，应该站在客户的角度，分析客户在他特定的经营环境里真正需要的是什么，从而制定适合的销售方案。通过这样的思考方式，销售人员不仅可以了解客户的真实需求，而且能锻炼自己的思维能力和解决问题的能力，赢得更多销售成功的机会。

5.2 梳理问题点，制定应急预案

当前市场环境多变，在项目开展的过程中，难免会遇到偏离预期和计划的例外事项。项目负责人需要对这些不确定的事项有所准备，避免在事情发生时管理混乱，影响项目运作效率。

2007 年，华为负责 T-Mobile 在捷克、荷兰等五个核心国家的子网割接项目。T-Mobile 要求严格，在其合作历史上，还没有哪一家企业能够按照其要求准时交付。T-Mobile 认为华为具备较强的综合实力，希望华为能够按时、高质量地交付，帮助 T-Mobile 在市场中占据有利位置。如果华为没有在规定周期内完成项目，就会面临巨额的罚款。

为了能够准时、高质量地完成项目，华为交付团队对每个阶段的关键问题点都进行了详细的梳理，并将这些问题点通过文档和清单的方式固化下来。在整个项目开展的过程中，项目组编写了大量的指导书、工作手册等文档，同时对割接方案进行了无数遍的演练，并针对每个关键问题点制定了相应的应急预案。这种细致、系统的工作方式让交付工作顺利地进行，即使中途发生了一些意外情况，因为提前做好了准备工作，应急预案够充分，意外情况没有影响整个项目的完成进度。华为团队的工作态度甚至让要求严格的德国客户赞叹："没想到中国人做事也可以这么的'German'。"最终，项目成功地完成了交付，客户赞叹道："华为公司的 TMO 核心五国交付，是 TMO 有史以来第一个按时完成测试和现网交付的项目。"

项目之所以能够按时按质地完成，其中很大程度上就在于华为团队能够针对关键问题点，制定多个应急预案，即使出现意外情况，也能不慌不忙地应对。例外事项是工作中不可避免的问题，为了更好地解决不确定事项，在开展工作的过程中，做好充分的准备，可以有效提高工作效率。

销售也是如此，客户的需求、市场环境等可能随时会发生变化，这就要求销售人员在制定具体的策略时，要考虑到可能会出现的问题，制定多个方案，做好充分的应急准备。

5.3 构建项目运作能力

销售人员不仅要具备独立的策划能力，更要有项目运作能力。否则再好的方案，执行力不够，也无法销售成功。为了培养销售人员的项目运作能力，IBM公司特设了“魔鬼训练营”，以严格的训练方式对新员工的销售能力进行强化。

IBM 公司销售人员的魔鬼训练期限是三个月，他们需要在三个月的时间之内掌握大量的知识。培训内容包括：了解 IBM 各部门的运作方式，熟悉所在部门的部门职能和工作权限，掌握 IBM 的产品知识和销售服务标准等。除此之外，IBM 特设了模拟实践环节，让销售员通过实践锻炼团队的合作能力、表达能力和沟通技巧等。

为了了解销售人员对培训知识的掌握程度，IBM 开设了十多种考试，考试的覆盖范围从演讲、产品性能测试至练习扮演客户和销售人员的角色。考试合格者，方可成为公司的员工，在个人职位上承担工作职责。

IBM 的培训活动一直持续着。销售员正式踏上工作岗位后，一份公司制作的学习蓝图就在等待他们。经验丰富的同事会“手把手”地将经验传授给新进员工。此外，销售员还可以通过公司的内部网络学习销售知识，或到总部参加培训活动。

事实证明，IBM的魔鬼训练不仅锻炼了销售人员的能力，还促使公司销售额不断增长。

华为在培养销售人员的能力时，也有点类似于IBM公司的培训方式。首先对营销人员进行理论知识的培训，包括整合营销传播、市场心理学等知识，然后再让新员工进行实战演习，让员工在实际销售中锻炼自己的策划与运作能力。经过这一系列的培训，员工基本上掌握了销售专业知识与技能。

销售技能培训只是学习的一部分，在工作中，销售人员要主动学习，培养自己的销售策划与运作能力，为做好销售工作奠定能力基础。

6. 训练技术交流及培训能力

销售人员在向客户介绍产品和服务时，必须具备一定的技术交流能力，才能向客户顺畅地介绍产品特性，使客户理解产品和解决方案，从而打动客户。

6.1 掌握产品知识，与客户顺畅交流

很多销售人员总抱怨产品不好、价格没优势、竞争太激烈、客户太苛刻等，他们认为是这些因素阻碍了销售进展。实际上，这只是他们不敢正视自身缺陷的挡箭牌。销售障碍的本质就是销售人员自身的缺陷，也就是说销售人员在销售知识与技巧方面还没有达到专业水平，不能有效应对销售需要。

销售人员：您看，这件长裙用了这么多的华丽珠片，全手工做的。

客户：手工做的又怎样？

销售人员：手工做的精细，质量有保证。

客户：没什么感觉，跟其他的没什么区别。

销售人员：您看，这是缝线的走势对吧，在细节处理上就可以看出它的档次，穿上它一定很精致的，也特别显贵。

这是一段流畅、专业的销售对话。如果对产品知识不了解，没有专业的销售技能，我们就无法与客户保持畅通、专业的沟通，也就无法与之建立信任关系。实际上，我们不仅要掌握产品的基本知识，还要掌握产品对客户的利益，只有产品对客户产生了价值，客户才会觉得物有所值，才能下定购买决心。

谢清锐负责西欧地区部 OCS/BSS 解决方案的行销拓展。西欧客户习惯于自下而上的项目决策模式，因此，谢清锐首先就要说服客户的技术层。在此之前，谢清锐曾在产品管理、研发部门工作多年，积累了大量的技术经验。过往的经验让谢清锐在与技术专家们过招时也能说上一二，通过无数次的交流与碰撞，客户技术层逐渐对华为的产品产生了兴趣。可以用专业技术去打动技术层，但如何说服客户的中高层管理者呢？在谢清锐看来，中高层管理者希望看到的解决方案的价值，而不仅仅是好的技术。因此，谢清锐在与中高层管理者进行沟通的过程中，采取了与技术专家沟通完全不同的方式，他向中高层管理人员展示解决方案的价值，让他们看到产品对客户的利益和好处，从而取得了客户的认可。

由此看来，掌握一定的产品知识是销售成功的基础。同时，除了向客户展

示专业知识以外，还要能用产品的商业价值去打动客户。只有做到这样，才能与客户顺畅地交流，才有更大概率获取成功。

知己，你才能在拜访中巨细无遗地回答客户的提问；知己，你才能向客户展现你的专业水准，让客户信服。因此，销售人员只有掌握一定的产品知识，才有机会实现销售的目标。当然，有时，只是了解还不够，还应将其全部装入脑海里，做到融会贯通，随取随用。

6.2 在公司内部，多争取受训的机会

在不同的环境里，由于长期的耳濡目染，各人的性格、气质、素质和思维的方式等方面都会有明显的差别，正如人们常说的“近朱者赤，近墨者黑”。环境对人的成长具有不可抗拒的影响，基于这种理论，销售人员要让自己成为优秀的一分子，最直接有效的办法就是让自己长期“泡”在优秀的人扎堆的地方，譬如说多参加培训课程等。如果销售人员坚持参加培训课程，那么其销售技能和业绩将突飞猛进；同时在参加培训课程的过程中，也能交到更多的朋友，有利于其长远的发展。

在华为，每位员工都有机会参加各种各样的培训。其中，新员工培训是每个人都必须参加的。

为了让华为员工成为一支职业化的军队，保证每一个上岗的华为员工都是精英，从 1997 年开始，华为便要求新招聘的大学生在华为大学进行半年的封闭式入职培训。培训内容包括军事化训练、企业文化学习、车间学习、技术培训和市场演习等。给新员工训练的教官都是军队退役教官，训练标准更是严格按照军队要求进行，员工每天早上都要早起跑操，迟到的会被扣分。训练结束后，凡是不合格的员工都要被淘汰，经过层层筛选后，才能成为华为的正式员工。

对华为的销售人员来说，上岗前学习只是其培训内容的一部分。为了让销售队伍具备更强的专业性，提高其市场战斗力，华为针对个人制订了相应的成长计划，为每个有志向的员工提供多种培训的机会。员工通过参加培训，可以不断地充实自我，掌握更加前沿的行业技术、市场营销专业知识等。培训的形式也是多种多样的：有在职的，也有脱产的；有传统的课堂教学，也有网络课程等。这些培训旨在提升销售人员的专业能力，保证其在市场竞争中能够比对

手更快地取得客户的信任。

总的来说，销售人员应该多争取受训的机会，通过参加培训和实践，让自己不断成长，提高克服困难的能力。否则，销售人员将得不到成长，看不到希望。

6.3 帮助客户建立转述方案的能力

客户如果不能完全地理解产品的特性，有时候就会对公司的产品和解决方案持有怀疑态度，进而影响双方的良好合作关系。

2008年，华为巴西代表处收到了某客户的投诉，客户表示HSDPA速率太低，怀疑是华为的设备有问题。为了打消客户的疑虑，让客户相信华为的产品，华为立即组织了一场针对HSDPA的培训，为客户讲解HSDPA的相关知识。通过这次培训，客户深刻地理解了HSDPA，并且也很满意华为提供的这次培训。同时，为了检查出问题的所在，华为还组织了工程师对客户的设备进行测试，结果显示是客户核心网设置出了问题。于是，华为向客户进行了解释说明，并对影响HSDPA速率的各种因素做了详细的解释。但客户依然对华为存在疑虑，为此，华为再次对客户的设备进行了测试，结果发现是友商的设备出了问题，从而成功地消除了客户对华为产品的怀疑。事后，客户对之前怀疑华为的态度表示了歉意，并高度赞扬了华为的设备，说："华为 very nice。"

华为通过及时培训，消除了客户对产品的怀疑。因此，销售人员不仅要能向客户解释清楚解决方案，也要能帮助客户理解产品和解决方案，建立转述方案的能力。为了帮助客户提升专业能力，华为还为世界各地的客户提供培训服务。

2017年6月6日，喀麦隆总统保罗·比亚会见了华为高级副总裁李大丰一行。比亚总统表示："华为是喀麦隆重要的合作伙伴，非常感谢华为持续地将最新的信息通信技术引进喀麦隆。我很赞赏华为在推动喀麦隆数字经济发展、国家ICT能力建设、企业本地化以及知识转移等方面所做的贡献。"

李大丰表示："ICT已经成为喀麦隆经济发展的助推器。华为将致力于在喀麦隆的长期可持续发展，聚焦提升喀麦隆的ICT基础设施水平，把华为在全球的成功经验与先进的ICT解决方案带到喀麦隆，与包括喀麦隆国家电信公司在内的本地伙伴通力合作，助力喀麦隆成为中部非洲的ICT枢纽。”

自2005年以来，华为与喀麦隆许多政府机构和企业开展了合作项目。未来，华为还将继续与他们开展更多的合作，帮助喀麦隆培养更多的ICT人才。

客户在判断产品与解决方案优劣的过程中，很可能会由于不熟悉专业技术，对产品和解决方案产生误解，甚至认为不适合公司。如果销售人员在提供产品价值亮点的同时，也能向客户传递产品的专业性与先进技术，让客户理解和转述方案的价值，那么后续的合作就更容易开展。

7. 提高商务谈判与沟通能力

商务谈判不是一件轻而易举的事，虽然每个人都可以作为谈判的角色出现在各种谈判场合，但是要成为一名优秀的谈判者，却需要付出艰苦的努力。只有在全面领会谈判内涵的基础上，苦练谈判和沟通技巧、熟悉谈判规则、培养充满智慧的应变能力，才能够在谈判桌上掌握主导权，为自己争取更多的商业利益。

7.1 谈判要具有双赢思维

任正非指出："华为公司不需要利润最大化，只将利润保持在一个较合理的尺度。设立每个时期合理的利润率和利润目标，而不是单纯地追求利润最大化。"由此看来，华为追求的是可持续的共赢发展。

在任正非看来，华为要靠客户活下去，如果把客户的利益都榨干了，那么客户很可能就难以存活下来，华为就失去了利润的来源。因此，只有把一部分利润让给客户，让双方都获得足以维持继续发展的利润，才能实现共赢。

在销售中也一样，客户得到利益，你也得到利益，实现双赢，才是最好的结局。在谈判中，我们应该树立一种双赢观点：客户不是用来"摆平"的，而是要用心交往达成双赢。

派森为一家专门替服装设计师和纺织品制造商设计花样的画室推销草图，一连3年，派森先生每个星期都去拜访纽约一位著名的服装设计师。

每次他去拜访这位设计师，设计师都会热情接待他，但从不买他的设计草图。他总是很仔细地看看派森的草图，然后说："不行，派森，我想我们今天谈不拢了。"就这样，150次拜访，150次的失败。后来，派森想到了一个办法：他随手抓起画家们未完成的6张草图，冲入设计师的办公室。"如果你愿意的话，希望你帮我一个小忙，"他说："这是一些尚未完成的草图。能否请你告诉我，我们应该如何把它完成，才能对你有所帮助？"

设计师默默地看了那些草图一会儿，然后说："把这些图留在我这儿几天，然后再回来找我。"

3天后，派森又去了，获得了设计师的一些建议，他拿着图回到画室，按照设计师的意思将它们修饰完成。结果呢？这些图全部被接受了。

此后，这位设计师开始订购许多其他的图案，这全是根据他的想法画成的，而派森却净赚了1600多美元的佣金。

要实现双赢，首先销售人员应该能够发现或挖掘客户的需求，然后将产品的特性和客户的需求结合起来，两者一旦产生共鸣，成交就是很自然的事情了。就如案例中，设计师刚开始拒绝派森的草图，是因为派森只想到将这些草图推销出去，却没想到如何满足客户的需求。后来派森引导设计师将设计师自己的想法融入产品中，相当于草图是设计师创造的。因此不需要推销，对方也会欣然接受。

这就是一种双赢的局面，达成协议，各有所得，满足了客户，也满足了自己。因此，在谈判时，销售人员始终应秉持双赢的原则，这样客户就更容易接受你提出的条件。

7.2 掌握沟通和谈判技巧

沟通和谈判能力的强弱很大程度上就决定了谈判的结果。对于销售人员来说，要想达成销售目标，维护公司的利益，就得掌握一定的沟通和谈判技巧。

以静制动，无招胜有招。在谈判中，销售人员与客户较量，实际上就是一种心理的较量。所以，在与客户接触的过程中，销售人员要通过倾听、诱导等技巧识别、把握客户的心理，特别是把握客户的隐性需求和潜在心理，让客户的内心完全展现出来，然后采取措施控制客户的心理，达到谈判的目的。

2015年，A国某客户要进行整网改造，有意向让华为负责该项目。于是，双方就合作事宜展开了谈判。

由于项目涉及金额巨大，客户请了A国最大律所的团队。双方约定谈判时间后，华为就收到了对方律所的一封邮件，邮件中附有上千页的合同。该合同每个条款都经过了缜密的思考，一环扣一环，华为团队难以从中找到突破点，谈判优势被对方牢牢掌握在手中。

到了谈判约定的时间，双方律师集中到一个小岛上进行封闭谈判，誓要关闭合同才能离岛。对方谈判团队分为六个小组，且每个小组至少配备了一名律师。面对如此情况，华为团队表示："怕啥？兵来将挡、水来土掩！"

唐湘婧作为华为谈判团队一员，被分在服务组。客户方对于服务方面的要求多且严格，尽管华为团队交付经验丰富，也难占上风。但华为团队很快就找到突破口：双方就人员转移事项进行商讨时，华为方提出了欧盟一个关于员工保护的法案，唐湘婧他们发现客户方的律师不熟悉这个法案，一脸茫然。于是，华为抓住了对方的弱点，故意装作很吃惊地问："你竟然不知道这个法案？"这名资历尚浅的律师立马就红了脸，思维也开始乱了。华为团队趁热打铁，顺利地关闭了合同。

有一句话说："面部表情是写在脸上的心。"在谈判中，客户为防止自己的心理动态被对方察觉，会极力隐藏自己的内心活动，甚至伪装自己的表情，为自己戴上一个"面具"。但是，客户无法隐藏自己所有的心理动态，面部的细微表情还是会出卖他们，所以只要我们学会如何观察人的表情，就能找到谈判的突破口，从而掌握主动权。

观察对方的肢体语言和动作只是洞察客户内心真实想法的方式之一，在与客户谈判的过程中，还要通过创造心理优势，用"气势"压住客户等方式，使自己处于主动地位，在无形中操控客户的思维，控制客户的思路，让客户在自己的诱导下完成谈判。

7.3 善于化解谈判僵局

谈判中的僵局是指在谈判的过程中，双方因暂时难以调和的矛盾而形成对峙。谈判时，很多销售人员会犯这样的一些错误：

（1）情绪消极，自乱阵脚。

（2）盲目扩大不良后果。

这些错误的出现，往往会造成谈判僵局的出现，销售人员在谈判过程中要尽可能地避免。一旦出现谈判僵局，销售人员需要针对具体的情形采取相应的方法。处理谈判僵局一般有以下几种方法。（见表2-1）

表2-1　谈判僵局处理策略的方式

方式	适用范围
话题转移，避重就轻	为了谈判顺利进行，暂时放弃敏感的问题，讨论后续内容
暂停，中场休息	让谈判双方都冷静一下，休息好再谈判
改变谈判的环境	给谈判者换一个比较轻松的地方进行谈判，减少紧张感
借助中间人调解	邀请双方谈判者都认识的中间人进行协调
调整谈判人员	更换部分谈判人员，让对方不满意的谈判者退出谈判

刘影初到华为时，专业并不对口，也没有相关工作经验，但她依然选择了去哈萨克斯坦当客户经理。由于没基础，刘影遇到不懂的专业知识，除了自己翻阅资料外，也勤于向老员工们请教。在困难面前，她总是先问自己两个问题：我能做什么？我该怎么做？“我能做什么”让刘影始终保持正确的方向去解决问题，“我该做什么”让她始终保持能够成功解决问题的信念。在一次合同谈判中，华为团队与客户方在许多问题点上发生了分歧，导致谈判一度陷入了僵局，客户方甚至表示出终止谈判的意愿了。但刘影并没有放弃这次谈判，反而主动地去化解这个谈判僵局。她一方面安抚客户，另一方面求助客户母公司德高望重的高层副总裁，请他来协调工作。在刘影的努力下，谈判僵局被成功地化解了，项目合同也顺利地被关闭了。在这种工作方式下，刘影很快就适应了客户经理的工作，在业绩上表现得越来越突出，成为华为连续两届80后女金牌客户经理。

谈判陷入僵局时，双方难免都会出现情绪的波动，但作为销售人员一定要控制好自己的情绪，不能让情绪左右我们的客观判断。谈判僵局无非是双方的利益没有达成一致，切记不可针对谈判者个人或者集体进行人身、语言等方面的攻击。因此，处理谈判僵局要保持平和的心境，运用恰当的处理策略，从而缓解双方的矛盾，顺利地解决问题。

8. 掌握销售礼仪与接待技巧

销售人员需要直接与客户接触，他们的一言一行都代表着企业的形象。在与客户交流的过程中，销售人员的言行会影响到客户对企业的看法，进而影响其对企业产品和服务的购买意愿。因此，销售人员需要掌握必要的销售礼仪与接待技巧。

8.1 给客户留下良好的第一印象

心理学研究发现，初次拜访客户时，45秒钟内就能形成第一印象，而且这最初的印象能够在对方的头脑中占据主导地位。一旦给客户留下不好的印象，就很难再纠正过来，因为客户都愿意去接触那些给自己留下好印象的人。因此，销售人员在第一次拜访客户的时候，一定要下点功夫，用点心，让自己"闪亮登场"。

著名销售员布莱恩·崔西有一次去拜访一位客户。在向对方销售的时候，他并没有说太多销售方面的话题，但是他的个人形象比较鲜明，让对方一下子记住了他。在他第二次去拜访客户的时候，客户提起初次见面时的感觉："你的言谈举止间透露出儒雅自信的气质，这让我很快对你产生了好感，并且信任你。"当然，他们愉快地合作了。

这就是首因效应带来的好处。首因效应是指人们初次见面时，会形成第一印象，这将影响以后的认知。对于销售人员来说，利用首因效应，塑造良好的第一印象有利于让客户记住自己，顺利地完成产品和服务推销，为后续建立良好关系打下基础。

为了给客户留下良好的第一印象，销售人员首先应该从仪表修饰做起。日本推销界流行一句话：你若想要成为一流的销售人员，就应该先用整洁得体的服饰来装扮自己。所以，华为人在拜访客户时，首先会选择符合自身性格、年龄、身份、性别、环境以及当地风俗习惯的着装。销售人员在接触客户之前，应该用心检查一下仪表，问问自己：我这样看起来是否合适？头发、面容、鞋子或衣服是否符合要求？

另外，华为客户经理还非常注重礼节。礼节是一个人内在文化素养及精神面貌的外在表现，客户只会和值得信赖的销售人员合作。因此，在与客户接触的过程中，销售人员应彬彬有礼，只有这样，才能给客户留下良好的第一印象。

8.2 通过肢体语言，向客户表示友好

研究证明：在人与人面对面的沟通过程中，7%的信息由语言传递，55%的信息由面部表情以及身体姿势等肢体语言传递，可见肢体语言的用处之大。因此，销售人员在与客户沟通时，应注意使用适当的肢体语言，向客户表示友好，从而建立双方间的良好关系。

微笑就是能快速拉近人心距离的肢体语言之一。有一句话说“伸手不打笑面人”，微笑能给人安心的感觉。心理学认为“微笑”是“接纳、亲切”的标志，也就是说当你微笑时，等于告诉客户“我喜欢你”“我对你没有敌意”。对一名销售人员来说“微笑价值百万”。

一位80后的新员工因为性格内向、语言不通，导致业绩不理想。于是，华为北非地区部前总裁彭中阳对他说：“会傻笑吗？不会讲，不敢开口，就对客户傻笑啊。”在后来的工作中，这位销售人员真的如彭中阳所说的那样，一见到客户就笑容满面。没想到，他真的打动了客户，赢得了很多客户的合同，业绩显著提升。

不只华为人是这样做的，被日本誉为“练出值百万美金笑容的小个子”的原一平，也是用微笑征服了他的客户。为了能够使他的微笑让客户看起来是自然的、发自内心的，原一平专门为此训练。他假设各种场合与心理，自己面对着镜子，练习微笑时的各种面部表情。最后，他将“笑”分为38种，针对不同的客户，展现不同的笑容。

一次，原一平去拜访一位客户。拜访之前，他了解到客户性格内向，脾气古怪，有时正谈在兴头上，他也可能突然烦躁起来。但是，这一次，原一平用微笑征服了他。当时的情景是这样的：

“你好，我是原一平，明治保险公司的业务员。”原一平微笑地向他介绍自己。

“哦，对不起，我不需要投保。我向来讨厌保险。”

“能告诉我为什么吗？”原一平微笑着说。

"讨厌是不需要理由的！"客户忽然提高声音，显得有些不耐烦。

"听朋友说你在这个行业做得很成功，真羡慕你，如果我能在我的行业也能做得像你一样好，那真是一件很棒的事。"原一平依旧面带笑容地望着他。

听原一平这么一说，客户的态度稍有好转："我一向是讨厌保险推销员的，可是你的笑容让我不忍拒绝与你交谈。好吧，你就说说你的保险吧。"

就这样，与客户交谈的原一平自始至终都保持着微笑，客户在不知不觉中也受到了感染，谈到二人感兴趣的话题，彼此都兴奋地大笑起来。最后的结果是，客户购买了一笔数额很大的保险。

与客户沟通时，销售人员对谈话内容的关心与否直接反映在脸上，比如惊讶、羡慕、崇拜、理解等各种各样的表情。因此，销售人员要时刻注意自己的面部表情，不能出现与谈话内容不协调的表情。另外，沟通过程中应配以适当的肢体语言，如用手、用眼去表达。但不可过度卖弄，过于丰富的面部表情、夸张的肢体语言等，像拍大腿、拍桌子都会影响沟通效果。

8.3 对不同层级的客户一视同仁

有些销售人员在面对不同层级身份的客户时，区别对待，对层级高的大客户非常热情，对一些小客户就心不在焉，甚至是不理不睬。久而久之，不仅抓不住大客户，连小客户也不愿意给合作的机会。因此，无论何时，销售人员都要对不同层级的客户一视同仁。

任正非深知这个道理，于是他强调："市场战略是价值客户导向，高价值产品和服务导向，战略合作伙伴导向。华为一开始就重视普遍客户关系，聚焦组织客户关系，因为华为深知人性的基本道理，没有资本、没有政府背景，唯有做好普遍客户关系，用高质量和优质服务作为武器，才能在市场中脱颖而出。"

2004年，华为中标文莱电讯公司建设NGN（下一代网络）的项目，这是当时全世界规模最大的商用NGN网络之一。随后，双方在文莱一家酒店举行项目开通仪式。

华为邀请了全球40多家运营商参加会议。会议开始的那天，一大早，任正非就站在大厅门口迎接到来的运营商。他手持名片，挨个向入场客户发放，并说道：

“您好，我是华为的，我姓任。”

有些客户是第一次见到任正非，看到递过来的名片上关于任正非的信息时，都惊讶不已，没想到华为的 CEO 会亲自来迎接客户。以任正非为代表的华为人，以这种谦逊的态度，给每位客户都留下了良好的印象。

在对待运营商的方式上，任正非等华为人做到了一视同仁，并没有因为实力差别而对他们区别对待。我们要学习华为人这种对待客户的态度，不论客户的大小，都要给予同等对待。

有些客户经理在成功后，就不再关注小客户，认为这样做太浪费时间和精力。这种态度，不仅让公司失去许多小客户，就连有限的大客户资源也会逐渐消失。任正非强调华为人要贴近小客户，一旦拒绝为小客户服务，就容易导致自我膨胀，逐渐背离以客户为中心的原则。

无论人物大小，总存在有价值的地方。因此，即使是面对一些小客户，销售人员也要平等地对待他们，尊重他们，从而获得他们的尊重和认可，当然这也有利于自己的业绩提升。

第3章 投入一线实战

具备基本的素质和能力，并不意味着能在实战中取得好的成绩。从销售前的准备工作、销售时的技巧到销售后的服务，华为销售人员在一线实战中，遵循一套既有的逻辑，按规则出击，才打动了一个又一个客户，实现了个人和企业的成功。

1. 启动内心的成功模式

销售人员必须相信自己，必须以成功者的心态为自己画像。当然，从建立价值观到成功并非一蹴而就，销售人员需要在实践中让身体的体验与价值观、现实产生共鸣，感受行动与成功的喜悦，并将这种喜悦保持下去，以此开启成功模式。

1.1 自我激励，积极行动

销售执行难免遇到困难和挫折，销售人员应以积极的心态去面对，避免产生消极情绪，止步不前。

20 世纪 80 年代中期，美国某保险公司雇用了 5 000 名推销员并对他们进行了培训，每名推销员的培训费高达 30 000 美元。雇用后第一年有一半人辞职，四年后这批人只剩下五分之一。原因是：在推销人寿保险的过程中，推销员得一次又一次面对被人拒于门外的窘境。

为了确定是不是那些比较善于应对挫折，将每一次拒绝都当作挑战而不是失败的人就可能成为成功的推销员，该公司专程派人向宾夕法尼亚大学的心理学家马丁·塞里格曼讨教。

塞里格曼对 15 000 名参加过两次测试的新员工进行了跟踪研究，这两次测试一次是该公司常规的甄别测试，另一次是塞里格曼自己设计的用于测试被测者乐观程度的测试——“乐观测验”。对没有通过甄别测试但却在乐观测试中取得“超级乐观主义者”成绩的一部分人的跟踪研究表明：这一组人在所有人中工作任务完成得最好。第一年，他们的推销额比“一般悲观主义者”高出 21%，第二年高出 57%。

在这项研究中，塞里格曼也检验了他所提出的强调人的成功中乐观的重要性的“乐观成功理论”。这一理论认为：一个具有自信和乐观精神的人往往比缺乏自信或悲观失望的人更容易取得成功，尽管两者在智商上相差无几。

消极的自我暗示会对人产生极大的负面作用，积极的自我暗示则能够激励人、鼓舞人。正如马丁·路德·金所说：“世界上所做的每一件事都是抱着希望而做成的。”

2011年，朱春雷加入华为，负责拓展南非的企业业务。他既不具备技术背景，也没有企业业务经验，在这段市场拓展之路上体会到了不少的艰辛。当时是华为开启企业业务的第一年，市场拓展得不是很顺利，大批市场一线人员感觉不是很适应。

一次会议上，主管林明和大家说，尽管非洲各方面比较落后，条件很艰苦，但既然我们选择来了，就不应该在这里混日子。这番话让朱春雷思考了很久，他不断地问自己：来非洲是为了什么？挣钱还是证明自己？在朱春雷的潜意识里，他是不甘平庸的，人的青春是有限的，此时不奋斗，更待何时；只要我们努力去奋斗，一定会取得成功。于是，朱春雷做出了改变，以前总是被动地加班，被动地学习，到现在主动去接触客户，主动去学习更多的知识。通过不断地激励自我，积极行动，朱春雷终于在岗位上取得了优异成绩，攻破了一个又一个的山头。

对销售人员来说同样如此，销售人员要对每一次的销售拜访报以希望，进行积极的自我暗示，这样才可能提高成功销售的概率。

销售过程虽然充满了挫折和艰辛，但有付出就有收获。我们既要懂得享受销售的付出和收获，更要懂得品尝挫折和艰辛，这些都是组成销售人生的重要部分，我们只有正确对待，方可快乐销售，创造成功。如果我们能把销售过程中的挫折和艰辛看成自我磨砺和成长的机会，把付出看成播种，那么销售之路又会完全不同，那将是美好、快乐的梦想实现之路。

1.2 想象出你想成为的那个人

良好的自我期望会帮助你成为要想成为的人，那个人或是真实或是虚拟的，我们可以将其称为榜样，他能有效地影响我们的意识和行为，从而在一定程度上决定我们的成功与失败。这种有效的心理暗示模式，在心理学上被称为形象预演法，是指用想象力在脑海中按照自己的意图，事先勾勒出实现某种目标过程中以及实现后的情景或画面。

IBM 资深销售胡震生曾经说过一个快速提升销售技巧的奥秘——先从模仿自己想成为的那个人开始。首先，找到自己身边最让自己钦佩的销售人员，贴身观察对方，并逐步改善自己。你不仅要了解对方在工作的时候怎么做，甚至你还要了解他在生活中是怎样处理工作的。包括对方说话的方式、内容、手势等，每天细心观察，再逐步学习。从对方上班开始，一直看到他从公司离开，甚至上厕所的洗手细节也不放过；晚上再通过录音内容，总结对方的说话方式和分析方法。这样的持续观察和学习后，你就会找到销售工作的秘密所在，能力也会快速地提升。

每个人都可以通过有意识地模仿，在心里描绘出成功销售的图像，用它来作为自己的学习榜样，点燃激情，清除通往成功路上的绊脚石。销售人员一旦在行为上、思想上这样不断地强化，就会重新定位自己，激发自己的潜能。

华为销售团队在销售过程中，也善于运用这种方式来激励自己的成员。客户经理在他人的积极暗示下，构建和强化良好的自我期望，从而坚定信心，选择正确的态度，积极地投入销售工作，获得一个又一个的订单。

每个人想象“可能的自我”的方式不同，有些人会有清晰的形象，而另一些人对于自己要想成为的人的形象可能只有比较模糊的认识。为了更好地提升自我，销售人员需要尽可能清晰、鲜活地描述出想成为的人的样子。从“想象”到“真正实现”的确很难，但并不是不可能的，只要方法得当，持之以恒。任何情况下，清晰、鲜活的“可能自我”的形象都会帮助我们有效应对工作中的难题，并把自己塑造成为理想中的人。

2. 有备无患，轻松出击

“凡事预则立，不预则废。”客户总是更欣赏为拜访做了完善准备的销售人员。因此，在接触客户之前，销售人员必须做好各种准备，耐心进行预约，以便让自己走进客户的心里。

2.1 细心做好拜访准备

销售拜访无小事，在销售拜访中每一次拜访都应细心准备。细心准备、有备而来是一种专业的标志。拜访前的细心准备能帮助销售人员更深入地了解客户，增强自信，把握拜访的方向。所以，销售人员是否愿意去做细心准备，以及是否有能力进行细心的准备，是拜访成功的关键因素。

2012年，杨晃被派往阿塞拜疆出差。刚到岗就被无线主管杨真通知要去拜访客户，在与客户沟通的过程中，客户提出了对于网络的困惑，主管表示："关于您的困惑，正好我们的规划人员在这边，我们明天就来给您做个宣讲。"于是，杨晃接到了出差的第一个重大任务。

为了做好宣讲，打动客户，杨晃和团队成员们分头准备，包括成功案例、工具介绍以及对客户网络规划的建议等。资料准备好后，杨晃通过整合分析，终于形成了一套完整的宣讲PPT。由于杨晃英语不太流利，他只能选择将英语宣讲词一页页背下来。经过几个小时的背诵，杨晃终于做到了胸有成竹。

细致的准备让第二天的宣讲非常顺利，得到了客户的高度赞扬，客户主管甚至当场就拍板说要与华为展开合作。

"只要肯干活，就能卖出去"的观念已经过时了，取而代之的是"周详计划，省时省力"。华为人细心的准备、周详的计划赢得了客户的心。

总的来说，销售拜访的准则就是：制订拜访计划，然后按照计划去拜访。在准备的过程中，首先要做好必要的知识储备。很多销售人员经常犯一些低级的错误，连自己的产品都不了解，还企图去说服客户，这是不太现实的事情。其次，在拜访客户前，要准备一些拜访工具。"工欲善其事，必先利其器"。一位用心的销售员除了具有良好的态度外，一套完整的拜访工具是必不可少的。凡是能促进销售拜访的资料，销售人员都要带上。

另外，在拜访客户前，也要针对不同的客户类型准备不同的语言策略，即根据客户的身份，将自己销售的产品、服务、解决方案分为不同的类型，针对不同类型的客户，转化为不同的版本。只有这样，才能让客户更好地理解你的产品和解决方案。

2.2 角色预演，给自己暖身

运动员在正式比赛之前会为自己进行预演，销售拜访也是一样，销售人员在拜访之前进行角色预演，给自己暖身，能够让自己的拜访更加顺利。

角色预演包括自我心理预演和角色模拟预演。自我心理预演是通过运用冥想的方法，让自己处于一种放松状态，在脑海中勾画出目标已经达成的情景。心理学家指出想象和梦想都是一种创造力。当想象与梦想相结合的时候，就会爆发出巨大的行动力。也就是说，心理预演能促使一个人的情绪达到巅峰状态，使你感觉到自己成功时的满足感以及兴奋和喜悦的心情。那么，当你再去做这件事的时候，就会有一种理所当然的感觉，这其实是一种赢家心理。

一位销售员将要去拜访一位在业界以老谋深算、严肃认真而著称的客户。为了能成功拜访这位客户，该销售员做好了各种准备。

首先他通过各种渠道了解客户的性格、行事风格情况以及需求现状。随后的几天里，他开始在心里勾画拜访的全部过程：当天对方的服装、神情，说什么样的开场白，对方会怎样提问，如何应答，客户突然情绪激动乃至大发雷霆等情景情境下如何应对，包括最后愉快成交整个过程都像"电影"一样在脑海中反复"放映"。同时，他还准备了不同语言版本，以适应客户的情绪变化。

几天后，当该销售员去拜访客户时，他发现拜访流程全部在他的预演版本中，客户似乎完全被他掌控在手心，拜访顺利并成功结束。

角色模拟预演即在拜访客户前，找同事或家人充当客户，进行角色扮演，模拟拜访。"角色模拟预演"能让销售人员最终在拜访客户时，游刃有余，"丢单"的概率也会大大降低。

刘丽莎（化名）曾经在某业务领域连续八年当选最佳销售，所以当她接手华为远传电信业务时，即使大家都不看好她，她也依然满怀信心，无畏挑战。为了让客户认识华为的产品，刘丽莎做了很多的努力，花了很长的时间，才让客户在口头上认可了华为的产品。每天晚上睡觉前，刘丽莎都在思考客户的突破口到底在哪里。一天，刘丽莎偶然得知客户数据卡的供货商出了问题。于是，刘丽莎立即与终端产品经理取得了联系，联手做了一个销售方案。为了达成销售目标，刘丽莎整晚都在修改方案，并在第二天一大早就找同事进行角色预演。在预演的过程中，针对客户可能会提出的问题，刘丽莎都准备了应对措施。最终，在刘丽莎的努力下，客户被深深地打动了，决定采购华为的产品。

进行角色预演让刘丽莎准备得更加充分，在客户质疑时，她能够不慌不忙地根据准备的资料向客户说明清楚。因此，销售人员在进行角色预演时，必须端正心态，不要以为只是模拟预演，就掉以轻心。同时，在角色模拟预演时，要尽可能想到所有会出现的问题（例如客户拒绝产品的理由），写下每一个问题点和障碍，并列出有效的应对措施。同时，进行角色模拟预演应针对客户的特点准备多个版本，做到有备无患。

2.3 拨动客户的心弦，成功预约

预约是成功销售拜访的关键，预约的质量决定着销售拜访的成败。由于预约客户时，无法与对方面对面地交流，所以，销售人员必须用声音、情绪、意志力等去感染客户。

世上没有做不成的事，就看你用不用心去做。再挑剔的客户也有“心理弱点”，就看你是否能抓住要害，是否能找到能拨动客户心灵的那根弦。

再刁难的客户也会有明确的需求，就看你能不能将客户心底的那种需求充分地捕捉和感知到。当然，可能会有些困难。没关系，只要你用心，预先做一些准备，调查清楚客户的基本信息（包括个人信息和工作信息），在进行电话预约或其他方式的预约时，适时地表现出你对他的需求和顾虑感兴趣即可。

为了获取第一手客户信息，刘梦楠被指派去了解M公司的网络诉求。尽管说起来很简单，就是找客户聊一聊，但是刘梦楠根本不认识M公司的任何人。没办法，刘梦楠只好先从客服电话入手，获取到了合作商谈的邮箱地址。于是，刘梦楠以总经理的身份和口气向客户发送了一封邮件，表明了合作意向。刚开始，刘梦楠还很高兴，在她看来，对方要是看到华为发来的合作邮件一定会马上答复。没想到，两天过去了，依然不见客户方的消息。刘梦楠有点慌了，上网找了M公司的办公地点，准备直接登门拜访，心想这应该有诚意了吧。

结果，刘梦楠到客户办公楼下时，却被对方值班的人拦住了：“有诉求发邮件，我们有意向会联系你的，没有联系你证明没有意向，请回吧！”尽管刘梦楠一再表示自己是华为公司的，但对方不为所动。没办法，刘梦楠只好回到了公司。她依然没有放弃，还想第二天再去碰碰运气。努力的人总会有回报的，之前刘梦楠在自己的朋友圈里发了消息，询问有没有人认识 M 公司的员工，幸运的是真的有人认识，刘梦楠顺利地拿到了客户 CTO 的电话。为了能够成功约到客户，刘梦楠做了一番细致的准备，除了之前准备的方案之外，刘梦楠还对该客户进行了一番调查，找到他的兴趣点和“心理弱点”。同时，刘梦楠还把自己要说的要点整理下来，然后对这些要点进行筛选排序，尽量在一分钟内呈现出最有价值的东西，从而感染客户。最终，在与客户电话沟通时，双方聊得很愉快，刘梦楠拨动了客户的心弦，成功地预约到了客户，获取了第一手的客户诉求。

被誉为“经营之神”的松下幸之助曾经说过：“在这个世界上，我们靠什么去拨动他人心弦？有人以思维敏捷、逻辑周密的雄辩使人折服；有人以声容并茂、慷慨激昂的陈辞去动人心扉……但是，这些都是形式问题。我认为在任何时间，任何地点，去说服任何人，始终起作用的因素只有一个，那就是真诚。”约访客户也一样，销售人员必须真诚对待客户。任何时候，销售人员都应牢记，只要你真诚对待客户，客户就会“投之以李，报之以桃”。

3. 理解客户，与客户连接

销售人员要想与客户完成交易，就必须满足客户需求，而满足客户需求的关键就在于了解并理解客户的需求是什么，对症下药。

3.1 展示自我，做好开场白

现代销售理论奠基人戈德曼博士强调，在销售拜访中，说好第一句话是十分重要的，客户听第一句话要比听后面的话认真得多。第一句话即开场白能否打动客户的心，是销售拜访成功的关键。开场白实质是销售人员与客户见面时前两分钟要说的话，这可以说是客户对销售员第一印象的再次定格。华为强调客户经理必须用心准备能直入客户内心的开场白。

精彩的开场白有很多种方式，例如感激式开场白。在初次见面的时候，销售人员可以以感激作为开场白。当你怀着感激的心向客户致谢的时候，就会引起他们的自我肯定心态，并让他们对你心生好感。不管客户为你做了些什么，你都要说声“谢谢”，这样会让准客户更喜欢你，更尊重你。

“空中客车”飞机推销人才贝尔纳·拉弟埃（雷义），从1975年受聘以来，成绩非凡。他成功地推销了230架飞机，价值420亿法郎。

拉弟埃受聘后第一次要拜访的客户在印度。这次拜访任务非常棘手，之前已有很多推销员去拜访过，但都被拒绝了。

拉弟埃接到任务后，精心做了一些准备，随后奔赴新德里，接待他的是印度航空公司主席拉尔少将。拉弟埃在见到拉尔少将的第一句话便是：“首先，我向您致以我的谢意，正因为您，使我有机会在我生日这一天又回到了我的出生地。”随后，拉弟埃向对方介绍了自己的身世，这让对方非常兴奋。在随后的交谈中，他又谈到他与印度的不解之缘，并掏出了一张拉弟埃3岁时与印度伟人圣雄甘地的合影。这使拉尔少将大为感动，从而与之签订了合同。

除此之外，华为客户经理常用的开场白方式还有请教式，即通过向客户请教问题，利用某些客户喜欢指导和教育别人的习惯，引起客户注意。这种方法满足了客户喜欢教导别人，或者炫耀自己的心理，自然能够获得客户的好感，打动客户。

总之一句话，万事开头难，销售拜访更是如此。因此，销售人员必须做好充分的准备，设计一个有创意的、能直入客户内心的开场白，以此引起客户的关注。

3.2 学会倾听与问话，理解客户

在销售拜访时，销售人员不但要能言善辩，更重要的是还要会听会问。只有善于倾听、善于提问，才能从客户的言语中摸清客户的真正心理，有效拜访客户。

要用心倾听，解读客户语言中的隐秘心理信息。很多销售人员在拜访客户时，会有类似的情况出现：在客户面前说了半天，客户却心生厌倦；客户发表自己的意见或看法时，毫无反应或心不在焉引起客户的反感，最终导致拜访失败。之所以会出现这样的情况，就是因为销售人员没有用心倾听客户的谈话。拜访中，用心倾听，是对客户最大的尊重，是对客户最大的赞美，也是最好的恭维。同时也是接近客户，探知客户心理的最佳武器。

倾听客户的声音，不仅仅是用耳朵听，也包括要用脑去研究对方话语背后的动机，用心去为对方的话语做设身处地的考虑，用眼睛去观察对方的表情与动作，用自己的动作去回应对方。同时还要学会巧妙地提问，用问题摸清客户的底牌。

张辉一毕业就加入了华为，从基层技术人员做起，逐渐成为一名技术专家。在她看来，专家的价值一定要体现在为客户创造价值上。为此，张辉经常与客户交流，理解客户的需求，从而提出创新的解决方案。

2008年，欧洲某客户打算进行网络升级改造。在与客户沟通的过程中，张辉耐心地倾听了客户的想法，从中体会到了客户潜在的需求。于是，回到代表处后，张辉根据客户的期望制定了一个新的解决方案，并带领团队进行方案的修改、演练和完善。

在答标现场，客户却有了另外的想法，尽管该想法不太好，但张辉没有打断客户的发言，而是等客户说完后，耐心向客户做出了说明："J公司平台架构在性能和可靠性等方面无法满足电信级产品的要求，目前尚不成熟，在业界尚无成功案例。此外，如果完全采用J平台架构，那么现有业务将面临平台迁移割接的问题，成本高昂。如果将整体架构划分为NativeSEE和JAINSEE两部分，已有的较为成熟的NativeSEE可以做到快速、低成本、高性能，能满足电信级要求，而JAINSEE可作为补充以支持开放性演进。"该想法无论是在价格上还是性能上都满足了客户的需求。最终，华为与客户展开了相关合作。

张辉每一次都能站在客户角度来思考问题，耐心倾听客户的想法，理解其真实需求，再加上过硬的技术知识，经常会向客户提出可靠的解决方案。因此，她也在客户群中小有名气。2013年，张辉成为电信软件与核心网业务部的首位首席科学家。

在拜访客户时，很多时候，客户是不会暴露出自己的真正意图的，他们会以各种"伪理由"试探你，或者说一些言不由衷的话。这时候，倾听与问话的能力就显得很重要，要能听出客户的"弦外之音"，从而分析出客户真实的想法。

总之，在销售拜访时，销售员要学会倾听与问话，从客户的话语中探测出其真正的所需所想，进而"对症下药"。

3.3 赢得客户认同，产生情感共鸣

客户内心有一种“渴望共鸣”的心理需求，等待销售人员用真实的情感来满足。当销售人员与客户建立了相同的心理活动波长，那么与客户产生美妙的情感体验也就不是一件困难的事。

人们之间感情的认同和共鸣是在交往过程中，通过交往情境刺激所形成的互相感染的结果。特别是在与陌生人交往的时候，恰当调整自己的感情，创造一种与对方发生共鸣的交往情境，能很快地赢得对方的好感。

情境同一性原理是由心理学家亚历山大等人在20世纪70年代提出的。他们认为，每个社会情境或人际背景，都有一种合适的行为模式，这种行为模式表达了一种特别适合于该情境的同一性，故将这种心理模式称为情境同一性。

销售人员在与客户交往时，如何运用情境同一性呢？心理学家指出，人际交往是一个双方互动的过程，而交往对象和交往情境是影响这个过程的两个因素。在与客户打交道时，如果销售人员能进入这样的情境——自己深深地沉浸在对方的情绪状态中，自己完全能够感受到对方的心理感受，进而表达出对他的理解、关心、体贴和友爱，那么，对方就会积极地回应你，对你产生好感。这样，销售人员和客户之间就产生了情境同一性。

在具体的实践中，华为客户经理总结了一些与客户产生情感共鸣的方法。第一，求同法。寻找与对方的共同语言，渲染共同体验，缩短双方之间的心理距离，引起心理共鸣。第二，提问法。当对方陈述某件事、表达某种观点或表现出某种情感之后，可以多问对方一些问题，从而让对方觉得自己很有能力，同样也会给对方一种虚心的印象。第三，情感法。在交谈中对某事或某物表达强烈情感，如赞叹、遗憾、伤感、愤怒、仇恨等，去感染对方，引起对方在情感上的波动和共鸣。华为客户经理在拜访客户时，通过采用这些方式，快速地赢得了客户的认同，达成了销售目标。

人与人交往是一个互动的过程。销售人员在拜访客户时经常会受挫，一个重要的原因就是未能与对方进行互动，没有体察到对方的情绪和感受，没能适时做出反馈。为了更好地交流，销售人员有必要创造一个同一的情境，在这个情境里，通过“沉浸”在对方的情绪中，体会到对方的感受，在此基础上表现出理解、友好和关心的行为，从而赢得客户的认同。

4. 用价值呈现引发客户的兴趣

明确销售对象，熟悉产品知识，掌握推销技巧，不等于销售一定就能成功，因为这些仅仅是销售成功的前提条件。只有产品符合客户的内心需求，才能销售成功。否则，产品再优质，客户也不会对此感兴趣。

4.1 将产品的亮点转化为客户价值

在犹太商人圈中，流传着这样一条经典的生意经：对方需要什么，就尽力给他什么，只要满足了他的心理需求，对方也会满足你的需求。因此，要想销售成功，销售人员就必须想办法将产品亮点转化为客户价值，满足客户的心理需求，然后客户才能满足你。

任正非向华为人强调："你们知道世界上对男人的最佳表达是什么吗？电影《泰坦尼克号》告诉我们，在生死存亡的时候让女人先走，自己死掉，这就是对男人的最佳表达。我们公司的最佳表达是什么？我们的展示应该从哪个地方切入？我认为应该是从客户的痛点去切入。我们要搞清楚客户的痛点在哪里，我们怎么帮助客户解决他的痛点。抓住客户的痛点进行表达，才能打动客户，让客户认可我们。我们要让客户认识到华为才是他真正的盟友。当然除了技术，未来的商业模式等也是我们要表达的内容。

"我们应该给客户展示未来，我们不展示历史。客户天天跟我们打交道，早就对我们很了解了，为什么还要叫客户复习一遍呢？客户只是不知道未来会是什么样子，我们也不知道客户的未来是什么样子。在苹果公司推出 iPhone 之前，大家根本想不到移动互联网会大大地超过固定互联网。所以我们要知道客户到这个地方来他关心什么。人家是来研究人家自己看不到的未来。

"我不主张平铺直叙。我们从一开始和客户的沟通，就是共同去探讨我们共同痛苦的点，探讨未来会是什么样子。一上来就要让客户感知到这个就是他想找的，让客户看到他的未来，认同这个未来，然后和我们一起去找答案，看我们能给客户提供什么服务，帮助他走向未来。这样的沟通和探讨才能引人入胜，客户才会关注我们解决这一问题的措施和方案。只有当客户深刻地认识和理解了我们，他才知道我们这个战略伙伴和别人有什么不一样，才知道我们能提供给他的是什么样的未来，才会买我们的设备，我们才能活下来。"

其实，不同地域、不同民族、不同职业、不同个性、不同文化教育背景、不同消费目的的客户会要求不同的服务，但公司的产品在一定程度上是标准化的。因此，销售人员在向客户展示产品和服务的过程中，首先要对客户需求有足够的了解，这样才能为其准备不同的个性化解决方案，让客户满意；其次，销售人员要充分了解自己的产品，以不同形式的组合或者搭配，或者不同的展示方式，满足客户的个性化需求。

总的来说，只有根据客户的个性需求，将产品的亮点转化为客户价值，为其提供个性化服务，才是打动客户的最佳方式之一。销售人员在这方面多下功夫，才能获得更好的业绩。

4.2 用不同的呈现方式打动客户

“买卖不成话不到，话语一到卖三俏”，销售拜访到一定阶段，其关键就是说服客户。所以，销售人员要想成功打动客户，让客户为你的产品买单，你就必须运用一定的技巧，让你的产品介绍富有魅力。

有时，尽管销售人员已经将产品的基本信息传达给了客户，而且没有一丝虚伪和夸张，但客户还是心疑虑。这时候，销售人员无论怎么强调产品的种种优势都无济于事，那么，采用另外的价值呈现方式也许会有意想不到的惊喜。

某地区局准备交换机扩容 10 000 线，华为与友商共同竞标这个项目。在谈判中，华为给出的价格是 760 元 / 线，友商给出的价格是 800 元 / 线，但在此基础上会赠送 2 000 线，价格就变成了 666 元 / 线。客户对友商给出的方案表示出了极大的关心，不断地向友商提出细节上的问题。在这种不利的局面下，华为客户经理赵宇想办法与局方接触，并给出了一套数据：“如果贵局接受友商的方案，的确可以省下另扩容 2000 线的资金，即（800−666）×2 000=268 000 元，但他们的赠送是一次性的，而价位却是长期不变的，也就是说，今后购买的价格，华为是 760 元 / 线，Z 是 800 元 / 线，而且 Z 不会再有赠送，贵局明年的扩容量约为 50 000 线，后面将至少有 200 000 线，从长远利益来看，采用华为的产品可以至少省下（800−760）×（50 000+200 000）=10 000 000 元。”在具体的数字面前，客户最终还是选择了华为的产品。

赵宇把产品带给客户的利益由抽象变为具体，把“节省”变成一个实实在在的数字，就是这些数字令他取得了销售的成功。很多时候，使用精确的数据更能说服客户。因为用数字说话，既显得你很专业，又能给人信赖感。

除此之外，还有很多不同的价值呈现方式，例如用故事说服客户。美国纽约“成功动机研究”主持人保罗·梅耶进行大量研究后发现，优秀的销售人员都会巧妙地利用人们喜欢听故事的特点去说服客户。用故事活跃气氛，引起客户的反思，加强客户的信赖，能更有效地说服客户；另外，动手进行产品功能演示也是价值呈现方式之一。有位销售员说过这样一句话：“一次演示胜过千句话。”在拜访客户过程中，不但要用嘴去说，还要动手去演示，激起客户的购买欲，用产品去默默地推销自己，说服客户。

不同的客户具有不同的特点，触动其心弦的点也存在不同之处。因此，在销售拜访中，销售人员需要掌握不同的价值呈现方式，以此来让客户心甘情愿地购买产品和服务。

4.3 扬长避短，不必刻意隐瞒产品缺陷

有些客户对市场上的产品非常熟悉，还没等销售人员开始介绍，首先就针对产品的缺陷提出疑问。在这种情况下，销售人员的应对能力就显得很重要。

首先，销售人员需要摆明自己的态度，正面承认产品存在的弱点，说明产品存在弱点的原因。但值得注意的是，产品有弱点并不意味着产品存在严重的质量问题，而是它与市场上的同类产品相比，在品牌知名度、价格、性能、包装等方面不存在优势，这些产品弱点并不影响客户的正常使用。华为消费者业务CEO余承东表示，“对华为来说，质量就如同企业的自尊和生命。自华为成立以来，就以‘工匠精神’来衡量产品，追求真正的‘零缺陷’。”

在此基础上，接着向客户强调产品的利益点，克服产品弱点。华为在市场扩张之初，产品不具有品牌优势。任正非发现当时爱立信、朗讯等世界电信巨头只在中国一些大城市设立分支机构，而没有能力顾及中国广大的农村市场。电信设备制造行业对售后服务的要求很高，于是，华为就在全国设立了几十家售后服务点。这样，市场人员在向客户介绍产品时，即使产品存在弱点，也用及时的售后服务这一优势打动了许多客户。

一次，华为与两个友商一同竞标某项目。尽管客户对华为设备的质量非常认可，但是产品的价格却高于另外两家。当时，客户资金较紧张，如果要使用华为

的设备，就意味着要多花四五百万元，再加上友商一直强调要给客户更多的优惠，客户对此很是犹豫。为了打动客户，客户经理李明旭（化名）向客户表明：的确，华为产品的价格相对较高，但是从长期的投入产出来看，华为产品功能更齐全，能创造更多的长期利益。前期的高投入可以换取未来的高产出，这样做是值得的。最终，客户被李明旭说服了，表示会尽可能多地采购华为产品。

李明旭通过向客户强调产品的利益点，克服了华为产品在价格方面的弱点。这也告诉我们，在销售工作中，即使产品存在弱点，也不要欺骗客户；实事求是，学会扬长避短，用利益点克服产品弱点，真正为客户着想，终能实现销售成功。

5. 不卑不亢，为客户释疑

在为客户介绍产品和服务的过程中，销售人员要保持良好的态度，帮助客户建立对产品的认可和信任。

5.1 为客户释疑的高级呈现技巧

当客户对产品或解决方案的某些细节存在疑问时，销售人员应该不厌其烦地为客户答疑，直到客户满意为止。因为客户花钱购买产品或解决方案，不仅仅需要一个好的最终结果，也需要把控服务过程中的每一个细节。客户对细节的兴趣是为了确保项目实施时能够在各方面都顺畅，并且安全可靠。毕竟对于客户来说，购买产品和服务都会承担一定的风险。

黄靖淇（化名）被安排向客户汇报，会议开始前，他环顾了会场，看见了许多生面孔，不禁有些紧张。入座后，翻看要讲的 PPT，黄靖淇突然发现原本要讲解的内容存在许多逻辑漏洞，准备得并不充分，他更紧张了，思绪也开始变得混乱。

会议开始后，黄靖淇首先陈述了会议的目的，刚进入主题，就被客户打断了，客户开始了发问。对于客户提出的首个问题，黄靖淇磕磕绊绊地半天解释不清楚，没等他说完，客户又指出了他逻辑上的错误。接着，客户再次质疑方案中站点获取等计划存在诸多不合理之处。黄靖淇对于这个质疑也没能解释清楚，于是客户再次打断了他。

会议还未正式开始，黄靖淇就已经招架不住客户的质疑了。此时，客户由于迟迟未得到合理的解释，忍不住破口大骂……

黄靖淇由于前期准备不足，心态也不够成熟，在面对客户的质疑时，无法用专业的回答使客户信服。由此看来，在展示销售解决方案的过程中，客户会针对技术和细节问题提出疑问，销售人员需要为客户释疑，才能实现成功销售。在实践中，销售人员要想成功解决客户的疑问，首先就得做完善的准备，事先想好如何回答客户可能存在的疑问，同时也要对产品和解决方案有充分的了解，这样在客户质疑时，才能给出令客户满意的答案。其次，在回答客户问题时，销售人员要保持良好的心态，在客户提问时，要不慌不忙，显出自己的底气，即使面对自己不太懂的问题，也要保持真诚和耐心，主动向团队成员求助或向客户表明自己的不足，以求得客户的理解。

华为在征战国际市场的过程中，产品不是最成熟的，本地平台也不是最完善的。所有的客户经理凭借着一颗真诚之心，对客户提出的任何细节问题都用最专业的答复、最敬业的态度完美澄清，最终赢得了客户的认可。

5.2 不卑不亢应对客户的错误观念

销售人员有一个常见的心理误区就是“尽可能地对客户好”，认为只要对客户好，一切事就都好办。但事实上，对客户过度的“好”，有时候会适得其反。

华为强调以客户需求为导向，以客户为中心，并不意味着一味地忍让客户不合理的诉求和观念。客户想法符合事实的，华为人会努力去满足客户的需求，即使条件艰苦，也会创造条件去满足客户；客户的诉求不合理或观念错误时，华为人会表明自己的原则和态度，做到有张有弛。

余昕负责尼日尔三个运营商的客户工作，为了打开尼日尔的市场，他每天都在设想与客户见面的场景，以此找到和客户沟通的切入点。

有一次，余昕和A运营商CTO原本约好了见面时间，但客户由于开会耽搁了，导致余昕在客户处等了近三个小时。客户见到余昕时，尽管对余昕长时间的等待表示出惊讶，但却说道：“你们来了很多次了，我觉得中国的产品比某西方产品就是差。”余昕还未开口，就被客户的这番话给弄懵了，原本用心准备的一堆开场白完全用不上了。此时，余昕的第一反应是首先要纠正客户的错误观念。于是，他不卑不亢地对客户说道：“首先，您也说了，是您自己觉得中国产品比西方产品差，但是事实往往不是我们想象的那样。我们可以做产品性能比拼，用事实来说话。”客户听到这番话也愣住了，没想到一名客户经理这么敢说话。趁着客户思考的时间，余昕立马将之前准备好的产品介绍逐一向客户阐述。听完余昕的介绍，客户的眼中不再传递出排斥的情绪了。后来，余昕与这名 CTO 约见了很多次，客户再也没有“放鸽子”了，而且在与余昕的相处中，也对他也多了一份尊重。

可见，一名出色的客户经理不光要具备出色的业务能力，了解客户需求，更要不卑不亢地应对客户的错误观念和不合理的诉求，这样才有更多机会赢得客户的尊重和认可。

5.3 读懂客户拒绝背后的真实需求

在向客户销售产品或解决方案时，很多时候，并不能一次就说服客户，赢得订单，而是需要多次努力。但在初次或者劝说开始时传达的信息也并不是像想象般的没有任何用处，它们有一些潜在的影响力。

很多销售人员不明白这一点，在劝说中，对于成功说服客户总是表现得非常急切，希望一次就能说服对方。或者在无法一次打动客户的时候，马上又急切地凑到对方面前，“纠缠”对方，希望能够趁热打铁说服对方。

事实上，当客户对产品提出异议，或拒绝销售时，我们首先要做的事情是立即消除不良情绪，然后冷静理智地挖掘客户异议和拒绝背后的真实需要，再有针对性地开展销售工作。

当客户提出“我不觉得这东西值这么多钱”时，潜在要求是“证明你的产品物有所值”。

当客户提出“我从未听过你的公司”时，潜在要求是“我愿意买你的货，但我想知道你的公司是否有信誉、值得信赖”。

当客户提出“我正在减少开支，所以不想买任何新产品”时，潜在要求是“除非你能使我确信你的产品真是我需要的东西，不然我不会掏钱买”。

在面对客户的疑虑时，很多销售人员总是喜欢站在自己的角度对产品或解决方案进行评估，影响客户对信息的信任。华为一名客户经理在内部论坛《心声社区》上发表了自己的见解："我们的客户经理经常会拿公司给的'一指禅'滔滔不绝地给客户灌输，但是要知道'客户是基于自己的理由而非我们的理由进行购买'。"

因此，面对客户的拒绝，销售人员需要学会淡化自己与说服内容的联系，这样才能尽量减少自己对客户评估信息内容的影响。要淡化这种联系，一方面可以通过尽量减少使用"我认为""我看来"这种带有主观看法的词汇，增加外界专家的看法、论据等来淡化自己的影响；另一方面可以通过突出劝说的内容信息来淡化自己的影响。

销售工作要求销售人员进行成千上万次的电话沟通和拜访，甚至还要接受成千上万次的客户拒绝。因此，只有保持足够的耐心，弄懂客户的真实需求，才能完成这些工作，提升销售业绩，实现个人价值。

6. 响应客户，合理应对客户需求

任正非说："面对国际的残酷竞争，华为必须提升对未来客户需求和技术趋势的前瞻力，未雨绸缪，从根本上提升对客户需求理解的准确性，提高打中靶心的成功率，减少无谓的消耗。"

6.1 理解和界定客户需求

在任正非看来，为客户提供优质的服务，首先需要理解客户的真正需求是什么。客户的需求千差万别，并且需求还会受到客户喜好、外部环境等因素的影响。如果不去主动理解和界定客户的需求，而是按照惯例行事，就做不到具体问题具体分析，也做不到有效定位客户需求的层次，针对不同的客户提供不同的服务。著名营销大师杰克·特劳特谈到营销定位时曾说："销售不是一场产品战争，而是感知的战争。"

王法参加完"将军池"的学习后，对于商业本质有了更加深刻的理解。回到一线后，他开始从客户的角度思考"我"的需求，尝试回答客户选择华为的理由是什么，华为可以为客户提供怎样的产品和解决方案。

在某项目中，客户想要提升视频业务。华为一直致力于为客户打造端到端高质量的视频体验，可以为客户提供整网解决方案。于是，华为协同产业链上下游一起发力，帮助客户体验更好的视频服务。

在王法看来，如果客户经理也有版本的话，那么1.0版本客户经理的特性就是永远充满斗志和激情，勇于去各种盐碱地开拓市场。2.0版本客户经理的特性是具备一定的语言能力，对海外市场和客户有深入的了解，熟知所在地的法律法规。随着网络化时代的到来，客户对网络的要求越来越高，那些与客户成为战略合作伙伴，帮助客户实现商业成功的客户经理是3.0版本。华为"将军池"旨在培养和打造未来的销售专家，即4.0版本的客户经理。他们不仅要能实现合同交易，更要从价值交换角度深入地洞察行业、理解和界定客户需求，同时还要具备设计商业模式的能力，从而实现企业与客户的双赢。

由此看来，华为对客户经理的要求越来越高，其中准确理解和界定客户需求是客户经理必备的素质之一。

客户是基于自身利益需求，向企业购买产品和服务。销售人员在面对客户时，站在客户的角度考虑问题，有利于更加准确地理解客户需求。尤其是在向客户推销某种产品时，可以思考客户还可能存在哪些方面的问题，从而了解他的最终需求。

6.2 协调资源，匹配需求满足度

日本商人石田梅岩指出，无论是做官，还是从商，道理都是一样的："士农工商，其道一也。为武士者，侍其君而不肯用命，难称其为士；商人若亦知此，吾道明矣。若对养吾身之买主以诚相待不怠慢，十之八九得合买主之心。合买主之心，再精勤于其业，何必担心度世艰难？且首要恪守俭约……"在他看来，商人应该极力满足客户需求，为客户提供精益求精的产品和服务，这样才能让双方都获得最大的利益。

任正非也是这样要求华为人的，在为客户服务的过程中，要做到尽量满足客户的需求。因此，在实践中，华为人能够有效协调资源，竭尽全力去满足客户的需求。

华为接到了在海外的第一个融合计费项目——印度尼西亚M8项目，客户要求华为在半年内实现项目商用，这给华为团队提出了巨大的挑战，因为常规来说，类似项目需要一年的时间才能实现商用。

为了满足客户的需求，即使任务再艰巨，大家也觉得要坚持“实现客户梦想”的基本准则。为此，华为多次派专家队伍到客户现场，与客户交流和沟通，以弄清楚客户的真正需求，从而保证最终交付的质量和效率。在项目开展的过程中，华为的本地员工既发挥了一线工作人员的作用，又担任了翻译和沟通的角色。为了帮助客户解答疑问，项目组还派出了一些研发专家，在项目现场为客户释疑。同时，客户经理对于客户提出的要求，在与研发人员沟通后，进行了分类整理：能做的、必须做的、不必做的、无法做到的，然后将这份结果与客户进行坦诚的交流，从而在双方间达成一致的目标。

由于准确把握了客户的需求，项目实现了按时交付，最终印度尼西亚合作方对华为表示出高度的赞赏。

项目组分工明确，积极沟通，相互协调，资源调配及时，使关键环节进行得很顺利，其他环节也有序进行，保证了交付进度，不仅让客户实现了商业成功，同时也给自身创造了更多的价值。

销售工作也是如此，面对客户的合理需求，如果销售人员自己无法搞定的话，就要主动向团队成员或上级求助，通过及时地调配和协调资源，保障客户的需求得到有效满足，从而实现双方的目标。

6.3 响应客户，积极做出承诺

在准确了解客户的需求后，销售人员要迅速响应客户的需求，从客户关心的每个细节上给予积极的回应。有些销售员在了解到客户的需求后，既不向上级汇报，也不主动协调资源，对客户的需求不够重视，错失了很多为客户服务的机会。这样一来，不仅客户的需求得不到满足，自身的利益也会受损。

在一次技术交流会中，客户在解决方案环节提出希望实现站点双活。但是，华为团队经过与专家的讨论，认为要实现该功能是不太现实的，从目前华为的技术能力来看，如果要加上该特性，那么整个架构就需要进行大幅度修改，而这些调整是会影响整个解决方案的。

因此，华为团队决定将事实告知客户要实现该功能可能带来的不利影响，以及华为目前的业务能力可能还无法完全达到"无缝切换"，但同时也给客户做出了承诺，一定可以保障客户业务的稳定性。客户听完华为的阐述后，被其专业性和真诚的态度打动。在接下来的技术澄清会中，华为针对解决方案中的每一步都制订了详细的计划，并备注了实现过程。最终，客户选择了华为，因为华为不仅能够对客户的合理需求做出积极的承诺，而且提供的解决方案更加翔实可行。真诚地对待客户，致力于为客户创造价值是华为团队获胜的关键。

由此看来，达成销售目标的重要一步就是给客户一个积极承诺，基于客户需求，承诺可以为客户提供的优质产品和服务。

值得注意的是，销售人员一定不能虚假承诺或夸大承诺。在销售中，针对客户的疑问或客户需要的畅销产品，销售人员会以"过几天再答复您"等类似的话语来回复客户。但是，很多销售人员并不把这句话当成一个承诺，事后就忘了这件事。待客户再次询问时，才想起来之前的承诺，最终导致客户的流失。因此，面对客户的需求，销售人员一定要根据自己的实力和能力，对客户做出有效的承诺，这个承诺是要能实现的，不能因为想要提高业绩而胡乱承诺，导致不仅满足不了客户的需求，反而透支了客户的信任，影响后续的合作。

7. 重视实战细节，不断改进

当前市场环境多变，客户需求也在不断变化，销售竞争手段层出不穷，日新月异。在这种情况下，销售人员必须重视实战细节，不断改进服务方式和内容，从而在激烈的市场竞争中更胜一筹。

7.1 细微之处见真章

随着人们生活水平不断提高，消费意识也在不断地发生改变，但企业提供的产品和服务日益趋同化，这就要求企业能够在细节上考虑到客户的需求，处处为客户着想，用独特的魅力赢得客户的赞同和认可。

海底捞服务就充分地体现了细微之处见真章。有消费者反映，曾经在海底捞用餐时，正在用勺子装着煮用时较长的食物时，一名服务员主动过来微笑着说："我帮您。"说完，就接过消费者手中的勺子，将其挂在了锅边的一种器械上。除此之外，海底捞还为消费者提供了许许多多的辅助工具，例如眼镜布、围裙、发圈等。有些人会觉得这些小工具不算什么，但是千万别小瞧了它们，如果当初海底捞没有从这些细节上入手，它就难以有今天如此高的知名度，也许也就只是一个服务员很热情的"普通火锅店"。

不可否认，细节处理对销售来说也很重要。销售人员在拜访客户时的一些细节处理，对销售的成功率有重要的影响。聪明的销售人员善于利用生活中的每一个细节，把握住每一次销售机会。例如，在递物与接物的时候双手奉上，能表示对对方的尊重；与客户并排行走的时候，用右手礼让，首先为客户拉出椅子、推开门，都是礼貌、绅士的举动，尤其是男性销售员对待女性客户的时候，更要注意这些细节；认真倾听、积极地回应，也会让客户感觉受到重视。另外，销售人员还可以通过选择适宜的沟通场所、精心的衣着打扮、正规的礼节等细节表现让客户感受到尊重。

华为客户经理在最初开拓市场时，由于品牌知名度不够，遇到了许多困难，他们用实际行动告诉我们，机会是需要自己争取的，而争取的办法就是坚持用严谨细致的工作态度来面对客户。销售人员在争取为客户服务的机会的过程中，遭到客户拒绝是常有的事，这时候就需要大家能够在细节上用坚持来打动客户。华为的客户经理在实践中，用严谨细致的计划做到了高效率、零误差，从而赢得了客户的信任。

7.2 执着追求，发扬工匠精神

企业在做产品时，需要发挥匠人精神，将产品的质量做到最佳。日本之所以会有那么多的百年企业，就是因为他们把匠人精神发挥到了极致。在日本，很多人一辈子只干一件事或做一件产品，无论事有多小，产品有多不起眼，都会花一辈子的心血去钻研，做到极致。质量不好的产品流通到市面上，即便获得很多经济利益，日本工匠也会将之看成一种耻辱。

销售人员就应该学习这种匠人精神，在自己的岗位上发挥出最大的价值；应严格要求自己，尽善尽美，对自己的工作充满责任感和荣誉感。华为一名在市场销售一线工作多年的员工指出："要想成长为一名优秀的客户经理，需要做到三点：第一，诚实。对客户要以诚相待，只有诚实才能长久。第二，细心。细节决定成败，凡事就怕'认真'二字。第三，执着。执着一定会带来收获，只要坚持就没有过不去的河。"

某客户公司的A总，之前与华为的关系一般，还由于一些客观原因对华为产生了一些误会。一次，A总到北京出差，刚好客户经理张豪也在北京，他本着改善双方关系的目的给A总打了电话，说："我是华为的小张，现在北京，如果有需要我的地方，请随时联系。"A总表示他只是来集团开会的，让张豪不用管他。张豪想，即使没帮到客户什么忙，他也应该感受到了自己的真诚。前两天张豪都没有收到客户的联系，到了第三天，A总给张豪打电话了："我下午在集团要参加一个重要的商务活动，可是这次来时忘记带名片了，你看能不能找个地方帮我做几张？下午四点钟用！"

为了帮助客户搞定这件事，张豪一口气跑了好几个复印社，由于名片上涉及的颜色较多，最快都得等到第二天才能弄好。接着，张豪又跑了一些复印社，得到的答案都是一致的。与此同时，张豪将事情的进展告知客户，并让客户先别着急，他还会继续想办法帮他搞定的。A总感受到了张豪的诚心，向其表示了感谢，并说他下午就不带名片了，让张豪放弃继续找的想法。尽管A总这样说了，但是张豪觉得他不能就这样算了，好不容易找到和客户接触的机会，一定要帮助客户解决困难，给客户留下好印象。就在张豪这样想的时候，他突然看到了一家照片冲洗店，一个念头突然闪过：扫描模板、改好名字和电话、数码冲洗、剪裁……

就这样，张豪为A总"照"出了一叠名片，并在他参加活动前十分钟，将名片送达。A总被张豪的工作态度深深地感动了，从此对华为的印象有了改观。

当前，社会生活节奏快，很多人急功近利，做事浮躁，追求眼前利益，而忘了工作就是一种责任。只有抱着精益求精的态度做事，才能获得更大的成功。

销售人员要想做好销售工作，就必须有一种执着的精神，在为客户提供产品和服务的过程中，要像对待自己的朋友一样，与其建立深厚的感情，将服务做到极致，这样才能体现出对客户的工作态度，赢得更多客户的心。

7.3 用极致的工作态度征服客户

工作中，对待客户就要有不达目的誓不罢休的信念，保证为客户提供满足需求的高质量产品和服务。时刻替客户着想，能够帮助销售人员获得客户的信任，提高客户满意度。

客户经理王刚负责某地区的市场。一次，在他负责的区域内有个客户的设备出现了故障，于是，客户向华为发起了求助。当时正好快要过春节了，很多人都已经买好票准备回家过年了。但王刚接到客户的求助消息后，立马联系了工程师，并把回家的票给退掉了。他在最快的时间内赶到了客户现场，一边向客户致以最真诚的歉意，另一方面和用服人员一起争分夺秒地进行设备抢修。在大家的努力下，通信终于恢复了正常，客户表示："从与华为公司的合作中，我们真正体验到了什么是售后服务，什么是用户至上！"

王刚的工作态度深深地感染了客户，让客户体会到华为人的工作态度和敬业精神。销售人员如果在工作中，能够始终保持这样的工作态度，大概任何客户都不会拒绝其产品和服务。

在华为，还有很多这样的客户经理，他们在为客户服务的过程中，有一颗追求完美的心，注重每一个工作细节，赢得了许多客户的认可。

李光经过三个月的新员工培训后，就被派往南方某办事处去当销售员。初来乍到的李光，虚心向大家学习，业务能力很快得到了提升。于是，他自己主动提出申请，想独自承担一个市场区域的销售工作。主任见他好学肯做，于是就说联通、广电暂时没人去拓展，只要你肯努力，一定能做出成绩来。于是，李光就投入了大量的时间和精力在这上面，终于发现了市场。

一次，李光组织了一场技术汇报会，他负责会议所有的组织工作。会前，他一共检查了四次会场，就怕某个环节出差错，直到夜里十二点多了，他还在检查会场。除此之外，李光对会场的所有部署细节都一一过问，包括茶杯如何摆放等细节问题都会经过深思熟虑，再向服务人员提出要求，使其达到标准。最后，在李光的关注下，会议组织得很成功，与会人员对会议组织人员大为赞赏，表示华为销售人员的工作态度值得肯定，让大家感受到了无微不至的关怀。

俗话说：“爱出者爱返，福往者福来。”帮助客户解决问题，实际上也是在帮我们自己。每个人都有一种交换的心理，你为我做了让步，我也会为你做点什么，这种心理可以帮助销售人员完成销售工作。销售人员主动向客户提供极致的服务，先为客户付出一些，随后得到的只会多不会少。

第4章 边学习，边融入

能力提升不是一蹴而就的，适应岗位工作也需要经历一个过程，因此，人们必须不断地学习和思考。在任正非看来，学习不能流于形式，具体实践也不能浅尝辄止，只有主动学习，在实践中提升能力，才能更好地适应岗位、融入团队，成就不一样的人生。

1. 理论与实践相结合

2014年，华为轮值CEO郭平在讲话中指出："变革的结果，不仅是业务规则、流程、数据及IT平台，还有来自实践、提升了理论素养并在实践中得到验证的'金种子'。人才是华为最宝贵的财富。要充分利用变革方案设计及在一线落地的机会，通过训战结合方式，培养并选拔出视野开阔、跨部门业务理解深刻的干部和专家队伍。希望你们不是埋在地下的金块，而是能生根发芽、长出更多金子的人才。"

1.1 注重训战结合，避免纸上谈兵

华为之所以取得了如此高的成就，除了任正非等人的领导，还离不开所有华为人的努力奋斗。华为较为完善的培训体系是员工不断奋斗的驱动力之一。在培训指导思想方面，华为提出了"721"培训法则，即70%的能力来自实践，20%的能力来自导师帮助，10%的能力来自课堂学习。由此可以看出，华为在培训方面非常注重训战结合，强调实践对于成长的重要性，避免员工只会纸上谈兵。

在具体的培训中，新员工除了学习相关的政策制定、企业文化、专业理论知识以外，还有一项针对性的实践培训。例如，国外营销类员工需要在国内各市场先实习6~12个月，等他们掌握了一些实践经验后才能去国外开拓市场。当然，这些新员工在实践中，也会有相关导师的带领，帮助他们更快地融入工作环境，掌握实战知识，快速提升自己的能力。

华为某员工在《华为人》上分享了他在"将军池"的一次训练经历。当时的培训主题是"学中干，干中学，实践是提升自己的最好学习"，培训分为三个阶段：训前准备、作训研讨以及作战提升。准备阶段，每个学员先自学相关的交易模式，

然后在自己理解的基础上，提交一篇项目案例。接下来，就是作战研讨阶段。通过老师授课，传递统一的思维框架，让大家建立起标准化的交易语言，在此基础上，每位学员分享自己的案例，运用所学的知识共同研讨，对作战方案进行优化，以此来提升大家的交易能力和作战能力。在作战提升阶段，学员将拟定的作战计划用于实践，以此检验理论的正确性。学员需要完成实践并通过答辩，才能从“将军池”出营。

华为通过训战结合的方式，希望达到促进人才循环和提升销售能力的目标。对于销售员个人来说，也是如此。书本上学习的理论知识，只能用来指导实践工作，实践是为了检验理论的正确性，并在此基础上不断地完善理论，收获更多有价值的思想、行为规律。

总的来说，理论是保证工作方向正确的前提之一，但只靠理论是不能有效完成工作的，只有用理论去指导实践，在实践中不断地发现和思考问题、总结经验，才能有效提升个人的能力。

1.2 不追求形式，锻炼解决实际问题能力

在任正非看来，员工培训不能过于追求形式，在对参加培训答辩的员工进行打分时，对那些讲得十分“精彩”的人不能打高分，他们不是华为需要的人才，只有能够解决实际问题的人才值得拥有高评价。因此，华为在培训中也非常注重培养员工解决实际问题的能力。

华为快速培养人才的方法有三种：短训制、强化实践和总结分享。

第一，短训制。青训营、高研班以及一线自行组织的研讨培训，都属于该类培训方式。时代在不断变化，只有不断学习才能跟上时代的步伐，但是长时间系统的学习是不现实的，让那些具有丰富实践经验的人来授课，既满足公司的业务需求，又能达到短期培训的效果。

第二，强化实践。“纸上得来终觉浅，绝知此事要躬行。”将军是打出来的，如果只在课堂上接受知识，而不去实践，过不了多久就会忘记。华为强调要在实践中学习，如青训营等短训期结束后，安排两个月的项目实践，以此来锻炼员工实际解决问题的能力。在实践中，员工可能面对来自客户等方面的压力，有时候会存在勇气不足的情况，华为为了强化员工敢于“亮剑”的勇气，提倡“打了胜

仗就是将军，没打胜也是英雄”，只要在实践中积累了经验，学习到了解决问题的方法，就是有收获的。

第三，总结分享。在实践中学到的东西通过总结分享，可以帮助大家提升学习效率，实现能力的快速提升。华为人已经习惯通过知识社区、微信、邮件等方式进行经验的实时分享。

任正非意识到，没有实践能力的人才，算不上真正的人才。因而，他强调华为人要在实践中锻炼自己解决问题的能力。华为轮值CEO徐直军也强调：“我们要摒弃浮躁和形式主义，聚焦提升解决问题的能力。减少追求‘形式感’‘排场’的营销活动、务虚会，增加坐下来和客户一起讨论解决实际问题的活动；减少高大上的‘趋势’‘愿景’‘新概念’，增加场景化的实践经验教训的总结和案例；减少办公室里的坐而论道，增加进机房、上站点、去街边柜、蹲营业厅等行为，以此来聚焦于以客户为中心的‘价值创造’。”

销售人员即使拥有深厚的理论功底，如果没有解决问题的能力，也是很难成长为一名专家的。因此，销售人员要注重在实战中锻炼自己的能力，避免成为一名“伪专家”。

1.3 不拘泥于制度，保障销售有序进行

成立初期的华为只想着如何扩大市场，增加订单，对于制度建设方面想得很少，销售方面的制度当然也没有建立起来，因此当时的市场人员都是凭着自己对销售的理解去完成工作的，至于如何赢得客户的信任以及客户资源建设等方面，都未形成系统化的理论逻辑。

为了能够更加贴近客户，快速响应客户的需求，华为自建营销网络体系。这种体系的缺点就在于人员会随着市场扩张而不断膨胀，随着华为销售团队膨胀，如何更好地管理市场人员和客户资源成为当时华为高层管理人员迫切需要解决的问题。为此，华为推出了一系列规章制度，如《华为员工职业道德规范》《华为人行为准则》，以此建立市场人员的行为规范和行为准则。

在任正非看来，华为必须具备一套组织模式，必须用一套方法和规则把大家整合起来同时也管控起来，以使组织的运行、管理更加高效和规范。因此，任正非提出要对华为的发展历程重新进行梳理，找到一些普适性的东西来指导华为的发展，在此基础上诞生了《华为公司基本法》。《华为公司基本法》统

一了华为所有的规章制度，为打造销售队伍提供了制度保障。

尽管有规章制度，但华为客户经理在工作中并不完全受制于制度，合法的情况下获得客户订单是其主要工作内容。

一位前华为客户经理分享了他的工作日志："早上起来直接到客户单位报到，白天在客户办公室办公，中午跟客户一起吃食堂，晚上下班约着客户吃饭或者打球。客户经理的工作内容，主要就是搞定客户，搞定各种资源，从而搞定项目。任老板有句话：'很多事物不是非黑即白的，它还有一个中间区域，叫作灰度。'无疑客户经理就是这个中间区域。至于如何去搞定，这个就因人而异了：有人是技术专家，能在业务层面帮助客户，这是顾问型销售；有人情商高擅长交际，跟客户私交甚好，这是关系型销售；有人简单粗暴，靠利益手段搞定客户，这是同归于尽型销售。"

作为销售人员，如果过分拘泥于制度，很多时候会得罪客户，影响销售业绩。因此，在实践中，销售人员要懂得把握分寸，适当跳开制度，更好地为客户提供产品和服务。

2. 适应环境，边学边干

在信息化时代，知识更新速度越来越快，要想在进入工作岗位之前学好所有的知识是不可能的。人们只有在工作中边干边学，才能有所成长。

2.1 做好心理准备，随时艰苦奋斗

2013年，在华为新员工座谈会中，华为轮值CEO郭平说道："社会上传说的和华为真实的工作强度，大家也应该有所体会。我记得自己做产品开发经理的时候，盯着目标要在什么时候必须把产品做出来交给客户，调测软件的时候，测试到一半我不能把它扔了，所以确实有过通宵的经历。今天，假如客户的网络出现了严重的问题，我们要迅速给客户定位故障并且解决问题，也可能有连续工作的场景。因此，大家要做好艰苦奋斗的准备。"

华为在蒙古的客户比较多，有固网运营商、移动运营商以及一些企业网业务。每年年初投标的时候，项目团队每位成员都非常忙，甚至有时候每个人手中要接下好几个投标项目。因此，大家基本上是白天上门拜访客户，晚上才能准备投标材料。准备投标材料的时候，不管是客户经理、产品经理还是主管，都得一起看标书答标，在这个过程中，还有一些培训项目要组织，可以想象出大家的工作有多么繁忙。

一次，为了和S运营商客户完成整网规划设计，华为项目组连续一个星期在客户办公室度过。那段时间是蒙古最冷的时候，晚上温度低至零下45度，项目组经常工作到凌晨，因此很多人感冒了，但大部分人都坚持在工作。这种工作态度感染了客户，客户CTO对项目组的人说："华为的人，我服了。感谢你们，我请你们所有人吃饭。"

在华为，这样的工作经历是很常见的。华为提倡艰苦奋斗，不仅包括身体上的艰苦奋斗，也包括思想上的艰苦奋斗。所谓思想上的艰苦奋斗，就是提高思想认识，不断学习，从而取得进步。提高思想认识，不仅要与他人进行横向比较，还应该与自己进行纵向比较，不断地超越自我，实现快速成长。

在工作中，销售人员需要面对变幻莫测的市场环境、多变的客户需求以及众多的竞争对手，所有的这些都可能造成他们对工作的消极态度。因此，只有做好思想准备，随时准备艰苦奋斗，锻炼自己坚强的内心，才能胜任更多的工作。

2.2 多交流，多学习，快速融入

做好思想准备后，在进入实战时，要想快速适应岗位和环境，就得多与他人进行沟通和交流。沟通是人与人之间、人与群体之间思想与感情的传递和反馈的过程，以求思想达成一致和感情的通畅。在工作中，尤其是初到一个新岗位上，良好的沟通与交流不仅可以让人学习到更多的岗位经验，还能快速融入集体，与团队成员建立一种深厚的感情联系。

在华为，为了保证每个岗位上都有员工，采取的策略是"跑步上岗，不虚位以待"，意思就是不能让岗位空着等合适的人来上岗，而是把替补的人放到岗位上去，通过学习和适应，快速成长为可以胜任岗位的人。

毕业于上海交通大学新闻传播系的王晓雪加入华为后，她的工作岗位是营销工程师。尽管她自认营销的专业知识掌握得比较熟练，但是对于华为的产品几乎是一无所知，甚至连自己卖的产品是干什么的都不是很清楚。

一次，她随同客户经理去拜访客户，客户随口问了一句："华为的产品和别家的相比优势在哪里？"结果她一句话也答不上来。客户很不满意："你们连自己的产品的特点都说不出来，还怎么来打动客户？"

这一经历让王晓雪大为触动。她刚加入华为不久，对华为的产品确实还没有足够的时间去了解，而且她以前从来都没接触过IT领域，这一领域可谓是她的"知识盲点"。她认识到，要当好一个营销工程师，就必须去接触和了解IT行业，诸如交换机、服务器、光纤电缆等，都要搞清楚才行。

之后，她每天都花时间去了解相关的知识，进出机房，向同事请教，还积极参与交付实践。如今的她，已经是懂产品懂技术的营销经理，还能自己动手做营销方案。

麦肯锡咨询顾问马克斯·兰茨伯格指出，员工在沟通交流中获得的收获，往往要比他们付出的更多。在马克斯·兰茨伯格看来，通过与同事进行沟通，员工可以进一步提高自己的人际交往能力，这无疑能够帮助他们与客户、领导等建立更好的关系。其次，这些员工可以为自己争取更多的时间来做一些更高质量的工作。虽然很难用具体的数据提供证明，但是，大多数麦肯锡咨询顾问都相信，只要每天拿出10分钟进行沟通和学习，就可以帮助自己节省出20分钟以上的工作时间。

销售人员在工作中多与同事和上级进行沟通和交流，不仅能够帮助同事和自己快速而准确地完成工作，在共同进步的过程中，员工也能从工作当中体会到更多的乐趣。

2.3 边磨合边适应，投入岗位工作

任何人去一个新组织或是新岗位，都有一个适应的过程。在一次新员工座谈会中，有人问道："在华为，会不会因为我们来自外企，遇到天花板呢？"华为副总裁陈黎芳表示："我也是社会招聘来华为的，那时公司500多人，不能因为现在18万人，就有天花板了。公司没有给大家设过限，自己更不要给自己设限。任何人去一个新组织都要磨合，要相互适应。公司现在要做的是把土弄松一点，让什么庄稼都能种进来。新同事也要努力让自己扎进去，不要轻易泄气。"

在工作中，华为人无论去往哪一个工作岗位，都始终保持积极的工作态度，全身心地投入岗位工作，边学习边适应，在艰苦的环境中勇于接受挑战，和客户一起成长。

2006 年，华为的管理服务业务尚处于起步阶段，林海在经过入职三个月的培训后，作为管理服务部的一员，踏上了管理服务交付项目的路途。

刚下飞机，林海的身体就出状况了，得了荨麻疹。好在不是什么严重的病，医生说吊水几天就好了。于是，林海在赞比亚的前几天就是在吊水中度过的。

身体康复后，林海马上就投入到了岗位工作中。由于林海缺乏管理服务项目的实战经验，因此一开始总是会遇到各种问题，经常半夜会接到一些业务上的电话，让他倍感压力。

经过三个月的磨合，林海逐渐适应了岗位工作，也逐渐找到了合适的工作方法，不再像刚开始来的时候那样，总是理不清工作头绪。现在，他对于如何合理分配工作、应该找谁解决什么问题等，不再茫然了。在管理服务交付项目中，林海也找到了一套合适的解决方案，使得工作效率提升了不少，他这才觉得终于可以稍稍松口气了。

随着时间的推移，林海积累的经验越来越多，其工作能力也在不断提升，原来对岗位的不适应已经逐渐消失了，后续的工作开展也越来越顺利。一年后，与客户顺利续签合同，林海所在项目组还获得了公司的表彰。

工作中遇到问题一时不会解决不要紧，可以边学边干，在学习中积累经验，从而实现能力的提升。很多销售人员初到岗位时，也会出现不适应的情况，这就需要自己调整好心态，不轻易放弃，努力适应环境，抓住每一次学习和成长的机会。

3. 积极应对学习和工作

华为倡导员工在工作中不断获得成长，努力实现自我价值。华为将工作视为一种报酬和激励，并通过各种项目和机会牵引，引发员工的认同感，激励员工主动从事具有挑战性的工作。

3.1 在学习和工作中发现乐趣

华为消费者BGCEO余承东指出："这么多年我还没有倒下，因为我有一个乐观的心态。其实生活和工作中每天都有很多很多的压力，各个环节都会遇到各种各样的问题，挺挑战人的。但人要想开一点，保持乐观、豁达、开朗的心境非常重要，打垮自己的往往是自己的内心。乐观的人在最痛苦、最困难的时候总能看到希望，看到闪光点，看到未来。希望大家在工作和生活中总能看到阳光、看到快乐、看到积极正向的一面。"这也给了我们一个启示：找到学习和工作中的乐趣，让自己保持乐观的心态，是实现自我成长的方式之一。

2014年，孔庆丰加入华为。半年后，孔庆丰作为一名服务解决方案销售经理，来到了西非科特迪瓦。在这里，他要独立负责多个客户，开发新的市场。尽管缺乏工作技能和经验，市场也是从零起步，但孔庆丰并没有因此而退缩，反而更加努力地学习和工作，很快就取得了好成绩。

平时，孔庆丰除了履行销售经理的职责以外，他还主动承担了生活委主任的工作，尽职尽责地帮助改善代表处员工的餐饮质量。通过收集大家的反馈意见，积极改进和完善管理制度，代表处的餐饮质量逐渐得到了有效提升，避免了很多潜在的风险。

大家认为，孔庆丰之所以能够如此高效地工作，是因为他是一个典型的乐天派。无论是在艰苦的工作环境中，还是在平时的生活中，他始终保持着东北人特有的热情和幽默，既让自己开心，也感染了身边的人。

不管从事什么工作，最好的工作方法就是把工作当成一种乐趣。有一名工人每天的工作就是拧螺丝钉，他觉得枯燥无味，想要换工作，于是和老板提出了这个想法。但是，老板并没有同意。没办法，工人只好想了另外一个办法，和工友进行比赛，看谁工作完成得更快。通过这种方式，工人找到了工作的乐趣，不再觉得工作很乏味了，工作效率也得到了有效提升。没过多久，工人和他的工友都得到了提拔。由此看来，在工作中发现乐趣，不仅能提升自己的工作效率，而且也能增加升职的机会。

俗话说："三百六十行，行行出状元。"这句话说明每项工作都是值得去做的，销售工作也是一样，销售人员能否快乐工作的关键取决于个人对于工作的态度。如果销售人员能够用积极的心态去对待学习和工作，寻找学习和工作中的乐趣，而不是把学习和工作看成一种负担，就能让自己变得更加轻松和愉快，这样也容易有所成就。

3.2 爱岗敬业，珍惜每一次发展机会

约翰·洛克菲勒说："工作是一个施展自己才能的舞台，我们寒窗苦读学来的知识、我们的应变力、我们的决断力、我们的适应力以及我们的协调能力都将在这样的一个舞台上得到展示。除了工作，没有哪项活动能提供如此高度的充实自我、表达自我的机会，以及如此强的个人使命感和一种活着的理由，工作的质量往往决定着生活的质量。"

华为给所有愿意艰苦奋斗的员工提供平等的发展机会，很多人也抓住了这些机会，实现了个人的成长。很多曾在华为打拼过或仍在华为打拼的员工表示，爱岗、敬业、奋斗永远是华为的主旋律。不管是基层岗位的员工，还是管理岗位的员工，在每个岗位上，大家都能做到主动承担责任，珍惜每一次发展机会，努力将工作完成好。

华为高级副总裁梁华在分享他在华为的奋斗史时，说道："我是 1995 年加入华为，来之前在高校当过老师，博士毕业之后就直接到华为来了，刚开始是在研发的结构设计部门工作。华为有新员工导师制，我当时也有一位导师，他是一个大专生，年龄比我小，但是他在设计行业非常有经验，我从他那里学到了很多东西，包括他对工作的态度。在设计部门干了 5 年之后，我被调到订单管理部，也就是现在的供应链，包括制造、采购、订单、物流。当时我们的供应能力不足以支撑公司的业务快速发展，在业务模式、供应能力以及对市场的快速响应方面都是不够的，挑战和压力非常大。在供应链工作了 6 年左右，公司安排我去财经体系工作了 4 年多，现在是在全球技术服务部。每到一个新的岗位，自己有一个信念：努力把当前工作做好，同时也要有工作的激情，有激情才有可能把工作做好。在不同的岗位上工作时，面对的压力和过程是不一样的，但都会坚持对工作的投入。我是比较简单的人，就是把事情做好，没有太多别的想法。"

个人在成长的过程中，可能经常会出现岗位调整的情况。每次岗位转换，挑战肯定是会存在的。但我们也要看到每次转换背后的机会和价值，学会全方位地思考问题，认识到每个变化可能会给个人带来的成长。因此，销售人员在

工作中应该保持爱岗敬业的态度，不要害怕和拒绝变化，应珍惜每一个可能实现成长的机会。

3.3 在战争中学习战争，在游泳中学习游泳

随着华为的不断发展，华为的文化建设思路越来越明确，即：将自己打造成一个学习型组织。在学习型组织中，每个成员都可以开诚布公地互动，相互交流经验，从而使团队成员的思路变得更加开阔，提升每个人的能力，进而使团队成员在决策制定、团队凝聚力等方面的表现获得显著的成长和进步。

华为的学习型组织要求人们通过保持学习的能力，及时铲除前进道路上的障碍，不断突破组织成长的极限，从而保持持续发展的态势。

王来清得知要参与应标时，非常兴奋。这是他第一次参与应标，在他看来，这也是一次学习的好机会，不但能更近距离地接触客户、了解客户需求，又能系统地学习答标流程和方法。为此，王来清在熟悉标书方面下了很多功夫，在这个过程中，他也深刻地体会到什么是"在战争中学习战争，在游泳中学习游泳"。

由于招标时间短，项目团队只能连续奋战，直到招标当天，大家仍然还在忙碌，王来清这才切实感受到市场一线人员对于工作的热情。按时交标后，团队成员才开始逐一休息，有些趴在桌子上休息，有些在椅子上休息。在大家的努力下，华为最终中标该项目。

除了这个第一次以外，王来清还体验了更多的第一次。巴展后，客户提出希望在印度尼西亚再举行一次"小巴展"，而这个组织任务最终落到了王来清的身上。王来清从未参加过小巴展或者峰会，思来想去也不知从何入手。为此，王来清在参考之前展会信息的同时，主动与同事讨论、向上级求助，通过多种方式的学习，确定了会议的议题。最终，王来清成功地组织了这次会议。这些"第一次"的经历，让王来清学习到了更多书本上学不到的知识，也成为他职业生涯中美好的记忆。

由此可见，"不断学习"的思想深入每一个华为人的心中。在这种价值观的驱使下，每位员工都能够不断地学习和思考，提升自身的能力，更好地实现自我价值。

主动学习和思考不仅是为了完善自己，使自己得到成长与发展，而且也能为团队做出贡献。庄子曾说："水之积也不厚，则其负大舟也无力。"面对复

杂的工作，销售人员如果不主动学习和思考，就无法提高自身的业务能力。只有在实践中吸纳各领域的知识，主动学习，才能做更强的自己，从而实现个人的价值。

4. 在失败中吸取教训

任正非说："每个人要想进步，就要善于不断归纳总结。如果没有平时的归纳总结，结成这种思维的网，那就无法解决随时出现的问题。不归纳，就不能前进，不前进就不能上台阶。人是一小步一小步前进的，过几年当你回首总结时，你就会发现你前进了一大步。在善于归纳总结时，也要重视向别人学习，取长补短。"

4.1 吸取失败的教训，总结经验

在任正非看来，磨难是一笔财富，经历过磨难的人才能经受住大风大浪的考验。因此，华为在考察员工的学习能力时，不仅关注员工对书本知识的学习能力，更着重关注他们能否从实践中总结经验和教训。

光靠实践是不能快速提升能力的，还需要善于归纳和总结。在每一次实践后，我们都要吸取失败的教训，总结处理问题的办法，在今后遇到类似问题时，就会冷静地采取更加有效的处理方式，从而得到快速的成长。

刘爱群是一名维修技师，他有着丰富的维修经验，为了将这些经验传承下去，他做了很多努力。

很多维修人员经验丰富，但这些经验大多只存在他们的脑子里，并不能传递给他人，一旦人员流失，这些经验也就流失了。为此，刘爱群养成了一个习惯，一旦遇到某个产品故障，他就会花时间把故障诊断过程详细地记录下来。不管是对的诊断过程，还是中途走了一些弯路的诊断过程，刘爱群都会进行总结，时间久了，就形成了一个故障品"病历档案"。为了推行这个工作方式，刘爱群经常督促其他维修人员也填写"病历档案"，经过一段时间，大家都养成了习惯。

这些"病历档案"不仅是个人经验的积累，也能让新手快速上岗学习，避免他们在维修中犯一些错误，为自己和他人解决同类问题时提供思路，同时这些数

据也支撑维修质量改善体系的建立，降低了产品的故障率。

从案例中我们可以看出，善于做工作总结是多么重要，不论是成功的经历，还是失败的经历，总能给我们一些经验和教训。从成功和失败中积累经验，对我们的生活和工作都有着极大的帮助。

创业初期，华为营销人员并不习惯于做工作总结。在咨询顾问的要求下，每个销售人员出门必须带一个方案，回来再带一个报告，每周做一次循环总结。

在这个训战过程中，首先做出改变的是华为的营销干部，他们指导下属：今天要见谁？主题是什么？话怎么说？从哪说到哪？出门带一个方案，回来带一个报告：今天见了谁？谈了什么话？对方怎么说？你怎么回答？后来你又怎么说？结果如何？有何机会？有何风险？要求一线销售人员报告给自己，然后再给予指导，一周一循环。营销干部在这个过程中，每周还要向总部做一次报告。

在往下推的过程中，华为营销人员用最简单的KT法进行工作总结，就是四句话：（1）发生了什么事情。（2）这些事情涉及哪些方面。（3）有何机会，有何风险。（4）有何对策，有何建议。市场部干部负责跟踪，天天检查。通过这样的指导和约束，帮助和激励营销人员，使得他们在做任何事情时都有一套方法论，能够在面对客户时采取有效的方式，并能够根据市场需要调整策略。每天复盘，不断检查市场策略对不对，选择的事情对不对，然后看哪些工作没做到位，最终再看有没有业绩。如果绩效有偏差，再检查行动方案是否有问题或者营销策略是否要改进。每个环节去检查，做到让行为、策略一体化，通过这样的训战营销人员逐渐成长起来。

销售人员对每一次的失败经历都应该进行总结，吸取失败的教训，找到失败的原因，从而避免同类问题再次发生。总结的这些失败教训不仅可以提高后续销售工作的成功率，赢得更多客户的认可，同时也能提升个人的能力，快速实现个人的价值。

4.2 从容面对挫折，在失败中成长

享受过程是一种积极的情绪体验，只有懂得享受销售过程的人，才会获得成功。要像“球王”马拉多纳享受足球一样去享受销售，足球不是比分，销售

也不仅仅是任务和拒绝。

有一位年轻人一直没有成功过，失败永远陪伴在他的身边。他感到上天的不公平，于是，他决定去向上帝请教：成功是什么？

这个人翻山越岭，来到河边，见到一位老翁，就走过去问："老人家，成功是什么？"老翁回答他："成功就是能每天都钓到鱼。"

这位年轻人继续他的旅途，他渡过了河，来到了森林中，遇见一个正在赶路的猎人，就问他："成功是什么？"猎人回答他："成功就是每天都能捕获野兽。"

他继续赶路，穿过了森林，也穿过了沙漠，终于找到了上帝，于是便问上帝："成功是什么？"上帝很慈祥地回答："成功是生活，成功是经验，成功是汗水。年轻人，不要执着于成功，而应享受成功的过程。"年轻人听了，顿时明白了，就辞别上帝回家去了。后来他通过努力，终于在事业上获得了成功。

正如上帝所言："不要执着于成功，而应享受成功的过程。"如果我们仅仅执着于销售业绩，在面对挫折和失败时感到沮丧，忽视失败给我们带来的成长，那么我们也就会成为故事中的年轻人，为"成功"而奔波和迷茫。

面对错误和挫折，很多人会选择两条路：一条是通过指责别人来为自己辩解，开脱责任；另一条则是半途而废，用"这件事太难了"来安慰自己，选择退缩，选择这两条路的人都不会有进步。那些勇于接受和承认自己失败的人，会不断地反思，总结相关的经验教训，避免自己在今后犯同样的错误，使自己得到成长。

任正非曾对身处逆境的员工说道："一生走得很顺利的人，你们要警惕一点，你们可能把华为公司拖进了陷阱……录用一个干部，最主要是要考虑这个人曾经是不是在外面受过重大挫折，而且这个人已经认识到这个挫折，已经改进了……人的一生太顺利也许是灾难，你没有注意看，你注意看后你就会认为你受挫折是福而不是灾难。"

销售过程虽然充满了挫折和艰辛，但有付出和收获，销售人员既要懂得享受销售付出和收获，更要懂得品尝挫折和艰辛，这些都是组成销售人生的重要部分，只有正确地对待销售过程的成功与失败，才能快乐销售，创造成功。

4.3 勇于尝试，给自己试错的机会

丰田公司总裁张富士夫说：“我们最重视的是确实执行与采取行动。我们尚未了解的事情还有很多，因此，我们总是要求员工：何不采取行动，尝试不同的方法呢？当你诚实面对自己的失败时，才会了解自己所知甚少，你可以矫正那些失败，再做一次，在第二次的尝试中，你会发现另一个错误或自己不满意的事，然后，你可以再尝试。于是，借助不断改善，或者应该说是靠不断尝试的行动以获得改善，就会使自己的能力与知识得以提升。”我们从“试错”中总结和提炼的经验，将是人生最宝贵的知识资产。

王海暾是华为个人金牌奖的获得者，他认为他的成功就来自前面员工的失败经历。对此，他表示：“有很多重大项目遇到了瓶颈，轮到我去的时候，前面已经倒下半打了，当我总结他们失败的经验教训后，只要绕过他们遇到的坑，离最终成功也就不远了。”

在王海暾看来，华为目前的知识库和分享平台做得还不错，但是还有可以完善的地方。目前大家喜欢分享自己的成功经验，而不愿意分享一些失败的经历。其实，这样是不利于公司的知识管理和组织能力发育的。曾经有个客户高层问过王海暾一个问题：“华为的项目组啥时候能做到不犯同样的错误？”的确，华为人因为不愿意分享失败的经历，所以难以从失败中总结经验教训，避免同类错误的发生。因此，王海暾认为，在未来的人生和技术发展方面，不断地“试错”下去，才能有更多的收获。

在工作中，员工难免会犯错误，如果懂得在错误中进步，反而更有利于个人和企业的发展。对此，任正非强调：“允许犯错，但要有进步。”这种进步就是通过自我改善来完成的。华为很多项目经理在分享他们的成功经验时，都提到了“要在不断犯错中成长”，项目开展的过程中总会存在许多的困难和挑战，要想成为优秀的项目管理专家，就一定要敢于尝试，坚持到底，才能达成最后的目标。

销售工作也一样，我们不可能制定非常完美的销售策略，在拜访客户时，也不可能每次都能成功，但只有勇于去尝试，给自己试错的机会，我们才能在失败中总结经验和教训，为下一次销售提供思路。

5. 团结成员，融入团队

任正非说："一个人，不管他多聪明，他一生中也只能发出几次智慧的光芒，所有人员的光芒聚集起来，华为的未来就很光明。"

5.1 在团队成员的激励中进步

杰克·韦尔奇说："我的经营理论是要让每个人都能感觉到自己的贡献，这种贡献看得见，摸得着，还能数得清。"在工作中，员工都希望获得同事或上级的肯定，收获不同的荣誉和表扬，从而受到莫大的鼓励，在工作时更加充满热情和自信，自愿地为团队贡献更多的价值。

2013 年底，固定网络业务部很多员工分享了他们"印象最深的激励故事"，正是这些激励，让他们有了奋斗的动力，取得了进步。

曹帆（化名）有段时间工作压力非常大，因为所负责的项目时间紧、任务重，他每天都要加班到很晚，身心俱疲。一天，他的主管对他说："你最近压力很大吧，一定得注意身体，保持劳逸结合。这个项目是一个攻坚战，我看了你的策略与方案，组织得很好，你一直都是一个很有想法很有智慧的人，所以我也放心让你来负责这个项目。"听完这段话，曹帆深受感动，原来主管不仅关注项目的成功，也很关心团队成员的个人状态。接着，主管还给曹帆分析了项目情况，针对某些地方提出了针对性的意见。在主管的激励下，曹帆更加努力地工作，最终顺利地完成了任务。

罗晓（化名）是一名开发代表，负责国内 PON 市场翻盘的关键版本。一天，罗晓在会议上做完汇报后，市场代表提议为罗晓所在团队集体鼓掌，感谢他们的努力让产品取得了预期的市场成绩。罗晓深感意外，他之前参加过多次汇报会议，集体鼓掌这种特别的激励方式他还是第一次遇到。尽管鼓掌看起来不算什么，但却是对他们努力的一种肯定，当时罗晓就觉得之前付出的努力都是值得的。

由此看来，激励给员工工作带来积极的效果，它不仅可以提高员工的心理满足感，也能提升其工作效率。

人都需要认可和赞美，从而感受到自己的存在和重要性，否则精彩也就无从谈起。销售人员也是一样，团队成员的激励是促进销售目标达成的有效前提，也是帮助销售人员建立积极心态的重要因素。在团队成员的激励中，销售员不仅要让自己的工作井井有条，还要让自己的生活保持规律，不断地提升自己，使自己变得越来越强大。这种努力工作的态度，也会赢得更多成员的认可，享受到更多的激励。

5.2 尽心做事，赢得团队成员认可

在激烈的市场竞争中，只有恪尽职守、扎实肯干的人，才能取得进步，实现发展。尤其是在团队工作中，要想融入团队，成为团队的一分子，赢得大家的认可，就得处处用心，事事慎始而善终。

2012 年，华为消费者 BGCEO 余承东在与新员工座谈时指出，要想快速融入华为大家庭，就得尽心做事，赢得大家的认可。他说道："华为从一个很小的公司发展到今天一个大公司，任总坚持的最基本文化精神并没有改变过。我认为最重要的是在工作中坚持最基本的精神。以前我做普通研发人员，干完活就闪人，不会主动去想事情找事情做。后来做主管，需要有更多的责任感。任总很睿智，可能看到我的特点，把我喊到他的办公室，跟我说：'尽心与尽力的干部是不一样的。尽力的人就是你做了，尽心的干部是你能用心去做事情。'我以为他要说很多，但他说完这两句就让我回去了。十几年后，我担任欧洲区总裁时，有一天陪任总散步，聊起了这句话，我说这句话彻底改变了我的态度。我用心去思考工作该怎么去做得更好；我不断地改进，改变了整个团队的风格，我自己的做事风格也改变了。在华为大学学什么不重要，重要的是以后坚持什么样的精神和态度去做工作。我们所处的行业需要有深刻的理解力和洞察力，还需要付出比别人更艰辛的劳动，才能达到想要的境界。"

回顾华为公司的发展史，它之所以能够在短短的三十年内，完成从一个小公司到世界通信行业领头羊的转变，得力于一批又一批忠于职守的华为人。他们的敬业精神给了他们克服困难的勇气，突破了一个又一个障碍，从而取得了公司的信任，也让公司在市场竞争中占据了主动地位。

尽心做事不仅是一种工作态度，更要在具体行动上表现出来，销售人员尽心做事就意味着要与客户建立正确的价值交往，帮助客户成长；与同事和睦相处，建立良性竞争和合作；为上司排忧解难，承担责任，促进团队工作有

效开展。

5.3 与成员分享经验，共同进步

个人在总结经验教训后，要及时与团队其他成员分享，实现共同进步。以华为为代表的许多成功企业，无不极度重视群体组织的智慧，并引导人们积极地说出自己的想法。对于好的建议，予以接受，不好的建议，也肯定对方的努力，在最大程度上激发所有人参与经验分享的积极性，从而实现所有人的共同进步。

李泉明认为工作中勤于总结和分享是最重要的。首先，“勤于总结是你成为技术专家的唯一天梯。”很多人觉得总结很费时间，没有多大用处。但是在李泉明看来，总结可以看出一个人做事的思路、逻辑和方法，一个优秀的工程师必定是会做总结的。俗话说，好记性不如烂笔头。李泉明习惯每天将重要的数据、观点或结论记录下来，按时对这些记录进行整理和总结，形成系统性的文件。长此以往，不仅学到了更多的东西，也锻炼了自己的思维能力。

除此之外，李泉明还会把自己总结的经验和教训与他人分享。在有些人看来，分享自己的知识与经验是在培养竞争对手，如果别人懂得比自己多了，就会降低自己的价值。但李泉明认为，分享也是提升自己能力的方式之一，每次分享前，李泉明都会对自己总结的东西进行梳理，把它们归纳成一种可推广的思路和方法，这样又是学习的一个过程。另外，分享也是感受工作乐趣的另一种方式。当与他人分享，被别人夸奖和赞赏时，就会有一种快乐学习、快乐工作的满足感。同时，自己主动与他人分享，也能享受到他人的分享，这样就能有更多的收获。

勤于总结，乐于分享，不仅能够从分享中学习到知识，感受到快乐，也能够将自己的经验总结转化为团队和组织可以复制和传承下去的知识资产，体验成就感。华为还有很多这样乐于分享经验的人，网络技术规划优化专家谢志斌在3MS社区创建了“Radio Planning and Optimization Technical”团队，在网上与全球网规网优人员分享技术经验。另外，他还建立了一些技术交流群，实时为大家解决各方面的问题。

正是因为这些员工及时总结并分享自己的经验，才让团队成员甚至更多的人在工作中少走了许多弯路，减少了重复劳动，提高了团队的工作效率，为团

队绩效的提升做出了贡献。销售人员仅凭一己之力是难以获得大成功的，尤其是在大客户销售中，只有团结众人的智慧，共享信息情报与经验，才能更快地成功实现销售目标。

6. 认知与定位角色，共同进步

许多销售人员不能清醒地认识自己，常常让自己陷入失败者的自我意识，工作也受到了影响。所以，正确地认识自己是从事销售工作的重要前提。

6.1 构建良好的自我期望

当一个人能够客观地认知自己和评价自己以后，那么也就能够构建积极的自我期望，推动自己向着成功的职业生涯迈进。

心理学中有一个“皮格马利翁效应”，是指热切的期望与赞美能够产生奇迹：期望者通过一种强烈的心理暗示，使被期望者的行为达到他的预期要求。它又被称作“罗森塔尔效应”和“期待效应”，是由美国著名心理学家罗森塔尔和雅格布森在一次经典的实验后共同提出的。

1968年，罗森塔尔和雅格布森来到一所小学，从一至六年级中各选一批学生，煞有介事地进行一次“发展测验”。他们列出了一张学生名单，声称名单上的学生都极具潜质，有很大的发展空间。八个月后，他们又来到这所学校进行复试，惊喜地发现，名单上的学生成绩进步很快，性格更为开朗，与老师和同学的关系也比以前融洽了很多。事实上，这份名单上的学生是被随机挑选出来的。

实验证明，良好的期望会对被期望者产生重大的影响。这种影响实际上就是一种心理暗示，良好的期望自然会让期望者产生积极的向上力量，从而促使期望达成；反之，不良的期望会毁掉期望者的自信和热情，从而使期望不能达成。

刘新泽（化名）所在部门迎来了一位新主管，一段时间后，他发现新主管与部门其他同事都进行了深入交流，唯独没有找他。刘新泽心生疑惑：是自己哪里做得不好么？于是，有一天刘新泽忍不住直接提问新主管：“老大，怎么还没有找我沟通，我看你和其他人都已经沟通过，甚至都好几次了，我咋一次都没有，是我哪里做得不好，要放到后边重点整改么？”主管笑了笑，说：“以前，你我一起合作过，我非常了解你，你规划能力、执行力都很好，大家做事风格不太一样，有些人可能要经常提醒，有些人不需要经常提醒，自己目标明确，过程措施细致可落地，这样就没有很多风险，只要在关键点我及时关注一下，就可以快马加鞭。你属于后者，所以就没有过多和你交流。相信交给你的事情不会让我失望。看好你，加油！”知道真相后的刘新泽信心倍增，在主管的期望下，也构建了良好的自我期望，决心要努力工作，不辜负上级的信任。

可以将皮格马利翁效应应用到销售工作中。在一些著名的销售公司里，销售人员会通过相互给予赞美和期望的沟通方式，建立起一种良好的心理期望，促使大家更好地达成销售成果。在这种良好的氛围中，销售人员也会不断地进行自我暗示，构建和强化良好的自我期望，从而坚定信心，选择正确的态度，积极地投入销售工作。

6.2 做好职业定位和成长规划

美好的自我期望本身就是一种积极的情绪体验，通过这种体验我们可以清楚得知销售将为我们带来美好的未来，实现自我价值。接下来，我们将要把这个美好的目标步骤化、清晰化，即制订详细的行动计划。

因此，人们在工作中需要做好职业定位和成长规划，这是实现自我价值的基础。许多企业都特别重视员工的职业规划，例如西门子公司，该公司鼓励员工根据自身能力做好职业定位和成长规划，并在实际工作中按照这个规划一步步向前发展。管理层认为员工应该有充分的自主决策权来施展自己的才华，因此每个人都要制订一个完善的自我发展计划，例如公司的销售代表可以设计这样的职业通路：从销售代表做起，经过努力，不断地提升自己的能力，逐渐做到销售主管、区域经理、销售经理，甚至是更高级别。人们如果能给自己一个准确的定位，确定一个可达成的目标，可以更加专注于工作，并乐得其所。

曾国藩说：“凡全副精神专注一事，终生必有成就。”李泉明也是这样想的，要想成为一名专家，专注是必备素质之一。于是，李泉明给自己做了一个职业定位——专注于散热技术，引领行业。

在他看来，要成为一个领域的专家，至少需要十年的时间。这十年可以分为三个阶段：第一个阶段是学习期，在此期间，公司规模、平台价值大小以及个人收入多少都不是最重要的，重要的是努力学知识，提升和锻炼自己的能力。通过这个阶段的积累后，个人才能掌握专业所需的基本知识和技能，这时才能选择自己想要去的地方。因此，第二个阶段是提升期。在这个阶段值得注意的是，不能因为一点小成绩而沾沾自喜，就忽略了经验的积累和学习，而应该继续培养自己解决实际问题的能力，努力处理好每一个细节问题。第三个阶段是沉淀期。到了这个阶段，就要站在更高的视角来思考个人、企业和行业的发展，不断地拓展自己的知识宽度和深度，从而具备较强的综合能力。

设定职业目标可以给我们带来强大的自我推动力，推动我们挑战自我，实现目标。但在制定职业规划的过程中，要注意尽量少制定过于长远的规划，尤其是当今社会发展迅速，信息更新速度越来越快，过于长远的规划可能会脱离实际，不符合社会发展趋势。因而，销售人员要根据自身能力和现实情况，做好职业定位，并将理想目标分解成若干个小目标，一步步去实现。

6.3 朝着职业目标，努力奋斗

当我们做好职业规划后，就需要努力为之奋斗，才能实现成功。华为人在工作中，通过朝着制定的目标前进，实现了自身能力的提升，也获得了更多的成长机会，为企业创造了价值。

乌克兰代表处有一名特殊的本地司机——Grygoriy，他毕业于名校金融系，曾经从事过会计、政府税务检察官等工作，因为经济萧条的原因，只能去当一名出租车司机。一次，他看到华为在招聘司机，他也去报名了。在他看来，华为发展这么好，先去从司机做起，一定还能找到更好的机会。

于是，2015 年 5 月，Grygoriy 正式成为华为乌克兰代表处的一名司机。一般来说，司机只要按时接送工程师去各个站点就算完成工作了。但 Grygoriy 不一样，他想成为一名站点工程师，因此他总是和华为工程师一起，帮他们拿设备等机器，同时也向工程师们提问，并做好笔记。大家见他热情好学，也都愿意给他讲解问题。

在华为担任司机的一年中，Grygoriy 不仅在司机岗位上兢兢业业，而且逐渐了解和掌握了关于站点工程师的工作内容和相关技能。在不断地沟通和学习中，

Grygoriy 进步飞速，对于站点工程师所需的基础技能已经完全掌握了。

2016 年，正值乌克兰代表处招聘，一名被 Grygoriy 的工作热情感动的区域经理推荐了 Grygoriy。于是，代表处召集大家进行会议讨论。大家一致认为，任总经常强调，华为要从实践中选拔人才，不要过分看重员工的出身。因此，只要 Grygoriy 能够胜任这份工作，就应该选拔使用他。为此，代表处对 Grygoriy 进行了一系列的面试和考核。令大家意外的是，Grygoriy 对工作的熟悉程度甚至超过了一些华为员工。最终，Grygoriy 顺利地通过了公司的面试，成为华为的一名站点工程师。

当主管祝贺 Grygoriy 成为一名站点工程师时，Grygoriy 难掩激动："十年来我一直没在自己喜欢的岗位上工作，但当我第一次跟着工程师们上站点的时候，我清楚地意识到，这就是我寻找很久的梦想。能够实现这个梦想，是我勤奋好学的回报，也是项目组那么多愿意帮助我的人给予我的宝贵机会。"

由于一些客观原因，Grygoriy没能按照之前规划的职业路线发展，但是他没有放弃他的理想目标，反而更加努力，最终实现了成功。

工作激情决定了工作的主动性和积极性。工作热情高涨的销售人员，能够主动提升自己的工作技能，积极地克服销售困难，从而获得成功。销售人员可以通过树立更高的学习和销售目标，积极参与销售竞争，从而刺激自己的挑战欲望，激发工作热情。

7. 在实践中提高业务能力

任何工作能力的提升都离不开真正的实践，只有通过实践，才能检验出能力的不足之处，在不断改进和完善中实现成长。

7.1 要有抱负，向有经验的人学习

任正非指出："我们一定要加强中高级干部和专家的实践循环，在循环中扩大视野、增加见识、提高能力。中高级干部、专家和有追求的中低级员工，应该勇于到洪流中去，向一切有经验的人学习，当然也可以向市场人员学习，他们在战争的国家、艰苦的地区，不也是远离家人吗？既然胸怀大志，就要有相应的付出。"

不只是任正非强调要向有经验的人学习，还有很多著名的企业也非常注重这一点，例如宜家对销售人员的培训。

宜家家居是世界著名的家居卖场，公司的口号是“为大多数人创造更加美好的日常生活”。为了提高客户的生活质量，宜家在培训方面也是独树一帜。

在宜家家居，销售员需要在卖场中为客户介绍家居产品，校园教授式的培训方式并不适合宜家，因而宜家将培训活动从房间里面解放出来，让员工在卖场环境中感受培训。

宜家家居非常注重新老员工之间的交流工作。经验丰富的销售员将掌握的销售技能传授给新进销售员，在实际的销售活动中做示范。宜家的培训堪称是“每时每刻、随时随地”的模式，通过细心观察，销售员随时可以学到新的销售知识。

作为一家跨国企业，宜家家居需要员工尽可能掌握多门语言。销售员参加英语培训活动时，可以向公司聘请的外教学习，还可以去语言培训中心学习，最方便的莫过于在公司内部的环境中提高外语水平。

在瑞典总部，销售经理会被下派到其他地区，销售员可以向他们学习先进的销售经验，提高自身的销售技能，深入感受公司的企业文化。

销售是一项走出去的工作，宜家家居“每时每刻、随时随地”的培训方式也是一种走出去的培训活动，非常值得广大管理者学习和借鉴。

有经验的人知道如何快速激发自己的潜能，通过向他们学习，可以帮助我们在工作和生活中降低犯错误的概率，减少探索的时间，从而快速地达成个人目标，实现价值。因此，向有经验的人学习是一种更有效率的学习方法，也是销售人员快速融入团队的方式之一。

7.2 投入一线锻炼，不断成就自己

任正非强调：“在小国要苦练基本功，以考促训，没有上战场做英雄的决心，不要到艰苦地区来。工作量没这么大的地方，适当的考试是可以的。要在年轻，还没有走向航母，还没有走向高级领导之前，把基层的东西都搞明白了，将来指挥别人才是合情合理的。”

在华为，几乎所有的高层干部都不是直接提拔上去的，都有一段被“折腾”的历史。今年还是某个部门的总裁，明年就有可能成为区域办事处主任，

后年可能就要到海外拓展市场，在任正非看来，只有不断地投入一线锻炼，才能成长为真正的人才，实现个人的价值。

2013年是李雅平来到华为的第八个年头，她在子公司、地区部、机关等部门都工作过。她有过骄傲，也有过委屈，但她从来没有抱怨过，在工作中总是将任务放在首位。2005年入职时，她被分到了慧通公司的财务部。当时她感到有些失落，与她一起招聘来的，就她一个人去子公司。李雅平抱着既来之则安之的心态投入工作。在部门经理的带领下，她接手做预算工作。作为一名新人，她连Excel、PPT都用不好。于是，李雅平利用每天晚上的时间学习基本功。此外，为了做好预算，她一方面向部门的老员工学习核算，另一方面跟各业务部门频繁沟通以学习业务。在她的努力下，慧通公司的预算工作慢慢地建立了起来。对于这一段时间的工作，她最大的感悟是：多学，多问，多做。靠着这“三多”精神，在连续三个季度考评C后终于拿到了A。在慧通财务部工作两年后，她被派往了拉丁美洲。

海外第一站是委内瑞拉，第二站来到了墨西哥。当时，李雅平被任命为经营管理小组副组长。2008年经营小组完成了公司下达的经营目标。此时，她想拓宽自己的业务，主动申请到中美洲担任国家财务的工作。2009年初，她负责危地马拉等三个国家的财务工作。工作中，她发现三个国家的服务以及部分行政采购合同是以香港华为名义签订的，存在潜在的风险，同时也增加了子公司所得税成本。她及时推动变更，避免了公司的损失。因为这项工作，李雅平得到了地区部的表彰。2009年7月她又被调回墨西哥代表处。

2010年8月，李雅平被调回到机关预算管理部。这是大家公认的“苦衙门”，负责统筹整个集团的预算预测，负责集团三张报表的平衡，是公司预算管理的COE行管部门。但她能够放手投入到工作中去，跟以前相比能力上了一个台阶。看着身边一起来的同事，甚至来得晚的都陆续升为代表处的CFO、共享中心的经理等，李雅平在羡慕之余安慰自己，目前的工作岗位很重要，而且只要努力下去，公司就会提供机会。在2013年1月，李雅平被任命为流程IT管理部的财经部长。

李雅平通过在一线实战中迎接一切挑战，不断地锻炼自己，突破各种困难，从而积累了丰富的工作经验，提升了自己的业务素质。

面对销售工作，人们即使有可以参考和借鉴的经验，也要亲自探索和实践，才能使自己更快地成长，成功的可能性也会有所提高。

7.3 持续优化，构建自己的工作逻辑

能力提升是一个持续学习的过程，无论是向有经验的人学习，还是在实践中锻炼自己，都需要我们保持持续学习的能力，同时将学习到的知识内化为自己的经验，逐渐构建起自己的工作逻辑，优化能力。

有些人看起来工作很努力，但是工作效率却不尽如人意，就是因为没有构建适合自己的工作逻辑。在工作中，如果我们能够建立一套合理的工作方式，就能大大提升工作效率。

2006 年，Vichall Subhadu 加入华为，负责一个团队的日常付款。他认为："悲观者眼中，机会也充满了困难；乐观者眼中，困难中也充满了机会。"因此，他把工作当成展示自己的机会，主动学习，和团队成员一起努力完成各项任务。由于表现突出，几个月后他就被提拔为另一个团队的主管，负责两个团队的管理工作。作为两个团队的主管，Vichall Subhadu 一开始也觉得难度不小。但是，他仍然树立了强大的信念，持续优化自身能力的同时，不断地激励团队成员，因此赢得了新团队成员的认可和信任。

以前 Vichall Subhadu 喜欢同时做多个项目，并希望将它们都做到最好，因此需要经常加班到深夜，甚至周末也要经常加班，这样的工作状态让他感到很疲惫。后来，Vichall Subhadu 逐渐发现，工作时长并不能代表自己工作努力的程度，只能说明自己的工作逻辑没有建立起来，难以在工作和生活中建立平衡关系。为此，Vichall Subhadu 尝试对工作进行排序，优先完成最重要的工作，并找出自己工作效率最高的时间，最重要的工作就安排在该时间段完成，用最有效的方式完成最有价值的输出。当建立起这套工作逻辑后，Vichall Subhadu 的加班时间大大减少了，陪伴家人的时间多了，也逐渐感受到了工作的乐趣。Vichall Subhadu 表示："这一切都是聪明工作的方式，而我热爱这样的状态！"

经验可以优化我们的逻辑思维，而逻辑思维能帮助我们解决更多工作中的难题，更好地开展工作。销售人员如果能构建起自己的工作逻辑，拥有较强的解决问题的能力，自然就能达成销售目标，同时也会获得比别人更高的待遇。

第5章 快速成长和拔尖

机会是不等人的，尤其是在当今时代，优秀的人才有很多。人们只有快速成长和拔尖，才有可能抓住发展机遇，脱颖而出，拉开与他人的差距，实现个人的价值。

1. 对自己的成长负责

华为是一个可供人才自由发挥的平台，但能否得到成长，发挥出个人价值，还取决于个人是否能够为自己的成长负责。

1.1 华为只为个人提供平台和机会

华为曾明确表示会公开、公正、公平地面向所有员工招考基层干部，为所有员工提供平等的职业机会，鼓励所有优秀员工都尽快在公司找到能够发挥自己专长的岗位。同时，华为指出，华为为每一个员工提供了优质的资源、机会和发展平台，但能否抓住机会，在竞争中脱颖而出，要靠个人的努力。

所有的企业都是如此，但并不是拥有好的平台和好的机会就等于个人事业成功，能否成就一番事业全在个人愿意付出多少努力。

2007 年，华为的巴西团队迎来了一名新成员 Roque，Roque 是巴西本地人，因为不会说英语被友商裁员，应聘到华为做审图员。他刚进华为的时候因为这件事非常自卑，不爱和人交谈。

巴西团队的负责人田连族主动与这个陷入事业低谷的新员工接触，了解情况之后，田连族劝解 Roque 说："华为为你提供了一个发挥才智的平台，但是能不能把握住机会，要靠你自己。" Roque 自己也明白，因为没有通过努力填补自己的能力欠缺，才会被原来的公司清退，田连族更是让他从浑浑噩噩的状态中清醒过来。

自此，Roque 开始苦练英文，并且通过自己的努力从审图岗调换到技术岗。接下来的三年，他一直在技术岗勤勤恳恳地工作，并且多次主动申请取消休假，在项目紧急的时候，他曾连续一周熬夜到凌晨……Roque 充满了工作的激情，并且开始主动与人交流自己的看法，牢牢把握住工作中的机会，在三年中取得了可喜的成绩。

2009年，Roque已经能够说一口流利的英文，并且升职为巴西的设计业务经理，管理着11个区域近120人的设计团队。他在华为这个职业平台上实现了腾飞，重拾了事业信心。

Roque在华为友商工作的时候，不懂得抓住机会好好学习，快速成长，所以只能接受被淘汰的现实。

所有的企业都是一样，为了保证企业的竞争力，在招考中高层干部的时候，会选拔出竞岗员工中最有能力，且具备高度责任心的人才，那些能力不突出、工作态度不积极的员工很有可能被淘汰。因此，能否抓住机会取得事业上的成就全看个人能否利用好公司提供的平台快速成长。

销售人员更是如此。企业对其他岗位的员工要综合多个方面进行评价，但销售岗一向是业绩定成败，因此，销售人员更应明确一点，那就是公司提供的是平台和机会，自己要对自己成长负责。

1.2 个人成长的责任在自己

职场上常常会有人会抱怨和自己在同一起跑线的同事得到了公司的重用，自己却没有发展的空间。针对这种现象，华为高管尹绪全曾明确指出："华为员工一定要自己管好自己，要树立一个基本观点：即个人成长的责任在自己，不在公司，公司会提供资源和环境，但是学不学，怎么用，取决于你自己的主动性，真正的进步是要靠员工自己努力去提升。"

事实上，真正能够在事业上取得成就的人都是能够明确目标，并且高度自律的人。他们通过不断的学习和努力把工作的每一个细节都做到最好，逐步完善工作技能，让自己在这个过程中得到成长。

查理斯·施瓦伯是美国历史上首获百万美元年薪的打工仔。查理斯·施瓦伯仅在幼年时期接受过短暂的学校教育，很早就开始了打工生涯。

查理斯·施瓦伯18岁时，在钢铁大王卡耐基所属的一处建筑工地打工，但和其他追求温饱的打工仔不同，施瓦伯不甘于现状，他立志做最优秀的人。所以，在建筑工地常常可以看见在其他员工聚在一起抱怨建筑工地的种种的时候，施瓦伯一个人默默地认真工作，积累工作经验，并自学建筑方面的知识。

一天，同事们都在闲聊，施瓦伯一如既往地在角落里看书。这时，到工地检查工作的经理恰巧路过，发现施瓦伯正在看书，于是他翻开了施瓦伯的笔记。经理略微惊奇地问道：“你学那些东西做什么？”施瓦伯回答说：“我想我们公司并不缺少打工者，缺少的是既有工作经验又有专业知识的技术人员或管理者，对吗？”经理赞同地点了点头。

很快，施瓦伯就因表现突出被升为技师。25 岁那年，施瓦伯成为这家建筑公司的总经理。

从查理斯·施瓦伯和他的同事不同的工作状态可以看出，一味地抱怨或满足于现状，是百害而无一利的。真正能够在事业上取得理想成绩的人都是能够一点点积累专业知识和工作经验，不断成长的人。

销售行业的人更是如此，销售本身就是一个相较于其他工作更需要不断挑战自我，不断成长的工作。如果销售人员能够主动改变陋习，积极地投身工作，不断成长，那么工作业绩自然会大为提高。

1.3 奋斗的背后是希望和快乐

华为创始人任正非曾笑称华为给员工最多的是“苦”，他认为员工在艰苦奋斗之后，不仅能够改善自己的收入，还能够有工作成就感，并且因为与公司朝一个方向前进，能够对公司的未来有信心。这些都是奋斗之后收获的快乐和希望，也是吸引员工长期在华为工作的关键。

要获得这种工作成就感和对事业的希望，很多时候取决于员工能用正面积极的心态看待“奋斗”这件事。

华为台湾地区代表处的樊方莉是一名女客户经理，客户经理这项工作，对于员工来说，在心理上的煎熬和身体体力上的损耗都非常巨大。尤其是在以男性为主的通信市场，作为一名女客户经理，樊方莉要付出加倍的努力才能在事业上有所突破。

但樊方莉没有因此就气馁，而是用女性的细腻和贴心为客户提供更贴合客户需求、更有信用的优质服务。对于客户的任何问题，樊方莉都会在第一时间记录下来并且立即追踪处理，并且为客户量身定制一整套解决方案，让客户感受到她的用心。樊方莉非常懂得在细节上让客户体会到她的认真，比如，有些客户基于宗教信仰在餐饮方面特别注意，她就会格外留心对方的要求。她甚至知道客户对哪些食物过敏，会特别注意因为客户身体原因完全不能碰的食物。在其他方面她也会针对不同的客户制定不同的服务方案，比如，曾有一名客户高层特别喜爱某个牌子的甜食，樊方莉在国外出差时就会专门买回国并寄送给客户……她会关注客户的方方面面，也因为她的努力和付出，她连续两年获得客户满意度第一名的金牌客户经理奖。

事实上，这也是基于樊方莉的工作心态，她认为工作时一定要坚信自己在奋斗后会收获喜悦和成功，坚定信心去努力拼搏，一定能够将自己的事业梦变为现实，而她也的确在艰苦奋斗之后，在事业上取得了一定的成绩，感受到了辛勤工作带来的成就感。

华为的高级管理顾问田涛曾表示华为能够让那些80后甚至90后投身于“枪林弹雨”中，在极端艰难环境下艰苦奋斗，是因为奋斗的背后是希望、光明和快乐。他说：“什么样的力量支撑着那些年轻的华为人，那些年轻的男孩和女孩们，去接受如此的风雨、如此的挑战、如此的不容易？我想，无非面包与诗，鲜花与使命。”

很多时候，销售行业的工作者面对各行各业的客户要快速找准切入点开展工作不是一件易事，面临的工作环境也会非常艰苦，所以，销售人员更应该以积极的心态对待工作，坚信奋斗之后迎接自己的是希望和快乐。

2. 加倍努力，快速成长

任正非提出“一周只工作40小时，成不了专家”。这也是华为人成功的重要原因，华为人坚持长期艰苦奋斗，通过加倍努力，实现快速成长。

2.1 设定目标，挑战自我

1967年，美国心理学家洛克最先提出了“目标设置理论”，洛克认为目标本身就具有激励作用，正确的目标能把人的需求转变为动机，让人们朝着实现目标的方向采取行动，并且在努力实现目标的过程中不断根据最终目标调整和修正自己的行为，从而挑战自我，实现目标。

华为将这一理论应用到员工管理上，要求每个员工都设定工作目标并且朝着目标方向努力，挑战自我，快速成长。

2014年，林建东（化名）加入华为，成为财务部的一员，工作一段时间之后，他就为自己设定了一个看似难以实现的工作目标——把FRCC（财务风控中心）"消灭"掉。

林建东之所以设定这个目标，是基于华为的财务部现状以及他个人对财务工作的理解，他想要挑战自我，帮助华为完成财务变革。林建东表示如果能够搭建一个风险防范体系，将这个体系的方法论充分赋能给一线业务部门，业务部门自身就能够拥有风险防范控制能力，能够将风险管控工作做好，那么也就不需要公司再特别设立FRCC（财务风控中心）了。

林建东首先引进了西方公司的先例，在做财经变革时，借鉴西方企业的成功案例，将员工一分为二，一部分做财经流程，一部分做决策支撑。让财务部门和一线团队并肩作战，让财务部门的员工积极地参与业务活动的方方面面。这样一来，财经部门的员工就能够在拥有专业的财经技能同时，对业务痛点理解得更深刻，一线团队也能够重视财经部门的建议，从而实现端到端流程拉通协同，降低系统性风险。

林建东在实现目标的过程中完成了多次自我挑战，实现了多次财务变革。林建东也因此成为华为的FRCC资深财务专家。林建东表示还将朝着目标持续奋斗，不断挑战自我，继续成长。

从林建东的工作经历可以看出，有效地设定目标可以带来强大的自我推动力，推动员工不断挑战自我，实现目标。

销售人员更应该有设定工作目标、不断挑战自我的意识。对于销售人员而言，业绩就是一切，设定工作目标能够牵引销售人员产生想要达到目标的成就需要，从而促使销售人员不断挑战自我，在实现目标的过程中完成高业绩。

2.2 敢想敢做，"菜鸟"先飞

想要成为一名金牌销售，就要敢想敢做，让自己能够朝着期待的方向充分发挥自己的主动性、积极性和创造性，实现自己的事业理想。

2014年，陈宇杰应届毕业之后成为华为路由器与电信以太开发管理部的一名软件工程师。新人培训之后到部门报到的第一天，部门主管召开了部门座谈会，并对这些刚刚加入华为的新员工说："咱们部门需要选3个人出差成都接一个重要的业务，谁想去？"陈宇杰没想到刚入职就有机会出差承接重要任务，他认为自己必须要抓住这个难得的机会，于是他立马举手表示自己愿意成为那只先飞的"菜鸟"。于是，正式入职的第二天，陈宇杰就飞往了成都。

当时陈宇杰参与的项目刚进入开发阶段，这让他能够有机会从头参与整个项目。为了能够尽快融入项目组的工作环境中，他挑了个离公司最近的酒店，每天最早到岗学习，巩固和实践前一天学的内容，晚上回到酒店就复习所学到的内容。在陈宇杰的努力下，不到一个月他就正式参与到版本研发中。

工作到第二个月的时候，项目组需要开发一个特性，陈宇杰主动请缨，成为特性经理，独立负责特性的开发调试。虽然最初因为经验不足被版本经理批评，但陈宇杰不断翻看资料，不断主动向版本研发专家请教。夜以继日地学习一个多月之后，陈宇杰负责的小特性顺利交付。陈宇杰更是敢想敢做，带领项目组成员在四个月内成功地完成了项目承接，而陈宇杰也成为PL（项目经理），实际上很少有应届毕业生能够在一年内做到PL，陈宇杰做到了。

陈宇杰不因为自己是个职场新人就心生畏惧，而是勇敢地去争取机会，做自己想做的事情，也因此从一名应届毕业生迅速成长为项目经理。可见，只要想做、敢做，在职场上没有什么不可能。

销售行业的竞争远比其他行业激烈，销售人员更应该有这种"菜鸟"先飞的意识，只有在短时间内迅速适应岗位，才能飞得更高更远。

2.3 业精于勤，功成于拼

古人云："一勤天下无难事。"销售行业是一个需要不断投入时间、精力去拼搏的行业，甚至是一个没有休息、永不停歇地为客户服务的行业。销售行业也是一个回报率非常高的行业，在这个行业中，只要勤奋，就一定能够有所收获。所以，销售人员想要事业成功，就一定要有吃苦耐劳的奋斗精神。

1997年，杨文池加入华为，成为一名产品经理。在此之前，他曾是一家公司的客户经理，所以他有着娴熟的谈判技巧，能够精准地把握客户关系。但是在华为的产品部，杨文池原本的优势并不能解决客户的所有需求，给客户的专业技术支持和完善的解决方案是杨文池需要进一步学习的内容。

为了能够尽快在新的职业环境中取得好成绩，杨文池不断学习专业知识和技能，对待工作兢兢业业，也正因为他的努力和付出，他签下一个又一个合同。当时，为了帮助华为突破交换机在国内的最后一个堡垒——江苏，杨文池很长一段时间内每天的工作时间超过十二个小时，在他夜以继日地奋斗之后，华为终于占领了整个苏锡常地区，杨文池也因此从产品部主任被提拔到云南做销售副代表，完成了从产品线到客户线的转身。

在接下来的7年，杨文池带着销售团队的成员四处“攻城略地”，为所在地区奠定了良好的市场格局。杨文池能够获得这些成就，是因为他在加班中度过无数个彻夜不眠的日子，甚至连续十几天高烧不退仍坚守岗位。杨文池在职场上获得巨大成功之后，说道：“成功并不能用一个人达到什么地位来衡量，而是依据他在迈向成功的过程中，到底克服了多少困难。”

《尚书》中说：“天道酬勤”，意思是勤奋坚持的人终会有相应的回报。所有的奋斗都离不开脚踏实地的勤奋工作，只有坚持努力才能离目标越来越近，最终实现目标。

销售人员所获得的报酬和取得的成果，与他所付出的努力有不可分割的关系。所以销售人员要谨记：业精于勤，功成于拼，付出是一定会有回报的。

3. 坚持完善自身能力

销售人员要想拿下订单，就要用出色的业务能力打动客户。因此，销售人员应该根据客户需求不断调整自己的学习计划，不断提升自己的能力，增加自己的竞争优势。

3.1 保持旺盛的工作精力

华为不是一味地要求员工通过加班来实现工作输出，而是鼓励员工能够保持旺盛的工作精力，在最短的时间内实现有效的工作输出，而不是浪费时间和精力做无用功。正因如此，华为人总能在很短的时间有质量地完成一项工作，并且长期保持对工作的激情。

2012年，一直在华为一线奋战的曾勇军接到了一个新的项目，客户提出华为要在一年内帮助客户增长40万无线宽带新用户。按照当时每月一万的新增用户的增长速度，这对华为的业务团队无疑是一个巨大的挑战。在所有人都愁眉不展的时候，曾勇军给大家鼓劲，并以饱满的工作热情带华为团队一起为实现目标而努力。

曾勇军在接下任务之后，就分别向机关、研发存量经营等多个部门的专家求助，并且向公司申请了战略预备队的研发队员来协助一线工作，在曾勇军的积极筹划下，华为后方对一线形成了有效支撑。

布好局之后，曾勇军就开始带领华为团队全面开展工作。为了做好站点规划，曾勇军和团队成员一起确定了精准规划站址需要的步骤、工具、数据，包括现网热点数据、收入数据、固网宽带数据、住宅等各方面信息。为了扩大客户的站点覆盖范围，帮助客户吸引更多有能力为网络买单的优质用户，曾勇军还回溯了客户以往的规划过程，精确定位出改进点，并在这个基础上改进工作。此外，因为曾勇军时刻保持着工作激情，他还发现了一个极易被忽略的细节——因为人工筛选的偏差导致的用户数量多和流量大的郊区和小城镇被排除掉，曾勇军将这些区纳入覆盖范围之后，华为团队开始全面建立站点，改善现有用户的体验。

最后曾勇军带领华为的团队将超过100个站点加入客户的建设名单，预计能够帮助客户快速扩充新用户团队。

可以看出，曾勇军之所以能够快速解决问题，完成工作任务，是因为他每天都保持饱满的工作热情投入工作中。

这正如爱默生所说：“你缺乏的不是工作能力，而是激情！不倾注激情，休想成就丰功伟绩。”销售是非常需要投入精力的行业，销售人员精力充沛地工作一小时比身心俱疲地工作一整天的产出还要多。因此，销售人员要想实现自己的工作目标，达到高业绩，必须保持旺盛的工作精力，提升工作效率。

3.2 根据外界需求不断提升能力

任正非曾说，正是因为时代不断进步，外界环境不断变化，华为公司才能得以持续不断地发展和进步。销售行业的工作者要想不断进步，提升自己的竞争力，不仅要掌握行业知识，还要根据外界需求不断提升个人能力，才能够赢得客户的信任，获得客户的订单。

2004年，艾婧婧成为华为客服中心的一名员工，因为从来没有接触过通信行业，她对华为的设备非常陌生，甚至没见过维护界面。但是当时客服中心人力不足，艾婧婧接受了一个星期的技术培训之后就开始签入座席受理客户问题。

最初艾婧婧接触客户的时候因为没见过故障现象，也没有接受过相关的培训，有一次通过电话指导一个客户处理问题，耗费了很长的时间仍然无法帮助客户定位问题。客户非常生气地喊道："你到底会不会啊？不会给我找其他人，怎么这么简单的问题都搞不定？"

艾婧婧面对客户的质问无言以对，只能诚恳地道歉并且整理好自己的情绪投入到专业学习中。从那以后，艾婧婧针对职业所需的专业知识和客户所需要的相关服务制定了一整套学习方案，不仅将技术资料打印出来订成厚厚的册子，每天阅读并用笔标记，还会在下班之后复习册子上的内容直到深夜。

半年之后，艾婧婧的学习册子都被她翻烂了，但是其中的资料内容和图解都已经被她深深地记在了心里，碰到客服中心话务台、IP超市等相关问题，她都能够轻松解决。有一次，客户来电反馈话务台的故障，因为着急态度非常差，艾婧婧接到电话之后耐心指导客户行动，彻底解决了客户的问题，客户的情绪也逐渐好转。后来这个客户还主动致电道歉，说："最近话务台设备总出现故障，所以就把情绪带到了通话中，但你们工程师非常专业，非常耐心地协助我处理并最终解决了问题，让我非常感动。"

艾婧婧在不断的学习中提升了自己的各方面的能力，最终赢得了客户的认可，并从一名什么都不会的职员成长为处理话务台问题的专家。

销售人员在面对客户的时候，如果只是相关的行业知识过硬是无法打败竞争对手，第一时间进入客户视线的，只有根据外界需求不断补充各个方面的知识，提升自己的能力，才能够在与竞争对手的比拼中，始终占据优势地位。所以，销售人员要时刻注意提升自己，坚持完善个人能力，以适应各个时期客户的不同需求。

3.3 掌握关键技能，增加竞争优势

众所周知，华为的企业文化中有一条是"以客户为中心"，这也正是华为能够在众多西方老牌电信企业的"围剿"下突出重围，在市场上站稳脚跟的重要原因之一。相较于其他企业，华为能够快速响应客户的需求，争取更多客

户，而西方企业反应速度普遍较慢，这样一来华为的优势就凸显出来了。

对此，任正非曾经要求每一位员工都能够针对客户需求，快速找准对方的痛点，在竞争中取得胜利，他说："以顾客为导向是公司的基本方针，为了满足用户的要求，我们还会做出更大的努力。"快速找准客户痛点，打动客户的关键，就在于职员能否在关键时刻发挥出关键技能，帮助客户解决问题。

2015 年，李玮奇硕士毕业入职华为，在新员工培训结束之后就接到人力资源部门的通知："你被外派到北非地区部，常驻马里。"李玮奇带着对未来的憧憬落地马里，但是现实并不尽如人意，他遇到的第一个也是非常关键的难题就是语言。马里的官方语言是法语，当地的民众英语教育普及度低，这也就意味着李玮奇和客户之间的交流有很大的障碍。

李玮奇在工作一段时间之后，发现语言已经成为影响他工作效率的最重要因素。每次与客户开会的时候，客户都是通过法语来与华为团队沟通。李玮奇只能依靠本地员工做翻译，但是这种方式效率极低，并且在信息的来往过程中会出现偏差，导致双方无法就一件事达成共识。尤其是遇到紧急的项目的时候，李玮奇的想法无法有效传达给客户，往往耽误太多时间在沟通上，项目就这样被拖延耽误。

为了能够更好地和客户、友商沟通和配合，大幅提升工作效率，李玮奇决定要掌握法语这个关键语言技能。为了能够快速学会用法语沟通，李玮奇利用睡前半个小时、往返站点的路上等工作之余的所有碎片时间背单词、学课文，再加上当地天然的语言环境，李玮奇能够随时随地和当地人学习交流。李玮奇还在网络学校购买了法语课程，并且专门从国内购买了一整套学习教程。

十个月的努力之后，李玮奇已经能够用法语和当地人无障碍交流了。恰好当时马里举办每年一度的法国与非洲国家的高层论坛峰会，有 30 多个国家的元首、领导汇聚一堂，讨论新一年的发展方向，这个峰会的重要性不言而喻。

华为作为峰会项目的参与者，为峰会提供网络保障服务。但是峰会的前一天晚上 6 点，出现了一个意外情况，客户要求华为在第二天早上 8 点以前将额外的 100 台固话机接入现网，让这些固话机能打通本地、国际电话。突如其来的变故完全打乱了华为的保障计划，尤其客户在电话中表述自己的要求的时候，因为语言障碍华为工作人员无法弄清客户的需求。李玮奇当即接过电话和客户对话，在反复沟通之后，终于完全明白了客户的意思。李玮奇立即向华为团队转述了客户的要求，并且快速组织团队解决数通问题，在当天凌晨 2 点钟成功打通路由。按照客户所说的那样，代表处核心网专家仅花了半个小时，就完成了剩余的配置工作，100 台固话机测试通过，顺利启用！

李玮奇通过自己的努力掌握了在马里拓展业务的关键技能——法语，并且借助法语这个关键的桥梁，顺利地消解了客户的疑虑，帮助客户解决问题，提升工作效率，增加竞争优势。

这也是每一个销售员应该努力的方向，客户选择在一个销售员手中购买产品的时候，除了产品本身，尤为关注销售员能否及时为自己提供有效的服务。要能够为客户提供有效的服务，就要掌握针对性的关键技能，在客户有需要的时候第一时间解决客户的问题。

4. 强化专长，增强自信心

除了出色的业务能力，销售人员对业务的理解程度，以及自己对业务的熟悉程度，也会影响自己对职业的信心。而销售人员的自信是拿下客户赢得订单的关键因素，所以，销售人员要不断强化专长，增强自信。

4.1 保持头脑清醒，深刻理解业务

任正非常强调，唯有头脑清醒、能够深刻理解业务的人才是高效的贡献者。在他看来，唯有对业务有着深刻的理解，才能够对业务贡献出自己的专业价值，保证高效的输出。非专业的员工往往缺乏梳理工作流程的能力，无法将厚重的报告材料简单化，不能很好地完成工作。

因此，华为号召所有员工都要保持头脑清醒，能够凭借自己对业务的深刻理解贡献出自己的专业价值，从而实现高绩效输出。

2013 年，华为 2012 实验室成立了一支“猛虎队”，专门用于提升终端智能机质量。彭朝被安排到“猛虎队”中负责构建质量数据体系，围绕构建质量数据系统以高效获得数据，支持“猛虎队”更好更快地处理业务。

当时，与华为合作的各个 EMS（电子专业制造服务）工厂的生产故障率和误判率都非常高，再加上要定位出故障产品的故障点难度较大，很多问题都难以解决。

而导致这些问题的关键在于工厂无法提供生产过程中的质量数据，没有数据就意味着不可能定位出故障产品的质量问题，也无法将故障产品及时送去检修。

基于对业务的理解，彭朝认为工厂需要建立一套完整的生产过程质量数据系统，使得数据能够被“生产”出来。彭朝将自己的想法告知领导，并且得到了终端工艺部部长孙福江的支持。于是，彭朝很快就将泛网络产品的生产质量管理方法移植到工厂中，果然解决了生产过程中的质量数据难以获取的问题。这样一来，华为“猛虎队”不仅能很快获取数据，还能够根据这些数据去改善问题，优化业务。

基于彭朝对业务的深刻理解，华为“猛虎队”才能找到业务的突破口，又快又好地开展工作。

这对于销售人员而言也是非常重要的能力，对业务有深刻理解的销售人员，能够保持头脑清醒，不断收集有效信息，并且找到其他的有效资源，合理调动这些信息和资源，发挥出这些信息和资源的价值，吸引客户的关注。所以，销售人员要保持头脑清醒，深刻理解业务，快速找准客户的需求点和个人工作的改善点，迅速找到自己的工作重心，突破客户，赢得订单。

4.2 不盲目遵从，对业务有自己的想法

任正非经常会提拔一些对于企业运营、业务发展有独特想法的人才。在他看来，要能够吸引客户，帮助企业拓展业务实现快速发展，就不能和其他企业提供一模一样的服务。他认为往往是员工对工作的独立思考，让客户发现他的可取之处。因此，华为反对完全遵从的工作状态，而是鼓励员工能够独立思考，对自己的工作有一定的想法，能够为客户提供更有建设性的解决方案，为自己、为华为赢得更多发展机会。

2005 年，杨波开始支持海外重大项目交付，在支撑非洲 N 国 MTN 搬迁项目完成搬迁之后，他发现根据话务统计，客户的整网话务量只有原网的 60% 左右，这也造成客户强烈不满，客户明确要求华为在一个月内解决问题，否则项目合作要终止，还要对华为处以高额罚款。

杨波立即带着华为支持组的员工赶到现场，此时华为已经接受了客户提出的由于覆盖下降导致话务吸收损失这个思路，并且准备按照以往的扩容的方式解决这个问题，这也就意味着华为承认了是设备性能的原因造成覆盖下降，责任在华为，

公司将损失上千万美元。

杨波在现场检测一番之后，认为真实情况并非如此。于是杨波立即带着故障定位组前往测试站点重新检测实际覆盖情况，凭借杨波多年来对公司产品性能的了解和自己的业务能力，他找准故障点检测问题所在。最终华为团队发现覆盖并不弱，而且终端客户的主观感受非常好。杨波认为话务统计中剩余的40%话务量一定是统计误差，于是他找齐了一套基站硬件下站做硬件对比测试，最终发现由于话务统计打点方式和设备存在差异，导致了统计误差，最终造成了“话务量下降”的假象。

杨波立即带领团队帮助客户修正了统计方式，客户的指标立刻恢复到搬迁前，一举赢得了客户的信任，顺利开展了后续的工作，成功交付。

杨波对业务有自己的想法，能够不遵从公司固有的解决问题的方式，根据实际情况对业务进行分析，根据个人的业务经验思考解决方案，最终力挽狂澜，避免公司损失上千万美元。

对于想成为金牌销售的销售员而言也是如此，只有主动思考，不草率、不盲目地遵从执行，才能真正为客户提供直击痛点的服务，真正解决客户需求，拿下订单，与客户建立合作关系。

4.3 向优秀客户学习，提升专业性

销售人员在为客户服务的过程中要注意到，客户才是使用产品的专家。客户提出产品的使用情况、对产品服务的反馈信息以及对不同产品的看法，销售人员应该关注到客户需求，并从客户表达的观点中学习到改进产品、改善服务的方法，进而提升自己的专业性，提高客户满意度。所以，所有销售人员都要培养从客户处学习的习惯。

黄宇飞（化名）是华为的GTS方案架构工程师，他表示自己每一次承接项目都能够在客户身上学到很多东西，并且在一点一滴的积累中提升自己的专业性，为客户提供更专业的服务。

黄宇飞曾负责过一个非常重要的德国电站搬迁项目，这是大T德电集团的本国子网项目，不管是对华为来说还是对客户而言，市场地位毋庸置疑。

在项目开展之初，华为项目组花了近半年时间与德国客户在一起讨论交付策

略和流程，谈主计划和技术方案，开了上百次技术澄清会……当时黄宇飞呈交给客户的一份 HLD 文档在客户的“较真”之下前前后后修改了不下 10 遍，每一次将新的文档送交客户，客户都会将修改过程和修改原因准确地写进版本修改记录列表，以保证文档的可追溯性和可读性。德国客户这种严谨细致的工作态度最终换来了高质量、可持续的搬迁流程和计划，而德国客户制订的项目计划最后被近乎无偏差地精确执行并得以交付。

黄宇飞在这个过程中意识到德国客户对工作抱持的工匠精神和一丝不苟的工作态度，是他们能够精确执行实现工作目标的重要原因。于是，黄宇飞向这些优秀的客户学习，认真聆听客户提出的建议，按照客户的标准满足客户的全部需求，并且在这个过程中不断提升自己，最终帮助客户在项目规定时间内完成了总数达 1.2 万个物理站的搬迁项目，在完成项目工作的两年间没有接到客户的投诉和抱怨，而是得到了客户的赞赏和认可。

黄宇飞向德国客户学习到了对待工作要有严谨性和专业度，这种工作态度也指引他不断提升自己，最终黄宇飞成为 GTS 方案架构五级专家，并且获得了“2013 年 GTS 全球专业技术领军人物奖”。

可以看出黄宇飞从德国客户身上学到了对质量近乎严苛的追求和一丝不苟的专业精神，这使得黄宇飞和华为的技术团队能够以如临深渊的心态来对待每一个技术细节，用严谨细致的态度去制定流程和规则并严格执行，最终获得了客户百分百的满意度。

销售人员也要懂得向优秀客户学习，提升专业性，以更好的服务提升客户的满意度。销售人员从客户身上学习到的内容，不仅能够帮助自己顺利完成与客户的合作，也能使自己在以后的职业生涯中更为强大，吸引更多客户。

5. 勇于担责，磨砺自己

任正非说：“任何一个时代的伟大人物都是在磨难中百炼成钢的。缺点与错误就是我们身上的渣子，去掉它，我们就能变成伟大的战士。”也就是说，在职场上，所有人都要勇于承担责任，在困难中磨砺自己，实现成长。

5.1 对事负责是一种美德

美国前总统、五星上将艾森豪威尔的母亲曾教导他：“各人手中的牌都是上帝所赐，所以谁都不可以反悔。要把握住每一张牌，要对你手中的牌负责，要对任何事负责！”艾森豪威尔也正是因为坚持对一切他该负责的事情负责，才最终成为美国总统。

正如艾森豪威尔的母亲所说，对事情认真负责的态度对于每一个人都是非常重要的，试想如果每个人都没有责任心，世界的运转都将会出现问题。在职场上每一个职员恪尽职守，对事负责，才能保证企业的正常运作。

2003年，杨波入职华为成为一名会计，刚从学校毕业的他对于华为的业务和工作方法、人际关系等各方面的认知都比较肤浅。同时，在做基础的会计工作的时候，因为感觉这项工作不需要太多的“技术含量”，杨波觉得自己在这个岗位上没什么发展空间，所以他开始消极怠工，对自己的工作极其不负责。因为没有工作责任心，杨波加入部门很长一段时间绩效都排在后列，主管发现之后找到他说：“日常工作做得不扎实，部门怎么会放心交给你更多的责任……”

主管的一番话点醒了杨波，他转变了心态，开始认真积极地工作，努力把部门分配到手里的工作扎扎实实地做好，在每天完成工作之后回想自己的不足之处，希望下次能够做得更好。并且他认为自己对部门的整体完成情况有责任，积极为周边的同事提供帮助。

因为杨波出色的工作能力和认真负责的工作态度，上级领导对他赞不绝口，并且给予了杨波很多重要且富有挑战性的工作机会。也正是因为杨波对事负责，能够踏实工作，最终成长为华为的账务五级专家。

可以看出，杨波的责任心让他能够取得上级领导的信任，从而获得更多的工作机会，实现自己在职业上的理想。对于想在职场上取得一定成就的销售人员来说也一样，只有对自己的工作负责，并且努力付出，才能取得更好的工作成绩，获得更多成长机会。

5.2 不断承担责任，积蓄正能量

在任何企业中，员工的身份都应该是双重的，一个是岗位界定的身份，比如项目经理就要完成项目经理的职责，一线销售就要完成销售员的职责……因为岗位身份是有差异的，所以各个岗位的职责有差别。另一个身份是所有员工作为公司的一员，对企业的荣辱兴败都应该承担一样的责任。也就是说，职场员工不仅应该对个人负责，还应该秉持对公司负责的态度，不断承担责任，积蓄正能量，并且传递正能量。

2006年，华为哈萨克地区部召开了第一次年中会议，时任代表因为意外事故住院，新的代表还没到岗。在这种情况下，代表处的20多名员工要组织好地区部40多人的会议，招待好与会的各片区和地区部的领导并非易事。再加上当时一名被解雇的本地员工因不满而四处滋事，更是给这个工作增加了难度。

地区部的刘影是个刚到岗半年的客户经理，虽然这一切与她没有太大的关系，但是她主动承担起照顾住院的原代表的责任，并且主动联系当地的中资公司的律师，协助解决本地员工的离职纠纷事件。同时，为了做好地区部会议的接待准备事宜，她在本职工作之外投入大量的精力和时间来协助代表处。

实际上，没有人要求刘影做这些事情，但是刘影认为自己作为华为的一员，有责任和义务帮助公司解决这些问题。就这样，刘影带着这份责任心，每周在相距一千公里的两个城市之间奔波，抽出时间悉心照顾伤者，又马不停蹄地回到代表处协助处理日常事宜。此外，为了能够做好会议接待的准备工作，保证代表处正常业务不中断，她经常加班到凌晨两三点……因为过度紧张和劳累，刘影在新代表到任之后就病倒了，但在她的努力和各方的帮助下，所有的工作基本上都已经解决了。

刘影在哈萨克一待就是三年多，虽然本职工作是客户经理，但是哈萨克各地都留下了她奔波的身影，她总是主动帮助代表处处理一些内部管理和外部遵从方面的工作，不需要任何人吩咐或要求，她就会自动自觉地出现在需要她的地方。刘影这种勇于担责的精神也影响了代表处的其他同事，代表处的各个员工都能在职责之外，帮助组织的其他成员解决工作中遇到的问题。

2008年，因为刘影的工作责任心和工作能力，她被主管推荐到亚美尼亚负责法电的一个项目，刘影欣然而往。2009年4月，刘影又被推荐到格鲁吉亚办事处全面主持工作。在多地辗转之后，刘影的专注和责任心帮助她逐步完成了向管理者角色的转身。

在刘影不断承担责任的过程中，她提升的不仅仅是工作技能，她还锻炼出将团队的各成员凝聚在一起的能力，并且在协助其他组织成员完成工作的同时，也提升了自己的统筹规划能力……更重要的是她将自己积蓄的正能量传递出去，影响了整个团队的工作面貌。

作为销售人员，更应该重视团队的力量，除了对自己的本职工作负责之外，要学会在团队中承担更多责任，带领整个团队朝着目标前行。

5.3 反对唯唯诺诺，明哲保身

任正非说："明哲保身的人就是最自私的人。"他认为华为人不能因为害怕损害个人利益就唯唯诺诺，选择明哲保身，而要做到实事求是，坚持原则，对工作负责，对公司负责。

为此，管理层提出，在华为，每一个人都只有一条发展之路，就是通过一个责任贡献的达成，来实现另一个责任贡献的承担。也就是说，华为员工未来的发展需要自己承担起工作责任并且成功，进而发展到下一步承担更大的责任，取得更大的成功。

2009年，华为测试部的李道功（化名）参与某产品版本的开发及生产支持工作。由于项目组的工作是在实验室开展，经常会出现低温环境引发的设备异常情况。最初测试部的员工在实验室发现设备出现故障的第一反应就是推诿责任，那时最常挂在他们嘴边的一句话就是"这不是我的问题"。

所以，实验室经常会有一堆人围着温箱检测故障情况、分析故障现象，或更改软件设置，但最后所有人都会不约而同地表示："这不是我的问题。"并且还能找出一堆证据来证明自己的"清白"，这也使得李道功无法测算出问题出现在哪个环节。每次出现故障，所有功能模块都会迅速摆脱自己的"嫌疑"。项目组成员这种明哲保身的做法，给产品的开发造成了很大的困难。李道功提出所有的项目组成员都要摒弃自私的"自保"行为，把产品开发工作的每一个环节当成自己的责任。于是，李道功在下一次产品出现输出功率异常的时候，组织项目组所有成员在一起排查故障的各种原因，在否定功放、软件造成问题的可能性之后，屡次摸索，最后发现原因是首次使用导致盲插连接存在不稳定性。最终问题得以顺利解决。但李道功在随后的工作过程中发现每当项目组出现各种问题的时候，所有项目组成员都会把问题归咎在盲插连接上。这样互相推诿责任的现象最终导致项目进展缓慢，李道功只好想了一个解决办法，就是发现问题之后把两路功放对调，只要故障不再次出现，并且跟着通道走，那么就和功放没有关系，才能证明“不是我的问题”。

李道功带领团队花费 5 个月的时间顺利完成了这个重点项目，产品也顺利地通过了验收。回忆起这段经历，李道功称除了技术上的提升，自己在心态上的转变尤为明显。李道功认为对于任何员工来说，永远都不能轻易说“这个不是我的问题”，也永远不要抱着推诿的态度对待问题。

从上文可以看出，华为项目组能够顺利交付是因为李道功引导项目组成员反对唯唯诺诺、明哲保身的工作状态，树立起责任心，承担起解决问题的责任，才能让所有人都投身项目组的工作，集合众人之力完成工作任务。

同样，对于每一个销售人员来说，只有反对明哲保身，通过承担责任完成工作任务，才能不断获取成功，走上金牌销售员之路。

6. 拒绝平庸，脱颖而出

在任何行业，得到上级领导的重视，就意味着能够得到更多资源，以及更多职场发展机会。销售人员更是如此：只有拒绝平庸，才能够吸引客户的注意力，获取更多订单，以好的业务成绩，在众人中脱颖而出，得到公司的重用。

6.1 在最佳的时间，做出最佳贡献

华为曾多次强调，能够在最佳时间段以最佳角色做出最佳贡献的人是华为的英雄，因为这些人在关键时刻帮助华为实现了目标。同样，销售工作中，销售人员千辛万苦就是为了最后能够与客户成交，而在实现成交的过程中，销售人员要能够准确把握成交的最佳时机，在关键时机瞄准客户的痛点发力，才能一击即中，一举拿下客户，成为销售团队的英雄。

华为高级副总裁陈黎芳表示华为的员工要想在职场上有发展，就一定要找准方向，在最佳时间做出最佳贡献。她说：“任正非对华为未来作战队形有个描述，未来作战队伍是由主官加职员、专家、新兵来构成的。专家是什么？公司各领域都有专家，你得比别人水平高吧，或者比别人有更好的工作方法、更先进的工具，

专家还会跨领域、跨地域。职员是什么？公司对职员的要求就是准确地做事情，及时做好。职员不需要跨领域、跨地域工作，就是踏踏实实把工作做好。主官就是关注战略目标、关注胜利，责任大、风险也很高，可以说是华为淘汰率最高的岗位。从小组长到项目经理到产品总裁等，这些都是主官，不仅需要跨领域、跨地域，对意志力要求也非常高。我建议各位抓紧磨合，尽快找到着力点、发展方向。也就是说员工要有在最佳时间、以最佳角色做出最佳贡献的意识。简单说，13 级、14 级的同事，你就是抢着干，态度比一切重要。15 级、16 级要把事情干好，就算不能一次做到最好，但改进速度要快。17~19 级开始做开创性、跨领域工作，实际上，你能不能冲上去当将军，在此一举了。公布个人职级，选的就是 17~19 级岗位，目的是呼唤更多人在最佳时间、以最佳角色做出最佳贡献，公司也给你最好的回报。不按资历，不看关系，不搞平衡，只看责任贡献，差距会拉得非常大。”

对于销售行业的工作者而言，时机是决定销售成败的关键，如果能够找准时机，做出最关键的行动，就一定能够打动客户，获得订单。职业发展也是这个道理。

6.2 拒绝小富即安，要有进取心

实际上，销售行业是一个吃“青春饭”的行业，真正能够一辈子从事销售工作的人只占极少数。销售员如果一味地沉浸在过去的成功经验之中，就会越来越安于现状。在某些销售员小富即安的同时，其他销售员在激烈的竞争中不断成长，最终甩开前者一大截，不思进取的销售员就会被整个行业淘汰。

所以，销售员绝不能因为一时的成就而沾沾自喜，而应将时间和精力投入工作中，投入到提升个人能力上。这样一来，不管未来是否依然从事销售工作，都能够保持自己的竞争力。

外界一度有一个关于华为的传言，即华为员工到了 34 岁就会被清理出公司。对于这种说法，华为的CEO任正非出面否认，他表示年龄不是华为清理员工的标准，但是到了一定年龄却不能为公司做出贡献，只等着“养老”是绝对不被华为允许的。他说：“华为是没有钱的，大家不奋斗就垮了，不可能为不奋斗者支付什么。30 多岁年轻力壮，不努力，光想躺在床上数钱，可能吗？”

对于这类说法，华为的员工也亲自出来解释：“34 岁一刀切纯粹是一个误读。”

这名员工表示华为每年的人才流失率在10%到20%之间，其中有被公司清退的，也有自己选择离开的。而被公司清退的那部分员工，是综合他在华为的工作绩效、工作能力、上升潜力等多个方面来考量的，年龄只是一个占比很小的方面。

另外有一名华为员工也表示华为内部有严格的职级制度，一般的本科毕业生和硕士毕业生进入华为的初始职级为13级，博士毕业生的职级为15级。一般新员工在华为工作两年之后就能够升一级，如果在两年内有海外工作经验升职速度更快。也就是说，按照这个晋升速度，只要员工的绩效水平在中等及中等以上，在华为工作8到10年，基本上都能够升级到17、18级，成为华为公司的核心人才。到21、22级就是华为公司的总裁、副总裁级别了。

除了在业务上做出成绩，取得理想的绩效，华为员工还需要通过技术考核，才可以往上调级。也就是说，华为的员工需要不断努力，积极奋斗，才能够在30岁以后担任一定的职责，否则很有可能被淘汰。据华为内部员工称："毕业时进入华为，到34岁，差不多10年了，至少应该干到18、19级。如果34岁，还在14、15级徘徊，说明没什么太大的进取心，这种人就会被淘汰。"

2017年，华为公司的常务董事李杰在寄语新员工时，说道："我希望大家大胆、积极地工作，抓住一切能够锻炼自己、提升自己的机会，积极争取自己的未来，千万不要小富即安。"销售员也应该保持这种积极的工作态度，抓住一切机会提升自己，努力争取更好的未来。

6.3 不回避问题，勇敢面对

对于销售行业的工作者来说，帮助客户解决问题，是赢得客户信任的关键。如果销售员在面对难题时退缩了，那么客户要怎么相信销售员能够帮助自己实现目标，又怎么会将订单交给回避问题的销售员呢？所以，销售员要想赢得订单，就要与客户进行深度沟通，在客户遇到困难的时候，勇敢地面对难题，及时帮助客户解决难题。

2009年，龚成伟（化名）参与到华为的研发项目中，项目初期项目组的其他成员都积极地投入系统联调工作，龚成伟却抱持着躲避的心态，认为等躲过了这个阶段，等其他同事解决了这个问题，就没有其他问题，能够顺利交付项目了。

但产品开发的过程永远是不断解决问题的过程，这个问题解决了，新的问题马上又会出现，问题永远不会消失。龚成伟一开始能够“躲”着问题，靠项目组其他同事的努力解决软件故障、测试装备瘫痪等问题，但是面对功放的问题时，龚成伟躲无可躲，只能迎头而上。

当时，某批次单板的装备突然出现问题，当天晚上其他技术人员已经下班，而单板必须当晚测试完然后入库。龚成伟只得自己面对这个问题，他把单板测试装备拆开一点一点查找，终于确认了问题所在，更换固件后测试恢复正常。龚成伟看着自己的工作成果，心中的喜悦之情难以抑制，他突然体会到了为工作奋斗以及完成挑战性工作的快乐。

因为龚成伟的配合，项目组很快就完成了产品研发，并顺利完成了交付。新产品在海外顺利开局的消息传到华为的时候，龚成伟感受到了工作带来的成就感和喜悦。龚成伟发现工作上遇到的那些问题实际上并没有多大难度，只要自己能够耐心投入，并且勇敢面对就能够搞定所有工作事宜。从这以后，龚成伟面对一个接一个的工作上的难题时，再也没有逃避的念头，而是勇敢地去面对，解决问题。

实际上，销售人员认为自己遇到难题的时候，正是客户面临抉择的关键时期，在这个时候，谁能够帮助客户解决问题，谁就能够赢得客户的信任，拿下订单。所以，销售人员在遇到问题的时候，不要想着回避问题，而要鼓励自己，勇敢地面对问题、解决问题，抓住关键时期，赢得与客户合作的机会。

7. 快速拉开与他人的差距

销售行业的员工更迭速度非常快，因此若要做出一番成绩，在激烈的竞争中不处于下风，就需要销售人员能够不断学习，加倍努力，快速拉开和他人的差距。

7.1 加强自我管理能力

彼得·德鲁克曾指出：“未来的历史学家会说，这个世界上最重要的事情不是技术或网络的革新，而是人类生存状况的重大改变。在这个世纪里，人们将有更多的选择，他们必须积极地进行自我管理。”

这也是华为一直在强调的一点。随着人工智能技术的发展，企业的人才结构将面临重大变革。但无论外界如何变化，只要员工能够跟上企业发展的速度，适应新时代的工作方式，就能掌握话语权，不被企业淘汰。而要实现这一点，唯有积极地进行自我管理，增强自己在职场上的竞争力。

早在2006年，谭励就通过社招进入了华为，谭励在华为的十几年，见证了华为的迅速崛起。在这个过程中为了能够在华为牢牢占据一席之地，他坚持做好自我管理，不断进步不断成长，逐渐拉开和同时期进入公司的同事之间的差距，成为账务五级专家。

实际上，最开始谭励和其他同事一样做的都是基础的会计工作，但是在他看来，会计是非常有发展空间的职业。他认为做会计要像一名医生一样，对人体有深刻的研究和理解，才能对症下药，治愈病人。于是他制订了一份职业发展计划，并严格按照发展计划管理自己。除了在工作过程中不断加强自己对核算对象的研究和理解，还不断学习核算本身和核算对象的知识，充实自己。此外，谭励还主动增加自己的知识面，学习各种金融产品知识、金融法规和市场交易惯例等内容。比如，华为在购买中国境内银行的理财产品的时候，谭励就会搞清楚这个理财产品究竟是什么，并通过会计核算反映业务实质，为公司做好详尽的分析报告。谭励日复一日地在实践中吸纳各领域的知识，努力成长为更优秀的自己。

同时，谭励还会主动向上级申请一些重点工作，在重点工作中承担重要角色，让自己在实践中利用专业技能，发现业务实践中真正需要改变或改善的地方，并且通过自律和他律的方式，不断实现自我成长。

谭励能够成为账务专家离不开他的高度自律，因为十年如一日地进行自我管理，他能够不断积累沉淀，超过同时期的同事，在众多人才中间脱颖而出。可见自我管理能力对于增强员工职场竞争力有多么重要。

对于销售行业更是如此，销售人员的更迭速度非常快，不能快速提升自己的竞争力，就很有可能被这个行业淘汰。因此，销售人员要想在这个行业做出成绩，就要加强自我管理能力，并快速成长，拉开和他人的差距。

7.2 主动清零，不断进步

职场上常常会出现“吃老本一族”，这类员工在一个岗位上工作一段时间之后，就会觉得工作起来非常熟练，认为自己能够毫不费力地做好手头上的工作，因此没有学习新知识和新技能的意识，在别人飞速成长的时候他却在啃自己的“老本”，最终被淘汰。

华为强调社会每时每刻都在发展，职场环境在不断变化，如果一味“吃老本”将无法跟上企业发展的步伐，最终被企业淘汰。华为鼓励所有员工都保持“空杯心态”，不断清零，把自己完全当成新员工，虚心地向同事、同行、客户等学习，改变过去对事物的许多看法，调整思维惯性，全面接受新的知识，不断进步，更好地适应社会新要求。

华为马来西亚账务共享中心的CA（总会计师）周缨在华为的16年间先后就职于成本管理部、ERP项目管理组、总账核算部、会计政策管理中心、阿根廷ERP推行组等多个岗位，并在每一个岗位上都取得了突出的成绩。在一次华为内部的采访中，他被问道：“从1998年到现在，你从一个刚毕业的学生，在这么多岗位任职之后，一步步走到现在的专家角色，有没有什么经验可分享？”

周缨强调：“首要的要求就是空杯心态，无论在哪个岗位，一定要从头学习，每个岗位都有自己不知道的地方，不要抱着自己已懂什么的固有心态。华为是不断发展的，不学习就会被淘汰。”

周缨所说的“空杯心态”也就是心理学中的“归零心态”，指的是一个人若要学到更多的学问和技能，就应先把自己想象成“一个空着的杯子”，而不是骄傲自满。摆正心态才能高效学习。

对于销售行业而言，“啃老本”是极度危险的，自满自得是销售人员在职业发展过程中最大的阻力。销售人员应该保持“归零心态”，每天都从零开始，去激励自己不断前进，保持工作的激情，实现更好的成长，取得成功。

7.3 拉开差距，获得更好的成长机会

任正非强调华为要拉开员工之间的价值分配的差距，为贡献大的员工提供更好的发展机会，他说：“我们要理解做出大贡献的员工，通过分享制，要比别人拿到手的多一些，或多得多。工作努力的一般性员工的薪酬也应比社会高20%～30%，当然工作效率也要高20%～30%。我们要注意优秀种子的发现，给他们成长的机会。”

实际上，大多数企业和华为一样会选择拉开人才之间的收入差距，按员工对公司的贡献分配价值，以此激励员工不断为公司做出最佳贡献。企业评价员工的依据就是员工的价值贡献。所以，员工要想获得更好的成长，就要能够拉开和同事之间能力的差距，并能够在价值贡献上体现出这份差距。

华为在沙特阿拉伯代表处有一个CSO团队，2009年6月，该团队需要开具一种到货款的票据，但是当时代表处没有人有开过这种票据的经验，再加上正处于代表处业务量很大的时候，代表处人力紧张，这让代表处的主任张达（化名）非常头疼。就在张达愁眉不展之际，专门负责清单配置工作的本地员工Aries（化名）主动找到了张达，希望能够承担这项工作职责。虽然张达非常赞赏Aries勇于承担的精神，但是Aries也没有开票据的经验，张达还有些迟疑。对此，Aries表示自己能够边实践边学习，快速提升自己，并且完成工作任务。面对笃定的Aries，张达终于点了头。

Aries很快就忙碌起来，他每天都不断地跟客户、市场、供应链、财经等部门沟通协调，几乎没怎么休息。结果，星期一交给他的任务，他在星期三就顺利完成了，这也大大超出了团队的预期目标。经历了这件事以后，Aries不仅学会了如何开票据，还提升了自己的协调沟通能力，并且能够很好地统筹规划项目工作，最终得到代表处的认可，被破例任命为产品经理。

对于每一个销售员来说，只有发现自己的强项，并使其成为自己的核心竞争力，才能更有效地帮助自己开展销售工作，并且通过学习和实践来强化自己的强项，不断加强自己的核心竞争能力，以此来拉开和其他销售人员之间的差距，从而获得更多发展机会。

第6章 紧盯目标客户

任正非说：“我们认为最宝贵的财富是客户，一定要尊重客户。我们以客户为中心的文化，要坚持下去，不忘初心。”对于销售行业来说，更应该一切以客户为重，紧盯客户，根据客户的需求制定出一系列针对目标客户的销售方案，才能真正打动客户，拿下订单。

1. 做好客户盘点和资源建设

销售人员在开展销售工作之前，一定要做好客户盘点和资源建设工作，这样才能掌握客户信息，从而抓住客户需求，与客户建立牢固的合作关系。

1.1 收集信息，完善客户资源数据库

销售人员要想拿下订单，收集信息是第一步。如果没有信息，将不知道向谁身上使力、为什么使力、使多少力。因此，销售人员要去了解客户的经营规模、经济实力、付款速度等重要信息，以此来保证对客户有一个正确、全面的认识。

除了对客户有初步了解，销售人员还要进一步对收集到的客户信息进行梳理，根据每个客户为企业创造的价值多少来筛选出企业的重点客户，并对重点客户实施重点管理。

在与客户确立业务往来的过程中，收集客户的信息是非常重要的环节。收集客户的信息有许多方法，通常每种方法的使用范围也是有所不同的。销售人员在选择收集客户信息的方法的时候，应该从被调研的客户类型入手，进行合理的选择。在完成客户信息调研工作之后，销售人员需要根据收集的客户信息制作汇总表，并且对其内容进行分析，从中了解当前客户的基本状况，并对其做出科学的判断：哪些是优质客户，哪些是无效客户。通过分析判断，就可以准确地定位有发展潜力的客户资源，同时也可以有选择地放弃一些价值很小的客户，减少企业的客户维护成本。

除了进行客户定位、完善客户信息之外，销售人员还需要完善客户数据库系统。也就是说，销售人员要将收集到的客户信息编制到客户数据库中。这样企业的客户资源才会愈加完善，并且客户的信息越多，将来可能达成合作的机会就越大。

要全面收集客户信息，对客户进行深入分析，并且有针对性地管理客户，不是一蹴而就的，而需要持续的、漫长的、深入的挖掘。销售人员要善于收集客户信息，聚集更多的重要信息，完善客户资源数据库，构筑信息网，以便于根据客户信息，制定有效的销售方案。

1.2 对客户信息进行分类管理

销售人员在开展工作之前，要学会整理客户信息，发现能够为销售团队创造更多利润的客户。

对客户信息进行分类管理一般从整理客户资料入手，也就是说在分类管理客户信息之前，首先要对客户进行分类。

最广泛最实用的分类方式是按照客户的意向来分类，一般分为潜在客户、意向客户和成交客户三大类。也有公司依据等级来划分客户类别，一般将客户分为A类客户、B类客户和C类客户。按照这种等级划分区别客户的时候，每个公司都有一套明确的、可量化的标准来评判客户的级别。在有必要的时候，会针对不同级别的客户，采用不同的记录方式来跟进。

华为创立之初，为了打开市场，任正非把公司的业务员派往各地的基层。这样做主要是因为那些大的跨国企业对中国的基层不甚重视，可以说基层是这些跨国企业的一个盲区。

华为的销售人员没有辜负任总对他们的期望，硬是在几乎没有任何希望的一条路上把和各地客户的关系做成了全国乃至全世界最扎实的。客户关系管理在华为内部被总结为“一五一工程”：一支队伍、五个手段（参观公司、参观样板点、现场会、技术交流、管理和经营研究）、一个资料库。

每个客户的资料非常详细，同时进行了分层分级的管理。销售人员对自己客户的情况了如指掌。很多时候，华为与客户的关系，不像是生意关系，更像是朋友关系。

营销人员按照一定的划分方式将客户区分开来之后，还需要使用一些客户管理工具将客户信息进行分类管理，用工具来记录客户的重要信息，并根据记录保持一定频率地跟进客户。

常用的分类管理工具包括外贸管理软件、EXCEL表格、邮件收发器等。使用这类工具可以首先依据客户的类别，将重要的信息添加到联系记录，方便以后的查询。当潜在客户发来询盘，也就是客户想要购买某项产品提出了交易条件，企业就能够将其转化为意向客户，如果这个客户再次发来询盘，管理工具就会提示新增意向，也就是说，同一客户发送的询盘会被管理工具记录在某个账号下，当这位客户再次发送询盘的时候，记录信息就会被自动发送到该账户，这样一来，客户的重要度就被区分出来了。

销售人员使用分类管理工具对客户信息进行分类管理，能够快速区分出客户的重要度，销售人员也能够借助这些信息制定出对待客户的差异化战略，合理利用自己的时间精力，高效省力地拿下客户。

1.3 持续跟进客户，保持良好关系

由于新客户对于陌生人的排斥心理，销售人员极有可能受到冷遇。这时销售人员要能够及时调整自己的心情，持续跟进客户，但不一定要一直围绕产品和服务的话题与客户建立联系，可以关注客户的生活，及时关怀客户，让客户不断加深对自己的印象，与客户建立良好的友谊，一步步赢得订单。

华为的侯成凡（化名）原本是一名客户经理，在成为销售经理之后，他用第一次拿下大客户的经历来指导他的下属。当时侯成凡去拜访了那位大客户，但是客户并没有与华为合作的意向。侯成凡虽然有些受挫，但是并没有放弃这名客户，而是转用怀柔政策。

侯成凡每天清晨都会给那位客户发一条天气短信，为客户提供“每日关怀”服务，侯成凡坚持发了一个多月的短信，客户从来没有回复过任何消息。他虽然有些失望，但依然坚持每天给客户发关怀短信。直到一次意外，侯成凡丢失了自己的手机，他才暂停了跟客户的短信联系。

侯成凡非常着急，马上买了新手机并装上了新的电话卡，但是中间耽误了两天时间，他接连两天都没有给客户发短信。到了第三天清晨，那名大客户又收到了一条天气短信，却发现已经换了新的手机号码。那名大客户马上联系了侯成凡的旧号码，想质问他为什么没再发短信，却发现对方处于关机状态。实际上，在没收到短信的两天里，这名客户心里隐隐感到失落，对方坚持每天给他发关怀短信已经打动了他，突然消失的关心让他有些不安。这名客户还找秘书联系了华为，通过华为公司提供的联系方式找到了侯成凡，这才发现侯成凡的手机已经丢失了，

新的关怀短信也是侯成凡发的。

最后，这位大客户终于松口答应了侯成凡的合作邀请，同意与华为商议合作事项，侯成凡的持续关怀得到了回报。

实际上，情感营销有时候是销售人员的一大利器，长时间的节假日问候、天气情况乃至健康饮食等关怀信息，都能逐渐打动客户。与客户建立了友好的关系之后，客户的排斥心理就消解了。这时，获取了客户信任的销售人员就要看准时机，找准客户需求点，对客户进行产品的推销。

2. 制定策略和目标计划

任正非说："规划管理要纸上先谈兵，谋定而后动。"实际上，任正非强调的是在做任何工作的时候都要有规划，先制订详尽的目标计划，并瞄准目标，制定具有针对性的策略，一步步按照目标计划，完成任务。

2.1 分解目标，做正确的事情

实际上，每一个销售团队在展开工作之前都会有一个总的销售目标。比如，某个销售团队的年度销售目标为100万元，如果只将这个目标张贴在墙上，而不根据目标制订计划，那么销售人员将无从开始销售工作，更无法有效地进行自检和行为修正。如此一来，团队的成功无法实现，个人的成长也无法得到有效保障。

所以，完成销售目标的第一步就是将销售目标分解成具体的执行计划，让销售人员每一步销售动作都有科学的评判和修正标准。比如，将销售团队100万元的年度销售目标进行分解，使得每个季度、每个月、每一天都有非常明确的销售任务，那么销售人员就能够清晰地了解到每天的工作目标，这样一来就能够一点一滴地完成工作任务，达成最终的销售目标。

初创时期的华为需要通过商业信誉与客户建立起牢固的合作关系，但在合作过程中却经常出现交期延误的问题，使得华为公司的信誉严重受损。为了挽回华为的企业形象，取得客户的信任，华为的计划部高度重视交期延误的问题，并展开了一系列调查。

经过调查分析，华为计划部发现团队中的部分员工在执行工作的时候对于“在什么时间执行任务，什么时间完成，怎样去操作，完成到什么程度才合格”等问题没有清晰的了解，因而常常出现工作拖沓或因产品返工而造成时间延误等情况，导致工作难以按预期完成。

为了能够及时解决这一问题，计划部与其他相关部门联合制定了解决方案，主要是了解了每个部门以及部门中的每位员工的具体情况，并根据实际情况对每个部门以及部门中的每位成员做了相关的目标分解工作。也就是说，综合考虑每个部门员工的个人能力、发展潜力等因素，明确了各个部门成员在实现总体目标中的内容、数量、质量及时间等要求，将目标与目标责任加以明确。

可以看出，为了按时完成工作任务，华为明确了各岗位员工与相关岗位的目标与责任，这样一来不仅让团队中的每一位成员都了解了工作目标、对策、职权以及遇到问题时应该向谁求助等重要信息，也让每一位成员都能够根据个人工作任务情况快速与各方取得联系、沟通协调。整个团队通过分解目标，从总体上把握目标的协调平衡性，控制目标的按时完成。

对于销售行业，分解目标的重要性更是不言而喻，只有明确团队中每个成员的销售目标，才能引导每一个销售人员根据目标指引做最正确的事情，在完成个人计划的同时，完成整体销售计划。

2.2 对准目标，制定行动策略

1952年的清晨，34岁的弗罗伦丝·查德威克游过卡特林纳海峡，成为历史上第一位游过英吉利海峡的女性。弗罗伦丝·查德威克第一次尝试横渡英吉利海峡的时候因为浓雾遮挡，看不到终点，无法根据目的地调整自己的行动，在游了15个小时之后，精疲力竭，她的穿越行动最终以失败告终。

两个月后，弗罗伦丝·查德威克在一个晴朗的日子重新出发，在行进过程中不断根据最终目的地调整自己的游行策略，最终达到终点。

实际上，对于销售行业的员工而言，看到清晰的目的地，并且瞄准最终目标，制定相关的策略，调整自己的行动，是实现销售计划的必经之路。

华为的销售人员在工作中奉行“先瞄准目标，再开枪”的原则。在确定了最终的工作目标之后，华为的销售团队首先会在合理的范围内确定目标客户人选，继而通过收集客户的各方面信息，制定详尽的项目策划方案。比如，一般来说，华为团队在开展工作之前会设置以下目标：一个项目最低拿下 50% 的份额，准备好要拿下 80% 的份额，随后挑战拿下 100% 的份额。所以，在第一阶段，华为销售团队会瞄准50%的份额目标不断努力，达成之后就会瞄准80%的份额目标奋力冲刺，最终盯准 100% 的份额目标，调整自己的工作策略，实现目标。

制定目标的重要性不言而喻，但目标的合理性同样不容小觑。在根据最终目标不断调整行动策略的过程中，华为的销售人员会将客户信息、竞争对手的优势和劣势、竞争对手的策略及自身的优劣势分类列举，并且依据自身实力确定基本目标和挑战性目标，以便于自己依据职责开展工作。这种工作模式既保证了成功的概率，也避免了劳而无功、耗时耗力的现象出现。这样一来，华为的销售人员往往都能 100% 实现目标。

从华为销售团队的工作方式可以看出，制定一个具有挑战性的销售目标，使得销售人员都有明确的工作目标之后，销售人员都要瞄准目标，制定相应的行动策略，才能最终完成工作任务，实现最终目标。

在这个过程中，销售人员需要对准目标，将自己之前的业绩与目标不断对照，通过调整工作策略保证自己能够完成销售目标。在具体的行动策略的指引下，销售人员会产生强大的行动力，拼尽全力去达成目标。

2.3 制订计划，提高工作效率

华为曾提出："计划是公司运作的神经线，正是由于它的存在，从客户需求提出到最终交付才能有序进行和完成。"

为了激励那些为公司制订相应的工作计划做出贡献的员工，华为曾特意召开了表彰大会。在会上，华为展示了多年前的一张手工计划表，来强调制订工作计划的重要性，肯定华为计划部门员工做出的突出贡献。

一位荣获奋斗贡献特别奖的计划部门老员工感慨道："我们最初的神经（计划）是非常粗线条的，没有BOM，靠计算器、最简单的表格纯手工操作，全年 1~2 次的一次性计划，对公司运作的指导作用非常有限，难以响应市场变化。靠两只脚板走路，远远跟不上公司发展的快节奏。"

正如这名员工所说，前期因为设备和技术上的限制，制订的计划较为粗糙，虽然计划有效地提高了工作效率，但是作用是非常有限的。但是从20世纪90年代中后期开始，华为的计划体系发生了很大的变化。

随着华为的快速发展，华为的产品线二级计委、区域二级计委等组织应运而生，华为的计划部也从全公司一张计划到围绕生产做计划，再发展到现在把市场需求、生产计划和交付计划集成起来的集成计划，并且通过引进IT工具，使得华为的计划体系达到了业界先进水平。到21世纪，华为计划体系已经非常成熟了，实现了只要市场提出需求，计划部就会立即调整计划，生产就能够马上响应一线的需求，运输一线需要的资源和人才，完成最终交付。

可以看出，华为的快速成长离不开公司整体的工作效率的提升，而工作效率的提升得益于华为内部制订的科学的工作计划。

对于销售人员而言，工作效率更是成功拿下订单的决定性因素。销售人员的目标客户一定不止接触一个业务员，沟通一个工作项目，所以销售人员一定要提前做好准备，根据对方的时间和自己的整体业绩目标制订工作计划，抓住一切机会，在最短的时间内赢得客户的信任。提前制订工作计划，不仅能够节省很多时间，也能在与客户沟通的时候抓住客户的需求点，节省反复沟通消耗的时间精力，提高成交率以及成交速度。

3. 倾听客户，找准客户需求

任正非曾对华为的一线员工说：“春江水暖鸭先知，你不下水，怎么知道天气变化。”正如他所说，销售人员面向的客户的需求千差万别，而且客户的需求还会因为个人情绪以及外部环境而发生变化。所以，要拿下客户就要贴近客户，找准客户需求，针对不同客户的不同需求制定有效的销售方案。

3.1 贴近客户，了解客户需求

著名营销大师杰克·特劳特谈到营销定位时说：“销售不是一场产品战争，而是感知的战争。”诚如他所说，决定客户是否购买一件商品的关键因素是客户的需求，而客户的需求往往不是能够及时被发现的显性需求，而是需要销售人员贴近客户，去深入了解的潜在需求。如果销售人员长期坐在办公室里，不管怎么讨论怎么分析，都不可能真正抓住客户的真正需求。只有贴近客户，才能感知客户的需求和一些潜在的变化，最终给出客户所需的商品或服务，完成自己的销售任务。

苹果公司就常常在聊天室浏览客户的留言，从而研究出客户的潜在需求。苹果公司的iPod车载充电器的市场需求就是在聊天室中找到的。与苹果公司一样，华为公司也非常注重贴近客户，感知客户需求。任正非指出："前方人员，要有对市场的灵敏嗅觉，就像香水设计师一样，能够灵敏区分各种香味，不能区分就不能当IRB人员。这种嗅觉就是对客户需求的感觉。这种嗅觉能力来自哪里？来自客户，来自与客户聊天、吃饭。"

华为运营商BG总裁邹志磊长期在一线工作，在观察一线的销售业务员"卖盒子"的过程中，他发现销售工作并不是简单的"买"和"卖"，而是要对客户进行深入了解，通过分析之后，确定客户和自己能够建立互惠互利的关系，然后销售人员通过自己的"软能力"让客户相信自己，在双方达成共识的基础上，让合作的所有方都能创造价值，最终达到双赢或多赢。

而要深入了解客户并与客户建立合作关系，就要与客户保持零距离，他说："我们跟客户的关系要像谈恋爱一样，把我们最美好的一面展现给客户，对客户的服务要非常贴近。通过零距离地贴近客户，使我们与客户之间的关系更近一步，亲密度达到彻底的零距离，才能对对方的缺点和优点都很了解，从而能够针对客户的需求为他提供帮助，为客户创造价值。"

华为指出贴近客户才能了解客户最真实的想法和需求，所以华为号召所有的一线销售人员："一定要走出去，一定要贴近客户，才能正确地获得客户需求。"

对于销售人员而言都是如此，只有贴近客户，才能了解目标客户的需求是什么，才能知道产品和服务是否符合客户的需求。为此，销售人员要利用一切机会贴近客户，倾听客户心声，找准客户需求，这样才能对准客户痛点，一击即中。

3.2 倾听客户的声音，发现客户需求

英国联合航空的总裁兼总经理费斯诺曾对员工说:“人有两只耳朵，但只有一张嘴巴，这意味着应该多听少讲。”实际上这也是斯坦纳定理的重点内容，即说得越少，则听得越多。只有认真地倾听别人说的，才能更好地表达出自己的。说得太多，反而影响交流。

对于销售人员而言，真正要做的不是对客户输出太多自己的想法，而是通过倾听，在了解客户的真实想法的基础上，进行有效的交流，并且根据客户的需求调整自己提供的产品和服务，从而更好地打动客户。

乔·吉拉德是世界上最伟大的销售员，因出售 13 000 多辆汽车，他连续 12 年荣登吉尼斯世界纪录大全世界销售第一的宝座。乔·吉拉德曾经连续 15 年成为世界上销售出新车最多的人，其中有 6 年，他每年平均售出 1 500 多辆汽车。

当乔·吉拉德被问到要怎么做才能获得这样的成绩的时候，乔·吉拉德说道:“有两种力量非常伟大。一是倾听；二是微笑。倾听，你倾听得越长久，对方就会越接近你。我观察，有些推销员喋喋不休。上帝为何给我们两个耳朵一张嘴？我想，意思就是让我们多听少说！”乔·吉拉德认为自己能够获得巨大成功的原因在于他在完成销售工作的过程中非常重视倾听环节，他习惯于放慢说话速度，积极主动地倾听客户所讲的事情，并且通过良好的沟通，抓住客户表述中潜藏的期望与问题，准确地把握客户需求。

正是因为乔·吉拉德专注地倾听客户的声音，他获得了大量的关于客户职业、嗜好、买车需求等生活细节的信息，这也为其提供销售服务带来了极大的助益。

实际上，认真倾听客户也是很好的取信于客户的方式，正如任正非说的:“在客户面前，我们要永远保持谦虚，洞察未来，认真倾听客户的需求，从客户视角定义解决方案的价值主张，帮助客户解决他们所关心的问题，为客户创造价值，帮助客户实现商业的成功，客户才有可能把华为当做‘问计的对象’。”销售人员要有倾听客户心声的意识，并通过客户表达出来的需求，为客户提供有效帮助，取得客户的信任。

3.3 学会提问，让客户主动说出需求

销售人员在向客户推介产品、提供服务的过程中，除了要倾听客户心声，了解客户需求之外，要学会有针对性地提出问题，让客户发现自己的潜在需求，这样一来，销售人员就可以利用提出的问题的“刺激性”激发客户的购买欲望。

为此，销售人员在面对客户的时候，要学会有针对性地提问，让客户主动说出需求，刺激客户的购买欲望。有效的提问方式一般分为开放式提问和封闭式提问两种。

很多销售人员在推广自己的产品和服务的时候会“遇冷”，大多数时候销售人员还未来得及介绍自己就被客户拒绝，比如：“把资料放下，我现在忙，看完了有需要的话给你打电话。”这是因为客户在面对陌生人的时候戒备心理较强，不相信销售人员，也不愿意与销售人员有深入的交流。如果销售人员真的按照客户所说的放下资料就走，很有可能就失去了自己的潜在客户，因为99%的客户不会再联系销售人员了。

所以，在客户表现出拒绝的时候，销售人员就要以开放式的提问，拉近与客户的距离，使得客户放松警惕。比如：

“您今天看起来心情不错，有什么喜事啊？”

“您的办公室装修得真好，尊贵大气，很符合您的风格，您是怎么设计的？”

“贵公司的办事效率真高，您是怎么做到的？”

销售人员应关注客户所处的环境以及当下的情绪，提一些与客户自身有关的问题，激发客户聊天的欲望，并且在轻松的聊天环境中很快找出自己所需要的信息，比如客户的爱好、风格、习惯等。

但是用开放式的提问与客户进行交流，会存在一个问题，即如果客户是个非常健谈的人，就容易在与产品和服务不相关的话题上滔滔不绝，这个时候就需要销售人员能够以封闭式提问引导客户的思路，让客户的注意力集中到产品和销售的方向上。

比如，办公器材类的销售人员在与客户谈论交通状况时，可以用以下问法将客户的思路“拉回”：

客户：……（陷于“交通不畅”“堵车”“开车比步行还慢”等话题中）

销售人员：是啊，但是人们还是希望都有自己的车。毕竟，自己开着车比坐

别人的车更放心些。

客户：是啊。

销售人员：您的车是宝马还是奔驰？（在了解客户的车是奔驰的情况下）

客户：奔驰。

销售人员：奔驰代表尊贵、豪华、稳重，很符合您这样的成功人士的身份。

客户：我选择它也不光因为这个，主要是听朋友们说它的性价比不错。

销售人员：嗯，的确如此。那么，您在选购别的产品时，比如办公器材，是更看重它的性能呢，还是品牌？

客户：当然是性能。好的产品，只要用心做，总能做出品牌的。

销售人员：就冲着这一点，就能看出您跟别的老板不一样。我们公司的产品……

当发现客户的思路飘忽不定的时候，销售人员用这种封闭式的提问就能引导客户的注意力，将客户的思路局限在特定的范围内，掌握话题的主动权。

在掌握了话题主动权之后，销售人员应该更多地关注客户的需求，以开放式提问从三个方面深入探寻客户的需求，即how（怎么样，如何）、what（什么）、why（为什么）。（见表6-1）

表6-1

问法	举例说明
how（如何）	如果不做改变的话，您觉得形势会如何发展?
what（什么）	您希望能够达到什么样的效果？您希望有什么样的回报?
why（为什么）	当时，公司为什么会面临那样的困境?

用开放式的提问来探索客户的需求，能够让客户畅谈出自己心中的想法及要求。这样一来，销售人员就能根据客户的要求，判断自己应该提供什么样的产品和服务。

《销售巨人》一书的作者尼尔·雷克汉姆曾经对提问与销售的关系进行过非常深入的研究，他认为在销售人员与客户进行沟通的过程中，销售人员问的问题越多，获得的有效信息就会越充分，最终销售成功的可能性就越大。

在多数情况下，客户并不会主动告诉销售人员自己的需求，这种时候，要想让客户购买自己的产品或服务就需要有针对性地提问，获得更多有效信息，从而制定出行之有效的销售方案。

4. 发现重点客户，全力以赴

在销售行业之中，大客户的实力强大，人脉网络广泛，能够为销售人员带来重大业绩。所以，销售人员要能够发现这些重点客户，处理好和这些大客户的关系，建立战略伙伴关系，实现双赢。

4.1 挖掘和发现 20% 的重点客户

现代营销学之父菲利普·科特勒有一个大客户理论，这个理论与20世纪初意大利经济学家维尔弗雷多·帕累托发现的二八定律一脉相承。二八定律即在任何事物的集合中，重要的因子只有少数，不重要的则占多数，如果能控制重要而少数的因子，那么就能掌控全局。这两者的比率大概是20∶80。

将这个定律应用在销售活动中，销售人员就会发现自己的客户中有80%是无效客户，只有20%的客户是重要的潜在客户，而这些潜在客户中的80%会在沟通交流中丢失，只有20%的潜在客户才是自己的真正客户。为了抓住潜在客户中这20%的重点客户，销售人员应该综合分析自己的客户群，并挖掘出自己的真正客户。

任正非在内部讲话中强调，华为公司的能力有限，只能重点选择对公司有价值的客户为战略伙伴，重点满足客户一部分有价值的需求。任正非在讲话中还指出，华为的业软部门交不出利润的原因就是为了满足客户太多需求，什么都做，最后做不出有竞争力的主力产品来。所以华为的经营模式要转变。战略伙伴选择要有系统性，也要有区域性，不可能所有客户都是战略合作伙伴。

在任正非看来，华为要敢于不在乎一城一地的得失，只去占据一部分地区，赢得一部分客户，并服务好他们就可以了。华为要多派出一大批“少将”，提高对优质客户的服务质量，增强客户的竞争力。只有敢于把优质资源向优质客户倾斜，才能与这些关键客户建立起战略合作伙伴关系。

销售人员有效运用二八法则开展销售工作，就能够避免部分低价值客户过度分散自己的时间和资源，以便集中时间和精力对准20%的关键客户。

要抓住这20%的关键客户，就需要销售人员前期对目标客户群进行深入调查研究，挖掘出自己的大客户。在聚焦重点客户的同时，合理分配时间，保持对重点客户的高度关注。

4.2 主动申请资源，为客户解决难题

在谈到如何与客户建立友好的合作关系的时候，任正非说：“你要赚人家口袋里的钱，要让人家喜欢你才能让他把钱掏出来，否则你就是强盗；钱是人家心甘情愿交给你的，你要让他感知你是为他负责任的人。”也就是说，在任正非看来，真正成功的业务员是通过自己的服务，实实在在地为客户解决问题，对客户负责，并获得客户由衷的信任的人。

成功的销售人员也是如此，要让客户心甘情愿掏出钱，就应该让客户看到自己的对客户的用心。尤其是在客户遇到业务上的难题时，销售人员要懂得及时响应客户的需求，主动申请资源，帮助客户渡过难关。

2007年，华为系统部的王少石来到孟加拉国达卡，成为一线市场的业务员。王少石是新员工，不熟悉业务情况，他的上级没有给他安排太多销售任务。工作一段时间之后，王少石认为自己作为一名市场人员，把产品卖出去才是硬道理，于是，王少石开始自己跑市场，与客户对接。

华为一直想拿下客户M运营商，但是王少石负责的产品从来没能成功卖进去过，于是王少石决心从M运营商的客户经理入手，并且通过客户经理的引荐，见到了M运营商的CTO。为了打动客户，王少石每周都会去对方的办公室，不仅推荐产品，还会聊到华为公司的情况，甚至会聊到当地文化和宗教信仰问题。就这样，王少石和客户的关系一点点地建立起来，但是离成功拿下订单总是差了那么一步。

直到2007年5月，孟加拉遭受了台风袭击，M运营商的机房出现问题，急需两套机房来应对台风带来的影响。王少石得知之后，立即向公司申请先借给客户两套移动机房，在华为的设备、人力等支持下，客户的问题迎刃而解。王少石的快速响应赢得了客户的信任，很快M运营商决定从华为采购50套移动机房。

就在合同快要谈下来的时候，王少石接到了新的工作任务，需要马上飞往另外一个城市，王少石原本决定将这个合同交由同事继续跟进，与客户确定合作细节，但在王少石离开的前一天，他接到了客户CTO共进晚餐的电话邀约。

当天晚上，客户说道："感谢你在最关键的时候给我们的帮助。我知道这份合同对你很重要，而你明天就要离开孟加拉，我们希望在你走之前把合同签了。"客户 CTO 与王少石直接签订了合同。

王少石在服务客户的时候能够时刻关注客户的动态，在客户的业务出现问题的时候及时给予帮助和支持，让客户能够感受到他"保姆式"的服务，最终客户回馈给他一个大订单。

及时发现客户的难处，主动申请资源为客户解决问题，对于销售行业的工作者尤为重要。销售人员如果能够随时关注客户的动态，并且第一时间解决客户的难题，就能够及时消除客户的焦虑和顾虑，让客户全身心信任自己，最终赢得合作机会。

4.3 快速响应，赢得客户的认可

对于华为为什么能够在短时间内赢得众多客户的信任，快速成长为业内巨头企业，任正非这样回应："华为人夜以继日地工作，有许多高级干部几乎没有什么节假日，24小时不能关手机，随时随地都在处理随时发生的问题。华为没有什么可以依赖的，只有比别人更多一点奋斗，只有在别人喝咖啡和休闲的时间努力工作，只有更虔诚对待客户，否则我们怎么能拿到订单？"

可见，成功不是随便说说就能实现的，华为人通过持续地关注客户动态，取得客户的一手信息，给客户提供有针对性的专业服务，才最终赢得了客户的信任。所以，销售行业的工作人员要想拿下客户订单，就得随时随地关注客户动态，消除客户的疑虑，解决客户的问题。

华为在呼和浩特的骨干网络曾因为持续闪断引起客户大规模的投诉，为了能够解决客户问题，华为代表处的一线员工快速到达现场定位故障，在几个小时的勘测无果之后，华为代表处迅速联系了公司的网络质管蒋世杰（化名）。

蒋世杰接到电话的时候已经是晚上 8 点了，但是他二话没说就赶往客户的北京监控中心。蒋世杰根据采集的数据信息进行分析后，初步判断这与华为的设备无关。为了尽快定位出问题，当天晚上 11 点，蒋世杰连夜赶往事故现场。第二天一早，蒋世杰就已经到了内蒙古。客户见到蒋世杰后，对华为的响应速度感到惊讶。经过检查后，进一步确认了问题出现的根本原因不在华为的设备。但是，蒋世杰还是带领华为的一线团队想尽一切办法帮助客户找出事故原因。

经过多种途径的排查，蒋世杰得知问题发生时客户进行了网络质量监控，他知道当网络质量不好时，就会主动切换到备用网络。蒋世杰推断这就是事故产生的原因，但是客户怀疑这个判断是否准确。最终通过彻查网络情况，发现确实是网络质量问题导致的。定位成功后，客户向代表处表示了歉意，对华为的迅速响应赞不绝口。

华为的快速响应，让客户感受到了华为的敬业。实际上，在销售人员和客户建立合作关系的过程中，遇到任何问题都应该快速响应客户号召，及时解决客户问题。早一分钟排除客户遇到的难题，客户就少一分损失。客户的利益得到了保障，销售人员才能够赢得客户的信任，建立长期的合作关系。所以，当客户有需要，不管问题有多难，路途有多远，销售人员都应该第一时间赶去解决问题。

5. 制定客户化的解决方案

任正非指出："客户需要的是一个综合解决方案，它可以是华为做得好的东西，也可以是其他公司提供的东西，只要满足其需求。"也就是说，如果销售人员不能为客户量身定制个性化解决方案，很有可能被竞争对手抢占先机。所以，销售人员要能够抓住客户痛点，制定客户化解决方案。

5.1 抓住客户的痛点进行表达

在客户营销学中有一个著名的"痛点营销"，"痛点"指的就是个体原有期望没得到满足而造成心理落差，比如个体所期待的产品或服务与现实中得到的产品和服务之间产生的差距，会导致个体的心智模式中形成负面情绪，这种情绪不断发酵，让个体感觉到痛。这种心理落差就是个体的痛点。

华为人在内部谈论中，针对"痛点营销"曾作出这样的解读："我们要搞清楚客户的痛点在哪里，我们怎么帮助客户解决他的痛点。抓住客户的痛点进行表达，才能打动客户，让客户认可我们。我们要让客户认识到华为才是他真正的盟友。"

王菲菲是一名业务能力非常强的销售员，某次她去一个大型国企推销一套价值数百万元的打印系统，但是因为这套打印系统的价格高昂，这个国企的主管根本就没有听她推荐这款产品的意向，并且让她离开公司。王菲菲在离开这家国企之前再三请求这名主管将他办公室里的过期资料和杂志送给她，这名主管答应了她的请求，给了她大量的“废弃”资料。其实，王菲菲并不甘心，而是想通过收集客户的信息，抓住客户的痛点，以便开展后续的销售工作。

此后几周，王菲菲潜心研究这家国企及所在行业的特点，通过收集的数据和资料进行科学的分析和研究，并且在与内部人士不断研讨的过程中逐渐完善自己的理解。在一段时间的深入研究之后，王菲菲为这家国企撰写了《关于成立××行业营销部的可行性分析报告》《××市场营销策划方案》等一系列的策划方案，她在方案中巧妙地渗透了自己的产品。这个策划案最终被国企老总采纳，她成功地把机器卖给这家国企。

王菲菲事后说：“我在方案里告诉他们为什么要买这个产品，买了这个产品后，应该如何用这个产品来赚更多的钱，因为了解该行业，才有经得起推敲的策划案，所以，他们接受了我策划案的同时，我的产品也就被推销出去了。”

王菲菲的成功在于她充分地了解了客户，抓住了客户的真正痛点，最终才打动了客户，将自己的产品成功销售给客户。

这就是所有的销售人员都要学习的“痛点营销方法”，想要获得客户信任，就要发掘客户痛点在哪里，然后针对痛点进行研究和分析，找机会与客户沟通，提出满足客户心理需求的方案，最终拿下订单。

5.2 满足客户的个性化需求

销售人员在向客户销售产品的过程中，不可避免地会碰到很多客户提到的个性化需求。很多销售人员在处理客户的个性化需求的时候，只考虑到销售结果，为了达成自己的销售目标忽略客户的诉求，往往最后失去重要的客户。实际上，要真正与客户建立互惠互利的合作关系，就要以客户的需求为重，在能力范围内满足客户的个性化需求，获得客户的认可。

华为的一线营销团队在建立 VoLTE 项目的初期，就集中讨论了如何“营销”这个关键问题，最后团队成员达成共识，认为只有以客户为中心，认真听取客户需求，挖掘客户的痛点，为客户提供个性化方案，才会得到客户的认可。

于是华为的一线营销团队在开展项目的前期就仔细地分析了客户需求，发现客户的痛点和需求是希望依靠 4G 吸引用户实现弯道超车。但当时的语音呼叫方式的时延较长，所以此前华为的营销团队制定的方案并不能满足客户的个性化需求。但考虑到客户建设 VoLTE 就是为了改善用户体验，如果华为营销团队提供原定的解决方案，会使得客户 4G 网络的用户体验变差，甚至难以达到客户原有的 2G 精品网络的用户体验。

华为的营销团队考虑到新建一个 VoLTE 网络可能会使得客户的网络结构变得更加复杂、网络效率变得更低，所以决定简化客户的 VoLTE 网络。华为选择升级改造客户大部分现网设备，新建少量的网络设备，这样一来既节省了投资，又为客户提供了一个更符合客户诉求的 VoLTE 网络，满足了客户的个性化需求。

这种站在客户角度思考问题，为客户提供个性化解决方案的服务态度很快得到了客户高层的认可，客户认为华为能够理解他们的真实需求，为他们的运营和网络规划提供正确的意见，愉快地接受了华为的方案。

满足客户个性化需求，能够让客户得到更优质的产品或服务，提升客户的满意度，这也是销售人员维护客户关系的核心。所以，销售人员应该在了解了客户的基本信息和需求等数据和资料之后，进一步了解客户的个性化需求和潜在的诉求，并且结合改良成本、风险分析、运作可能性等要素考虑，在不损害自己利益的基础上尽可能地满足客户的个性化需求。

5.3 适当拒绝客户的不合理需求

所有的销售人员都应该明确一点，即真正地满足客户需求，赢得客户满意度，并非一味地顺从客户的意愿，按照客户说的去执行工作。实际上，真正决定客户的满意度的关键要素是销售人员能否帮助客户得到他真正需要的产品和服务，是否能够给客户创造实实在在的价值。所以，当客户提出不合理的要求的时候，销售人员应该有自己的决策，适当地拒绝客户的不合理要求。

某年，华为的客户经理唐建平（化名）在某地负责华为的新市场，当时客户有 15000 线交换机和 800 线的 C3 接入网的项目正在招标。唐建平立即组织华为项目组的全体成员就客户提出的“能否赠送接入网”的要求进行深入讨论。经过前期的讨论，华为项目组的成员一致认为满足客户的需求能够赢过竞争对手Q运营商，获得和客户的合作机会。

但是，唐建平进一步分析了客户目前的设备情况和今后可能的扩容量之后，认为客户的要求过于理想化。首先，华为和客户的谈判价格定得很低，如果再赠送800线，几乎就没有盈利的空间了。其次，客户近几年的建设总量也不超过20000线，科学的预测表明客户在接下来两年的扩建量也不会很大，赠送就显得非常没有意义。再次，也是非常重要的一点，华为的网络已经占据了所有的C4局，C3局中也有一些，也就是说所有的用户框都是华为的。华为要对客户进行扩容根本无须更换或再购置用户框，而只需另加2000线中继板即可实现平滑扩容。如果客户使用Q运营商的方案，就要再购买Q运营商的用户框，而且还需要另加6 000线的中继板来与原设备联接，按800元／线来计算，就要比使用华为的方案多投入800元／线 ×(6 000线 −2 000线)=3 200 000元，客户肯定不愿意做既浪费资金又破坏网络结构的事。果然，华为拒绝了客户的要求之后，客户仍然使用了华为的方案。

销售人员要明确的是，销售是实现双赢的交换过程。在这个过程中，销售人员要及时响应客户的需求，但是并不是盲目地满足客户的一切条件，而是根据实际情况，结合客户的最终目的和真正需求，提供自己能做到的最佳方案，在互惠互利的基础上开展销售工作。

6. 抓住机会，证明自己

对于销售人员来说，捕捉市场信息、挖掘客户需求并不是难题，关键在于如何抓住机会并成功把握机会。对此，销售人员一定要积蓄力量，耐心等待，发现机会之后要主动抓住机会，证明自己。

6.1 积蓄力量，等待机会

时任华为副总裁的毛生江在接受华为内部采访的时候，被问到是如何抓住机会，在职场上做出一番成绩的，毛生江回道：“在没有机遇的时候我们应该做好一切准备，当机遇来的时候我们才能抓住它。对于年轻人来讲，多去学习、打好基础，提升自己的能力和准备度是非常重要的。”

对于销售行业的工作人员更是如此，因为目标客户的数目有限，销售人员需要以各种方式去积累人脉、打开销售面，积蓄足够的力量，才能瞄准时机，在与众多对手的竞争中脱颖而出。

倪志宏（化名）是西门子的销售经理，某次他想将公司的产品卖给某个大型央企，但是由于央企采购产品要经过层层筛选并且需要对产品进行综合考虑，倪志宏一直未能成功完成推销，每一次都卡在了采购大关。

倪志宏没有因此放弃此单，而是选择积蓄力量，等待合适的时机去再开展销售工作。他面临的第一个问题就是没有人脉，接触不到目标公司的采购负责人。于是他想了一个办法，就是去面试这个企业正在招聘的一个营销岗位，面试成功之后他就入职了。在试用期，倪志宏多次与这个公司的采购负责人接触，并且主动与对方交流产品采购方面的事宜，多次推荐西门子的产品，并且详细介绍了产品的优势，很快就获得了对方的认可。

倪志宏在试用期就离开了这家公司，但是在一个月后以西门子公司的销售员的身份再次拜访了这家公司的采购负责人，顺利地将产品卖到了目标公司。

倪志宏的销售之路可谓是一波三折，为了积累人脉关系，他甚至直接去目标公司工作，最后终于在自己的努力下打通了销售的关键环节。

对于每一个销售人员来说，如果决定了长期从事这一行业，并想在这一行业做出一定的成绩，首先就要有主动学习和深入研究这一行业的决心，并付诸行动。只要不断积蓄力量，总会等到一个证明自己的机会。

6.2 主动创造机会，发现机会

除了通过不断学习和钻研积蓄力量之外，销售人员还应该具备敏锐的观察力，能够及时察觉每一个目标客户的动态，在客户的动作中发现自己的机会，并且去主动贴近客户，创造机会。销售行业是一个非常需要热情的行业，销售人员只有时刻保持敏锐的观察力和饱满的工作热情，客户才会透露自己的真实想法。热情关怀在销售工作中有着强烈的感染和吸引客户的力量，是销售人员取得成功不可或缺的基本要素。

2010 年，谢和宜成为华为企业业务部的一员，最初因为不熟悉业务情况，签下的都是数额不大的小订单，他拿着第一单3万美元的合同给地区部总裁签字的时候，发现企业业务部的业务订单大多是千万美元合同。为了能够早日拿下大订单，谢和宜制订了“主动出击”的工作计划。

2010年底，世界高铁大会在北京召开，恰逢N国高铁网络规划期，谢和宜在会议之前几天得知自己一直在跟进的N国客户企业的几位高管将会到场。为了能够获取合作机会，谢和宜找到会议举办方询问客户的访问名单，并且针对这几位客户高管制订了详细的“攻略计划”。会议当天，谢和宜带上自己准备的资料和华为的宣传册赶往机场去“偶遇”客户。

“客户坐在商务舱，我就不断凑上去与他们聊天。”谢和宜在会议的三天行程里不断与客户交流，并且邀请客户转道深圳去华为总部实地考察。最后一刻客户终于松口，将回N国的机票改签，直奔华为总部。

虽然客户对华为总部的坂田基地和先进的展厅印象深刻，但是因为对GSM-R技术没有任何了解，没有第一时间接受谢和宜的合作邀请。谢和宜没有放弃这次宝贵的机会，而是跟随客户的步伐去往N国，邀请N国、西欧等国专家以及华为内部的高端专家共同为客户讲解GSM-R技术。经过20多场技术交流，客户被先进的GSM-R技术吸引，也被谢和宜的坚持和热情打动，最终同意与华为建立合作关系。华为企业业务在N国行业市场实现第一次重大突破，谢和宜也终于签下了自己第一个千万美元级的大订单。

谢和宜之所以能够拿下大订单，关键在于他能够主动出击，根据客户的动态制订行动计划，最终创造出合作机会。

销售人员应该有主动创造机会的意识，对自己的目标客户的行程要非常了解，根据客户的行动计划制订自己的行动计划，并且针对客户的个性化需求采用不同的沟通策略。

6.3 抓住机会，向客户证明自己

销售人员的成功往往不是一蹴而就的，需要不断地向客户展示自己的产品优势和服务优势，即使客户拒绝了自己，也应坚持向客户证明自己，慢慢转变客户的态度，最终赢得客户的信任，获得合作机会。

2010年11月，华为的区域经理龚树锋面临一个新的业务挑战，就是赢得和某地市公司G总经理的合作机会。拿到任务之后，龚树锋就一直在思考如何与G总联系上，于是他策划了电梯偶遇、乒乓球活动室偶遇等方案，但是没能真正让客户接受华为的产品。

就在龚树锋一直跟进的时候，机会悄然而至。当时客户所在的A公司急需千元档的手机5 000台，如果能够拿下客户的订单，也就意味着他的工作将打开一个新的局面。龚树锋立即找到了华为的终端经理，并且一起商量相关事宜。

经过龚树锋和终端经理的详细分析，他们发现当时华为的千元机型C款非常紧俏，在全国热销导致全国市场都处于极度缺货的状态，而且按照华为当时有限的产能，短时间内也不可能拿到5 000台货。眼见到手的机会就要溜走了，龚树锋和终端经理又接连熬了好几个晚上，制定新方案。

经过深思，龚树锋发现客户并没有提出必须要这一款机型，真实的需求其实就是千元上下的智能机，而华为的手机产品线非常丰富，可以用其他短线机型替代C款。龚树锋立即向公司咨询了手机产品的情况，得知有一款智能终端刚好库存充实，完全可以满足客户的需求。

第二天一大早，龚树锋就带着方案到了客户公司，在G总办公室向他汇报了华为的阶梯提货方案和专为客户提供的千元手机的功能简介，并且表示能够在客户一次性提货1万台的情况下，直接单台优惠X百元，这一提货价在市场上是非常有竞争力的。果然如龚树锋预想的一样，客户毫不犹豫同意按1万台的提货量下单。

销售人员在开拓客户的过程中，会因为种种原因被客户拒于门外，但不管客户态度如何，销售人员首先要做的就是耐心地应对客户，用最好的服务来证明自己的实力。向客户证明自己的能力的同时，也要时时刻刻关注客户的动态，一旦发现任何突破点，就要想尽一切办法抓住机会，向客户证明自己，让客户选择自己。

7. 获得认可，帮助客户成功

任正非说：“真正为客户服务，客户是会接受的，客户是会感知的。”销售人员在与客户打交道的过程中，要做到蕴诚于心，站在客户的角度为客户解决难题，才能获得客户认可，赢得合作机会。

7.1 蕴诚于心，取信于客户

销售人员在为客户提供服务的时候要懂得换位思考，试想自己购买产品和服务的时候，面对多个都能满足自己需求的选择，这种情况下，谁才能打动自己呢？当然是那些能够真诚对待自己，能够真正为自己着想并提供帮助的销售人员。

所以，销售人员在事业上要取得成功没有什么捷径可走，只有把客户当作自己来服务，全心全意为客户考虑，以最大的诚意为客户解决问题，才能打动客户。

2005 年，汤平被派到尼日利亚支持华为在非洲的首个大型国干项目，当时恰逢项目组的原 PM 离职，汤平被委以重任，接任 PM 一职。汤平面对一个价值一亿美元的项目内心忐忑，尤其是项目正频频被客户投诉。

汤平在了解了项目的状况之后，发现在这个联合投标项目中，分包商 A 负责项目交付，却因为是首次在非洲做国干项目，缺乏能力和经验，提出要通过提高投标价格来解决现存的问题。另一边，客户也因为项目进度缓慢多次投诉到华为。

为了让客户和分包商能够看到华为的诚意，汤平请客户和分包商共同到现场核实情况。这样一来，客户知道了项目进度缓慢的原因是分包商 A 的资源和能力不足，也意识到的确需要提高价格解决现场交付成本超支的问题。在三方一致同意下，客户另外引入了新的分包商队伍，并且同意更改合同提高单价。随后，项目工作顺利开展，项目扭亏为盈并提前一个月实现商用，客户、华为、分包商三方实现了共赢。

2009 年，汤平接手了卢旺达国干项目，和非洲首个国干项目一样，这个项目因为重重障碍导致进度缓慢，被客户多次投诉。更严重的问题是，由于长期未能解决客户问题，客户 CTO 在遇到问题的时候都不再与华为项目组沟通，而是直接向华为高层投诉。

汤平意识到要赢得客户信任，必须主动、真诚地沟通，并且全力交付，拿出成果给客户看。由于卢旺达山峰众多，项目站点设置得比较偏远，汤平只能带领项目组成员在山里奔波，在忙碌间隙抽出时间随便吃一点裹着石灰的米饭，甚至为了冲刺抢通两天三夜没有休息。在汤平和项目组成员的坚持下，他们终于把“硬骨头”啃了下来，最终赢回了客户的心。

可以看出，汤平之所以能够打动客户，是因为汤平能够诚心地对待客户，想客户之所想，急客户之所急，将诚信时刻铭记于心并落实在行动上，最终与客户形成了互信互助的伙伴关系。

销售人员要谨记：蕴诚于心则能取信于人，坚持用虔诚的态度服务客户，用心维系客户，才能让客户对自己产生信任感，客户才会回馈以真诚的合作态度，实现自己与客户的双赢。

7.2 站在客户的角度思考问题

销售人员在推销自己的产品的时候应该注意到客户的需求，而不是一味地想将自己的产品卖出去。也许有人会说能够将冰箱卖给因纽特人、将电灯卖给盲人才是最成功的销售人员，但站在客户的角度思考，这种忽略客户实际需要，只顾自己利益的销售手段可能会成功一次，但不会成功第二次。也就是说，客户反应过来之后将切断与这名销售人员后续合作的一切可能，长此以往，销售人员难以与客户建立长远的合作关系。没有忠实的客户，意味着销售生涯是失败的。

所以要真正获取事业上的成功，销售人员应主动地为客户着想，做到想客户所想、急客户所急。

因为连年业绩第一，著名销售员陈品妏曾连续七年拿到中国人寿松柏荣誉会长头衔，同时她还是2002年百万圆桌协会的顶尖会员，也就是说她的业绩为一般会员的六倍之多。

在销售行业取得如此辉煌成就的陈品妏，入行之初也只是一名普通的柜台销售员。陈品妏之所以能够在销售行业做出成绩，是因为她能够主动为客户着想，真正帮助客户解决问题。

陈品妏非常注意生活细节，因为她认为自己在生活上遇到的困难，客户也一定会遇到。所以陈品妏的职业生涯中，她不是正在帮客户解决问题，就是在帮助客户解决问题的路上。客户向银行借钱有困难，陈品妏就帮客户和银行打交道；客户的子女要出国留学，陈品妏就帮助客户代办留学、安顿、注册等事宜；客户要出国旅游，陈品妏就帮助客户找旅行社、规划行程。客户被陈品妏日复一日毫无怨言的坚持打动，陈品妏也因此获得了很多大单。

某次，陈品妏在拜访陌生客户时，恰好遇到客户的工厂出货，所有员工忙得不可开交，陈品妏二话不说，卷起衣袖帮忙出货。当时所有人都以为陈品妏是老板找来帮忙的人，所以没有过多关注。但最后，老板发现陈品妏跟着工作到天黑，自己却完全不认识她。这时陈品妏才站出来自我介绍说是业务员，老板非常感动，他虽然讨厌推销保险的人，但是非常耐心地听陈品妏推荐了保险。当晚，陈品妏就捧着 19 万多元的年缴保费离开。

陈品妏获得事业上的巨大成就是因为她能够真正站在客户角度思考问题，帮助客户解决实际问题。所以每一个销售人员在拜访客户的时候都要明确一点，即自己的工作是要帮助客户寻找解决实际困难的方案，只有让客户感受到销售人员的真诚，感受到销售人员是真正为他着想，而不是贪图他口袋里的钱财，销售人员才能与客户走得更近一点，才能真正得到客户的信任，赢得大客户，拿下大订单。

7.3 获得客户支持，完成项目

在2014年的后备干部座谈会上，任正非对华为人提出这样的要求："华为说要帮助客户成功，你能否站在客户的角度，思考客户在这个国家里如何赚钱、如何成功，经常这样思考就能锻炼自己的宏观思维能力。"

实际上，对于销售员来说，客户的成败与个人的成败息息相关，销售员要站在帮助客户实现商业成功的角度去思考问题，帮助客户解决问题，完成任务，才能获得客户的支持，实现自己的工作目标。

2007 年 1 月 25 日，距离越南春节仅剩三周时间，华为的 VT 客户要求华为项目组在一周内完成所有硬件安装和本局调测，并且在接下来的两周完成网络改造业务割接和运行观察，以迎接越南这一重大节日高话务的冲击考验。但当下的技术和设备资源难以支撑项目组在三周内完成如此艰巨的任务。

就在华为项目组焦头烂额之际，越南交付的核心网产品经理覃宇桓主动向上级申请全权负责此项目的交付工作。覃宇桓基于华为与客户的利益是高度捆绑的这一考虑，带着 3 名本地工程师去客户的公司，并向客户高层直言："这个项目是一场与时间赛跑的战争，华为与 VT 在同一战壕，只有生与死的结果，只有紧密合作才能打赢这场战争。"紧接着覃宇桓提出了一些要求，希望能够得到客户的支持，对于覃宇桓提出的"客户要派出和华为一样优秀的专家团队支持业务；以天为单位，双方依据计划严格执行任务，实行问责对事不对人制，快速解决问题；此外，希望双方能够交叉授权联合指挥。”

覃宇桓本以为要花费很长的时间来说服客户接受华为的提议和要求，但没想到客户听完覃宇桓的一番话当即就表示全盘接受，希望能够尽快开展工作。在后续三周的项目执行过程中，客户高度配合华为的工作，依据计划履行了对华为的承诺。在双方的共同努力下，2007 年 2 月 15 日，华为按项目计划完成网络改造和全部业务割接。春节期间华为的设备运行稳定，客户的网络状况良好。

在这个项目圆满完成之后，华为的软交换核心网很快得到了另外一个客户 VMS 的青睐，迎来了新的合作机会。2007 年到 2008 年期间，华为一举拿下越南几个运营商数十套上亿美元的核心网项目。

可以看出，客户方之所以很快接受了华为提出的建议，是因为感受到华为是真诚地为自己考虑，想要帮助自己快速实现工作目标，所以很快就认可了华为的提议，并高度配合华为的工作。华为也能够在客户的支持下，很快完成项目工作。

销售人员在与客户合作的过程中要重点关注客户的需求，将帮助客户实现商业成功当成自己工作的目标，只有为客户考虑，实实在在地帮助客户解决问题，才能得到客户的认可，在客户的支持下顺利开展工作。

8. 提升服务意识

任正非说：“其他任何第三方（包括政府）都不可能为华为提供资金用于生存和发展。所以，也只有服务好客户，让客户把兜里的钱心甘情愿拿给我们，华为才有可以发展下去的基础。”

8.1 时刻牢记为客户服务的初心

在谈到华为的成功的时候，任正非表示华为一直秉持着以客户为中心的服务理念，才能与众多客户建立长远的合作关系，彼此成就。他说：“尊重最原始、最简单、最朴实的商业逻辑，老老实实、脚踏实地按照商业本质，做企业应该做的事情，以客户为中心，为客户提供最好的产品和服务。”

从华为的成功也可以看出，一个企业的成功不是靠运气铸就的，而是不管企业变得如何强大，都不忘为客户服务的初心。

钱伯斯是当今世界上最出色的企业经理人之一，他在任思科 CEO 期间，始终坚持以客户为中心，也秉持着这个服务理念带领思科成为全球最具竞争力的公司之一。

钱伯斯担任思科 CEO 后的第一次董事会非常重要，但是他却为了帮助一名客户解决私人事务迟到了 20 分钟，可见他的服务意识有多强。在钱伯斯上任后的 10 年时间里，他会见了上万名客户，每次会见客户的时候，钱伯斯都会递上自己的名片，并将联系方式告知客户，以便客户遇到问题时，能随时联系他。

每天晚上，钱伯斯都会从全球 10 万个客户中查看思科 20 个重要客户的销售情况，并想办法帮助客户解决难题。正是钱伯斯以客户为中心的服务意识，为思科带来了巨大的利益，赢得了众多客户的信任。

钱伯斯这种为客户服务的精神是思科能够快速成长的重要原因之一，持续不断地为客户创造价值，为客户提供高质量、价格合理的服务换来了思科的成就。

同样以客户为中心的华为也在《致新员工书》中强调："华为文化的特征就是服务文化，谁为谁服务的问题一定要解决。服务的含义是很广的，总的是为用户服务，但具体来讲，下一道工序就是用户，就是您的'上帝'。您必须认真地对待每一道工序和每一个用户。"

华为的客户经理赵强一直非常重视公司的服务文化，在工作过程中处处为客户着想，秉持客户为重的理念，不断为客户提供优质服务。一次春节值班，赵强在结束一天的忙碌之后准备就寝时就接到了客户的电话，当时已经凌晨三点了，但客户至上的服务精神让他立刻响应客户需求，穿上衣服就出门了。因为赵强及时赶到现场，与现场的技术人员一起解决了客户的问题，使客户免遭巨大损失，赵强也获得了客户的赞赏和新的合作机会。

赵强具备极强的服务意识，能够把自己利益的实现建立在服务客户的基础之上，最终获得了事业上的不俗成绩。实际上，销售人员更是应该将客户看作上帝，因为客户的利益与个人利益密切联系在一起，只有以客户为中心，服务好客户，才能体现出个人价值，才能把利己和利他行为有机协调起来。

实际上，销售人员为客户付出得越多，得到的才会越多。这也是真正聪明的销售人员的做法。所以，销售行业的从业者要时刻牢记为客户服务的初心，以客户为重。

8.2 把功劳让给客户，把问题留给自己

华为人一直奉行一条为客户服务的原则，就是把功劳让给客户，把问题留给自己。这个原则包含两层含义，其一是将功劳让给客户，这意味着不管真正有功劳的是谁，都要以客户的荣誉为重。只有让客户高兴，客户才会认同华为人的付出和服务，才会给予相应的报酬。其二是把问题留给自己，实际上为客户服务的过程中有可能出现各种各样的问题，不管问题是谁造成的，谁应该承担责任，华为人的第一反应都不是去追责，而是去解决问题。只有为客户排除故障，解决问题，客户才会感受到华为人的工作态度和服务精神，才有长期合作的机会。

对于销售行业的工作人员来说，华为这套客户至上的服务理念有非常高的指导价值，销售人员在服务客户的过程中，一定要贯彻“把功劳让给客户，把问题留给自己”的行动准则。

华为的一线员工方士清（化名）在一次会议上分享了自己的一次修车经验，当时他的车的右后轮因为在遇到紧急情况的时候强力将非标准的螺丝拧了进去，导致螺丝孔被破坏，拧出旧螺丝后，新螺丝再也无法拧进去。

于是方士清只好驱车到4S店去找专家维修，4S店的专家在检查之后直接给方士清列了一个清单，上面写明了轮毂和刹车盘等全套设备，折算下来需要花费6 000元人民币更换右后轮。方士清感到非常诧异，他认为4S店可以直接维修车轮，用不着替换全部设备。

后来在同事的推荐下，方士清去了一家修理店。方士清开车进修理店之后，店铺的经理非常热情地招呼他，并且在仔细检查车轮情况之后，安排了一个技师来解决故障。这名技师尝试了各种螺丝，但是没有办法固定进去。方士清当时认为没有办法解决这个问题了，但是这名经理没有放弃，而是招呼店里几个年纪稍长的技师一起来查看，这些技师有的拿着螺丝端详，有的用手电筒探照着螺丝孔。

在热火朝天的讨论之后，其中一个大个子技师到自己的工具箱中翻出了一把

游标卡尺，量了螺丝的直径，在螺丝孔前反复尝试。测算之后，又从自己的工具箱中翻出一个前面像钻头的辅助工具。这个大个子技师用游标卡尺仔细量好并调整后，用辅助工具探到螺丝孔里边，先轻轻地拧了几下，再缓缓地用劲拧了进去，最后抽出来。之后他拿来一个吹风，把螺丝孔里边的金属屑吹干净。这时，他将新螺丝放入螺丝孔，用扳手顺畅地拧了进去，螺丝孔完全修复了！

方士清感到非常高兴，并且询问经理需要收取多少维修费用，经理笑着说紧固一个螺丝孔是免费的，方士清惊讶得说不出话，反应过来之后立即掏出100元人民币递给经理，说不是给的维修费，而是请技师喝杯咖啡。经理愉快地接过钱，并把大个子技师叫了过来，拍着他的肩膀说了几句表扬的话，直接把钱给了他。

方士清在众多一线员工面前分享这个故事，是为了让所有的一线业务员都能学习这家修车店的服务精神，不管是经理还是大个子技师都是实实在在地为客户着想，想尽办法为客户解决问题，而不是贪图不合理的报酬。这也使得客户对这个店铺的信任度大幅提升，并且自愿给予一定的奖励。

销售人员在面对客户的时候一定要有这种把功劳让给客户、把问题留给自己的服务精神，绝不推脱责任，而是尽全力协助客户解决问题，以谦虚和积极主动的服务态度用心地为客户服务，做到“带走用户的烦恼，留下自己的真诚”。

8.3 贴心服务，提高客户满意度

《华为公司基本法》里明确提出：“我们要以服务来定队伍建设的宗旨，以顾客满意度作为衡量一切工作的准绳。若在服务过程中不去推动客户解决维护中的隐患，以种种理由辩解，不管原因在客户还是在我们自己，其结果就是增加了客户对我公司产品和服务的不信任，降低了客户满意度。”

销售行业与服务行业非常相似，客户满意度决定了销售人员的职业生涯长度。所以，《华为公司基本法》中提到的提高客户满意度的方法也适用于销售人员，销售人员要懂得通过提高服务质量来提升客户满意度。

2015年以来，华为在科威特市场深耕细作，全面在科威特铺开华为的手机业务。通过不断优化产品和服务，华为在科威特市场广受消费者的喜爱。

华为根据科威特的消费者一个人使用多个号码，不得不一个人购买数个手机的特征，大力推广华为的双卡双待手机，轻易解决了科威特消费者的问题。再加上华为在科威特市场的消费者大多是年轻时尚的群体，华为还专门设计了更为精致漂亮的外观来吸引更多客户。华为针对年轻群体热爱自拍的特性，与徕卡合作了双摄像头，这也成为华为手机的一大卖点。

除了华为手机各种特色功能和精致漂亮的外观设计外，华为公司还在科威特持续地深入和渗透华为的特色服务，不仅建立了专门的服务专营店，还开通了网络热线，提供线上寄修业务。华为一点一点扩张业务覆盖范围，并且为客户提供越来越优质贴心的服务。

在 2017 年，华为的服务团队完善并优化了服务平台资源，通过各种管理细化的方法进行精细化运营管理，提高了服务品质，加强了服务营销，从整个销售层面更加重视服务这个环节，把服务真正融入手机整体的销售工作中去，在消费者心中创造华为服务品牌形象。

华为在科威特的服务业务一步步展开，只是华为在全球业务的一个缩影，正是因为华为面向全球消费者都能够严格要求自己，为客户提供最优质最贴心的服务，华为才能在全球市场占据高地，快速发展为国际一流企业。

销售人员在树立自己的形象的时候，也要像华为树立企业形象一样，始终把客户的实际体验和满意度放在首位，通过细致入微的观察为客户提供最贴心的服务，用“以客户为中心、以行践言”的服务理念打动客户，提高客户的满意度，获取更多合作机会。

第7章 签下第一单

不论是刚入职场的新销售人员，还是转行做销售的业务员，第一单都尤为重要，只有顺利开启第一单，才能有信心坚持销售之路。所以，销售人员要勇敢地去面对，顶住压力，签下第一单。

1. 用艰苦奋斗突破自我

任正非说："华为为什么成功？华为就是最典型的阿甘，阿甘就一个字'傻'，阿甘精神就是目标坚定、专注执着、默默奉献、埋头苦干！华为就是阿甘，认准方向，朝着目标，傻干、傻付出、傻投入。"

1.1 不断努力，终会收获成长

心理学中有一个马太效应，指的是强者愈强、弱者愈弱的现象。这同样适用于销售行业的工作者，如果销售人员认为推销工作非常艰难，从而找借口逃避工作，那么就会让自己越来越恐惧销售。反而是那些不找借口勇往直前，敢于面对困难、迎接挑战的销售人员在工作方面能够越来越得心应手。

所以，销售人员要通过努力克服工作中遇到的困难，拒绝找借口，而是马上采取行动，就一定能够在这个过程中收获成长。

2009年，华为项目组耗费数月的精力，努力搭建和印度尼西亚客户的合作关系，项目负责人王杰峰（化名）更是全身心投入这个项目中。在印度尼西亚客户召开的海缆项目标书澄清会议上完成了澄清工作之后，王杰峰和团队成员就在酒店门口等待会议结束，但奇怪的是，一直等到天黑都没等到客户露面，强烈的不安情绪涌上心头，王杰峰立即进酒店打听消息，得知会议早已结束，华为的友商早已将客户从后门接走了。王杰峰的心里"咯噔"一下，整个人都蒙了。

这个项目是华为海洋成立后的第一个海缆项目，其重要性可想而知。为了能够追上客户，王杰峰和团队成员在那个风雨交加的午夜，一直在万隆的街头徘徊，四处寻找客户的踪迹。一直到团队所有成员都精疲力竭，他们都没能找到客户。面对难以逾越的难关，王杰峰心里一直想着，是否应该放弃了，干脆离开华为算了。

但王杰峰想到自己已经为了这个项目付出了这么多心血，就这样放弃太可惜了。为了让自己的付出有所回报，也为了能够让华为能够抓住这次关键时机，王杰峰决心迎难直上，他对客户经理说："去找客户吧。无论如何要把客户找到，必须拿到最新的一手信息。"客户经理认为这简直是不可能完成的任务，他说："万隆这么大，怎么找？"

王杰峰考虑到当时的时间点，客户最有可能去附近的餐厅用餐了，于是王杰峰和客户经理冒着雨，几乎找遍了万隆的所有餐厅，终于在午夜时分看到了客户的车停靠在某个餐厅外面。王杰峰立即与客户沟通并拿到了评标的最新情况，得到一手消息的王杰峰立即回到办公室，连夜调整了策略。

最终，在王杰峰及团队的不断努力下，华为拿下了全球第一个海缆项目，此役以后，华为势如破竹，在客户的网络市场总体份额中占比超过 50%。

可以看出，是因为王杰峰的不放弃和不断努力，华为才最终拿下了客户，签下了海缆项目。对于华为人的艰苦奋斗，华为高管梁华曾表示："华为的员工坚持长期艰苦奋斗是非常重要的。如果我们哪天没有了艰苦奋斗，那我们离死亡也就不远了。"正如他所说，所有员工必须在思想上保持吃苦耐劳精神，行动上坚持艰苦奋斗，才能避免职业危机，保障个人和公司的发展。

对于销售人员而言更是如此，销售行业是一个竞争非常激烈的行业，只有不断努力不断奋斗，才能突破自我，收获成长，收获成功。

1.2 以坚强的意志完成任务

销售人员与客户之间的较量，实际上就是看谁能够以更强的意志力影响对方。销售人员没有拿下订单，很多时候是因为没有用对方法，付出不够多，坚持不够久，在遇到一些小困难和小挫折的时候就选择了放弃。如果在销售过程中，销售人员能够以顽强的意志实现客户提出的种种要求，最终完成任务，就能够赢得客户的信任，拿下订单。因此，在面对捉摸不定的客户的时候，销售人员一定要意志坚强，让客户看到自己的诚意。

自 2006 年，华为的项目经理唐振宇加入华为的巴西 VIVO 项目以来，他一直在岗位上坚守，直到 2008 年 7 月才有时间回了一趟家。甚至在 2007 年的春节，他也只能一个人在巴西南大河值班。当时国内年味正浓，他收到了很多亲朋好友发来的祝福信息，但却只能对着冰冷的设备独自坚守。唐振宇在和本地员工聊天的时候，说道:“过年了,说不想家那是骗人的,项目组曾多次让我回国休假,可是项目紧啊,我只能驻守在南大河。”本地员工笑称:“You are the best local PM.(你真是最佳项目经理。)”唐振宇也因为驻守南大河长达19个月,被项目组称为“南霸天”。

在这两年期间,唐振宇不是在VIVO工作就是在去VIVO的路上,他白天在VIVO上班管理现场,晚上还要熬夜做仿真,忙碌的时候甚至没有时间吃上一顿像样的饭,只能顺路买一个面包充饥。往往是深夜抽时间睡一会儿,没多久就会接到项目组的电话,要做一些调整改善工作。

就在唐振宇日复一日的坚持下,2007年,他带领华为项目组快速实现了巴西VIVO GSM项目的交付,帮助华为打开了巴西移动市场的大门。2008年,唐振宇带领VIVO项目组取得更大的成绩,一举拿下WCDMA项目50%份额的商用合同,完成了八期交付。

唐振宇能够在远离国土的环境下常年工作,只有依靠坚强的意志才能够克服困难。这种精神意志使得他能够长期坚守巴西,最终完成项目交付,为华为拿下大订单。

对于销售人员而言,这种坚强的意志无疑是必备的品质,坚强的意志带来的力量能够帮助销售人员克服一切困难,完成客户提出的一切要求,最终赢得客户的信任,达成自己的业绩目标。

1.3 不畏艰难,保障客户利益

任正非曾多次强调:“华为的魂就是客户,客户是永远存在的。华为人要琢磨客户在想要什么,要从客户的角度思考问题,使客户的利益最大化。”华为人始终秉持“以客户为中心”的服务理念,以客户的利益为重,满足客户需求。尤其在困难面前,华为人不畏艰难,以客户利益为先的精神为华为吸引了众多忠诚客户。

2017年8月8日,四川阿坝州九寨沟县发生了7级地震,华为的客户运营商A受到地震影响,导致震区通信中断,为了帮助客户确保灾区通信畅通,华为第一时间成立华为中国区四川九寨沟抗震救灾工作组,并且连夜赶往震区。

8日22时左右,华为保障专家以及fellow级专家组成的抢险队伍赶往九寨沟受灾现场。与此同时,华为的抗震救灾团队也带着应急保障物资赶往灾区,在帮助客户抢修通信设备的同时，提供客户需要的救灾物资，根据客户需求随时送往受灾区域。

在余震不断的灾区，华为的救灾队伍没有退缩，而是直面困难艰险，全力投入抗震救灾应急通信保障工作中。一直到8月9日上午10时，华为的数百名专家和工程师都还和客户运营商A一起坚守在运营商的机房以及网管中心，通过远程监控值守，保证无线、数通、传输、核心网等设备24小时无障碍运行。华为与运营商紧密配合、协同作战，快速恢复了灾区的通信，使得客户的损失最小化，利益最大化。客户渡过难关之后让华为作为下一个超宽带网络项目的合作方，表示要和华为一起推动超宽带网络的持续演进，共同拓展新增长之路。

危急时刻，华为展现出的不畏艰难，一心以客户为重，保障客户利益的服务精神，使得客户的忠诚度提升，华为也因此与客户建立了牢固的长期合作关系。

销售人员在服务客户的过程中，也要有这种不畏艰难，一切以客户利益为重的精神，使得客户对自己的依赖感提升，从而与客户建立长远的合作关系。

2. 拿下职业生涯第一单

销售的第一单就是一层窗户纸，只有成功地捅开了这层窗户纸，销售人员才算是开启了自己的销售生涯。所以，销售人员要顶住压力，不畏艰难，拿下职业生涯的第一单。

2.1 顶住压力，开启销售之门

在还未成功签下任何订单的时候，销售人员心中都会非常忐忑，尤其是长时间没能开启销售之门，更是压力巨大，甚至会怀疑自己能否胜任销售一职。但是销售是一份勇者的职业，如果连拿下销售第一单的勇气都没有，如何面对后续职业生涯中的诸多的困难和挑战？所以，销售人员要具备抗压能力和挑战精神，勇敢地迈出第一步，开启销售之门。

华为的李顺华（化名）自从到南非工作以来，连续几年业绩为零，面对这样的工作成绩，他非常沮丧，并且因为压力过大，很长一段时间都不敢主动接触客户。

正当李顺华愁眉不展时，一个机会悄然而至，V运营商的副CEO同意给他一次机会做公司汇报。当时是南非的冬天，早上7点李顺华就到了现场，虽然他不停地安慰自己，但心里仍然忐忑不安。在等待客户的几个小时中，他就一直处于焦急的状态。当客户一行到达现场的时候，李顺华激动地不停发抖。在同行主管的安抚之下，他才逐渐平静下来，开始做公司汇报。汇报过程中，为了缓解他的紧张并调节现场氛围，主管还不时帮他解释几个要点。由于压力过大，李顺华紧张得把“诊断（diagnose）”说成了“恐龙（dinosaur）”。会议室的气氛并没有因为客户的哄堂大笑变得轻松起来，客户CEO中途说还有一个重要的会议便匆匆离场。

后续的联系果然如同泥牛入海，电话、邮件、短信通通没有任何的回应。V运营商没有给任何的意见，也没有给华为合作的机会。当时李顺华沮丧地想，自己实在是太失败了。

就在李顺华犹豫要不要放弃的时候，主管给他讲了一个华为市场先辈拓展客户的故事：某系统部主任为了准确找到客户的住址，多次在晚上来到客户楼下拨打客户家里的电话，每次逐个楼层去找寻，每一个门洞都不放过，终于敲响了客户的家门。当客户得知华为人用这种方式实现了上门拜访时，惊讶之余也被华为的不懈努力感动。那个客户第一次在家里谈起了业务，后来那个系统部主任和客户成了很好的朋友，客户关系也由此打开。

主管的激励，坚定了李顺华的信心，李顺华顶住压力，坚持向V运营商推荐华为的3G数据卡，最终找到机会卖了2万片给V运营商。拿到订单后，李顺华立即跑到主管的办公室，近乎声嘶力竭地喊：“这下应该收回投资了吧？”主管也很激动：“祝贺啊！总算撕开一点儿口子，今后沿着这个口子，我们会在V运营商有很大突破的！”

虽然李顺华一开始业绩不佳，但是他顶住压力，勇敢地迈出第一步，以不服输的精神坚持向客户推荐华为的产品，最终赢得了第一单。

销售人员在第一次面对客户的时候，要相信自己的能力，要坚信只要用不服输的精神去面对、去挑战第一次销售机会，一定能够成功开启自己的销售事业。

2.2 多与客户喝茶、聊天，获得机会

任正非说道："华为必须坚持与客户近距离的交流，听一听客户的心声，才能了解客户的更多想法。我们今天之所以有进步，是客户教给我们的。要不断地与客户进行沟通，发现客户未表达的需求。"正如任正非所说，只有不断贴近客户，才能抓住客户所需，提供客户真正需要的产品和服务。

2008 年，李国玉加入华为成为一名商务专员，他的勤快和卖力很快让代表处主管注意到他，代表处主任表示李国玉身上有一股使不完的劲儿，非常有做销售员的潜质，于是推荐李国玉转做销售。

李国玉成为销售后负责的第一个目标客户是新疆高校，每一次客户都会非常热情地招待他，但是谈到是否要签订合同，客户就会表示拒绝。李国玉非常受挫，甚至怀疑自己并不适合做销售，但是带着一股不服输的劲儿的他，开始转变策略。李国玉成为客户的"保姆"，全方位跟进客户。每天都跟着客户一起上下班，一起吃午饭，趁客户在茶歇的时候和客户一起喝喝茶，聊聊行业信息，并不动声色地塞给客户一些华为的产品信息。坚持一个月之后，李国玉成功拿下了自己的销售第一单。

后来，李国玉和客户变成了好朋友，他问客户为什么当时会选择华为。客户哈哈大笑："你的铁屁股都快把我办公室的板凳坐穿了，再不给你个机会我都不忍心了！"李国玉也笑着表示："当初自己一点销售技巧、销售经验都没有，就凭骨子里的坚持赢得了客户！"

营销大师杰克·特劳特说："客户是否购买一件商品的关键因素，是他的感知需求。"而客户的感知需求千差万别，非常容易受到情绪和外部环境的影响。因此，只有贴近客户，和客户保持良好的沟通，才能敏锐地捕捉到他们最真实的想法和需求。

所以，销售人员一定要与客户保持密切的联系，与客户多喝茶、多聊天，在跟进客户的过程中针对客户需求，有效刺激客户，激发客户对产品的购买欲。

2.3 坚持向客户展示能力，签下第一单

美国销售员协会曾经做过一次调查研究，数据显示大多数成功的销售案

例，是销售员接连拜访客户五次以上达成的。可见，坚持不懈地向客户推销产品、展示自己的能力是销售员成功的必由之路。

在向客户介绍产品和服务的时候，客户会提出很多不愿意购买的理由，但是一个销售员的职业生涯中能够遇到的拒绝理由是有限的，只要销售员做好充分的准备应对客户，不断向客户输出产品的优势和购买的必要性等信息，就能够让客户找不到拒绝的理由，最终拿下订单。

2004年11月15日，时任华为系统部部长的彭博被公司派往欧洲，负责攻坚沃达丰集团。彭博到达欧洲之后挨个给华为的代表处打电话，原以为沃达丰有24张子网，华为总有一两个代表处和沃达丰集团有过生意往来，或者起码认识沃达丰的一些员工。但是彭博发现此前华为与沃达丰集团没有任何来往，华为要将沃达丰开拓成为自己的客户，一切都要从零开始。

初期的拓展工作是最难展开的，彭博几次拜访沃达丰，希望能够和沃达丰集团的高层面谈合作事宜，但是客户一直没有时间和彭博详谈。彭博没有放弃，而是坚持与客户联系，甚至为了“抓住”客户，在西班牙和德国之间来回飞了六次，终于在机场见到了客户。彭博抓住等飞机的30分钟时间，向客户推荐华为的产品，但是15分钟之后，客户表示：“你们可以走了，在我主管的这块领域，未来3~5年都是不可能选择华为的。”

尽管客户已经表现出了拒绝的态度，但彭博仍然坚持为客户提供产品样品，不断联系客户展示产品的优势，试图说服客户接受华为的产品。彭博坚持了一个冬季，再次拜访客户的时候，他在客户面前强调：“华为的无线产品经得起任何考验！”沃达丰集团CTO终于有所松动，说道：“那就把华为的产品放到最严格的德国来进行测试。”

为了全方位展示自己的产品，顺利通过客户的测试，彭博带领团队精心准备了几个月，虽然产品性能非常出色，也被客户认可，但沃达丰仍然未答应与华为建立合作关系。华为团队依然没有放弃，而是积极响应客户的每一个要求。

最终，沃达丰提出希望能够看看华为做一份西班牙高铁的覆盖方案，华为团队不仅做出了解决方案，还花费三个月时间在上海的磁悬浮沿线搭建了覆盖，并且邀请客户直接到上海现场体验。

耗费近一年的时间，华为终于通过以自身出色的能力和坚持打动了客户，沃达丰最终选择华为进入沃达丰最大的四个子网之一的西班牙子网，开始了和华为的合作之旅。

在华为团队长达一年的“推销”过程中，沃达丰曾数次态度坚决地表示了拒绝，但是华为团队仍坚持向客户展示华为产品的优势，展示华为的能力，最终打动客户，签下了和沃达丰的第一个订单。

销售人员从敲开客户办公室，到与客户的信息交流，直至成交的过程中，每一个阶段都可能会因为客户的抗拒导致自己受挫。但如果真的想拿下订单，就必须坚持，正如约翰逊所说：“成大事不在于力量的大小，而在于能坚持多久。”销售人员在推销过程中没有得到预期的效果的时候，要不断向客户展示自己的能力，直到最后签下订单。

3. 重点地区，实现零突破

销售人员在攻坚重点地区的时候，要能够迅速定位出自己的意向客户，并集中资源攻克重点客户，实现重点区域的零突破，再逐渐铺开自己在重点地区的销售版图。

3.1 对准格局项目，敢啃硬骨头

任正非说：“我们要特别关注机会点，要迅速地集中能量，要有市场的敏感性，要有快速响应能力，特别是关注客户需求。”也就是说，只有时刻关注客户动态，对准关键的格局项目，敢于做第一个吃螃蟹的人，才能够获得客户的认可，拿下客户的订单。

2016 年 12 月，哈马德国际机场视频监控项目公开招标，这个项目不仅辐射整个中东的视频监控市场，更是全球大型机场视频监控存储系统建设的样板。能够拿下这个项目，不仅意味着能够打开全球的视频监控市场，也能够在视频云领域打响名号。

这个消息犹如平地惊雷使得华为上下沸腾起来，华为视频云一直以来都将视频监控市场作为自己的重点对象，面对这个难得的项目机会，华为视频云表示：“一定要拿下这个项目，打造出华为视频云在中东的灯塔！”

哈马德国际机场视频监控项目的影响力吸引了电信行业的众多巨头公司竞标，华为的竞争对手非常强大，但华为视频云团队毫不让步，上下一心努力啃下这块“硬

骨头”。

为了能够满足客户的大规模监控摄像头集中部署的需要，华为团队每天在卡塔尔代表处的会议室里埋头奋战，不管是摄像头数量和视频码率的要求，还是细节的功能特性要求，华为团队都认真对待，为设计出打动客户的方案日夜不停地工作。

虽然华为提供的设计方案非常打动客户，但是友商的实力也不容小觑。为了能够拿下这个项目，华为项目组只能另辟蹊径，改为从集成商方面突破。于是，华为项目组迅速调整方案，并积极与集成商进行深入沟通。

在其他投标厂商还没反应过来的时候，华为项目组已经有序展开各项标准动作：优秀的投标方案；紧锣密鼓地安排高层拜访、技术交流；与集成商之间的深入沟通等。最后，华为提供的项目方案高度契合客户的业务需求，客户的技术层和决策层认为华为视频云方案架构先进、技术领先，于是与华为签下合同。华为项目组凭借锲而不舍的精神，终于啃下了哈马德国际机场视频监控项目这块“硬骨头”。

事实上，客户在购买产品的时候，可以选择的范围太大，可以选择的对象太多了。所以，销售人员要想能够获得客户的认可，拿到客户的订单，就要能够对准格局项目，敢啃硬骨头。

3.2 协助客户共渡难关，收获信任

任正非一再对华为人说道：“什么叫以客户为中心？不是成天向客户点头哈腰，而是忠实于责任感，完成自己的本职工作。我们首先要充分感知客户的需求，在此基础上予以最大限度的满足。客户使用我们的产品，我们理所当然地要及时、准确、优质、低成本地交付，并提供最好的服务。而当地震、战乱等发生时，我们只能与客户共渡难关，因为这时候产品最容易出问题。”

华为人明白，当客户遇到紧急情况的时候，只有全力陪伴客户，帮助客户解决问题，才能成为客户最信任的合作伙伴。

2015年9月30日，华为尼日尔办事处与A客户正式签署了非洲多国子网代维项目的第一单。自此，尼日尔成为A客户非洲多国子网第一个签订子网合同的国家。这一切都源于A客户遇到困难之时华为的不离不弃，客户经理余昕动情地说：“以

客户为先，及时高效地帮客户解决问题才能打动客户，信任是一点一点建立起来的。”

2013年10月正值尼日尔旱季，某日凌晨，A客户的核心机房空调突然爆炸着火，导致网络瘫痪。华为的尼日尔交付主管兼工程师韩佳月在深夜接到客户的紧急通知之后就立即起床赶往现场。现场浓烟滚滚，韩佳月被刺鼻气味刺激得流泪不止，但是为了及时解决客户的网络故障问题，韩佳月用毛巾沾水捂鼻后，多次进出客户的核心机房查看现场，对客户的设备进行抢修。

在华为团队的帮助下，A客户的业务于当天下午三点恢复了运营，A客户被华为人的敬业精神感动。也正是华为人在危难关头对客户不离不弃，华为与A客户结下了深厚的情谊。

患难见真情，华为团队在危急关头表现出的“以客户为中心”的服务理念，使得客户对华为的信任度大幅提升，也构建了更为长远的合作关系。

销售人员在为客户服务的过程中，要将客户遇到的难题当成自己的难题去解决，只有协助客户渡过难关，才能够获得客户的信任，与客户建立友好长久的合作关系。

3.3 满足客户的紧急需求，获得第一单

华为人将“以客户为中心”铭记于心，即使在最艰苦的地方也将客户需求置于首位。商业的来往也是人际来往，华为人不管何时都能出现在客户需要的地方。客户不仅看到华为人的专业，也会因为华为人的坚持和真诚而感动，华为也因此和客户建立了牢固的合作关系，成为客户第一时间就想到的伙伴。

2008年，华为拿到了V客户卡塔尔子网的无线全网项目，但之后因为一些原因，华为不仅错失了与V客户的合作机会，华为和客户的关系也跌入了冰点。直到2010年11月，V客户CEO更换，华为也重新招聘专人做客户经理拓展客户关系，华为和V客户的关系才出现了转折。

褚刚就是华为招聘过来的专门拓展客户关系的客户经理，褚刚加入华为之前做的也是销售工作，但是当时主要面对的是代理商，很少直接和客户打交道。加入华为的V客户拓展项目之后，华为要求褚刚在三个月之内和V客户建立良好的客户关系或在项目上取得一定的突破。这也就意味着，褚刚将直面客户，变成纯

粹的乙方。在褚刚了解了华为和V客户之间的“过节”之后，褚刚原本就忐忑的心就更加不安了，接连数日，褚刚都苦恼于如何快速和V客户建立联系，获得客户的认可。

按照褚刚以往的销售经验，要建立客户关系，首先得拜访客户，让客户知道自己的存在。结果第一次去拜访客户销售经理时，对方以为华为在经历2008年的失利之后，不会再对V客户抱有希望。褚刚意识到客户完全没有将华为当成考虑的合作对象，但他不甘心就此放弃，于是开始寻找新的突破口。

褚刚每天都和客户待在一起，和客户聊天增进感情，并且在聊天过程中找机会拿一些新产品给客户测试。就这样过了一段时间，褚刚终于等到了一个机会。客户的数据卡的销售情况一直非常好，但是有一天投入库存不够，他们找供货的友商协调尽快调货，但是友商表示至少需要两个月的时间，客户陷入了紧急缺货状态。褚刚抓住这个机会，向客户表示华为能够提供数据卡，并立即行动起来，从沙特代表处协调到一批数据卡，解了客户的燃眉之急。

自此，华为从终端撕开V客户的一个口子，此后V客户的数据卡全部采购于华为，直到现在，V客户在采购终端产品的时候总是第一时间想到华为。

对于销售人员来说，面对久攻不下的客户，不要气馁，要关注客户的动态，在客户有紧急需求的时候迅速回应，满足客户的需求，为客户创造价值，就一定能够打动客户，获得客户的第一单。

4. 推进重要产品的破冰

销售人员手上有多个产品的时候，要优先向客户推销重要产品。为此，销售人员要结合客户所需，找准重要产品的真正利益点，向客户展示产品的优越性，将客户的目光吸引到产品身上，实现重要产品的破冰。

4.1 找到产品真正的利益点

很多销售人员会长时间跟进同一个客户，但是不管销售人员怎么向对方强调产品的优势和特点，客户都没有确定购买产品。销售人员都想知道问题到底出在哪里。实际上，销售人员要非常明确的一点是，真正能够打动客户的，不是产品有多少特点，而是产品能给客户带来什么样的利益。

所以，当长时间无法拿下目标客户的时候，销售人员就要根据客户的实际情况找出客户的利益点，转而向客户描述与客户的需求相关的利益，这样才能促使双方的合作进入成交阶段。

一个咖啡壶推销员在一家咖啡店推销自己的产品的时候，将自己的咖啡壶直接带到现场，并非常热情地讲解自己的咖啡壶的优点。店主接过样品，动作娴熟地摆弄着咖啡壶，仔细观察十分钟后，开始问推销员一些专业的问题。

推销员被店主一连串的问题给问倒了，因为很多问题都是技术层面的问题，推销员此前没有了解过。看到推销员的沉默，店主沉下脸说："小伙子，任何一个推销员都会说他卖的东西是最好的，但你却不能告诉我它为什么是最好的。比方说，你说这把壶采取了比利时的先进工艺，那么比利时工艺和美国工艺比，到底好在哪里呢？我认为我问的问题才关系到这把壶的真正价值。如果你不能给我一个可靠的答复，我是没有理由购买你的咖啡壶的。"

这名推销员并没有因此放弃，而是开始思考店主提出的这番话，第二天推销员又来到了咖啡店，他点了一杯咖啡坐在角落观察这家咖啡店的客户。没多久，推销员就听到很多顾客的抱怨："咖啡太慢""人太多"……随后，他找到店主，说："如果咖啡能煮得稍微快些就好了。如果煮一杯咖啡的时间缩短几分钟，那么你一个早上起码能多卖出去好几十份早点。"

店主回道："是的，但是没办法，因为烹制的流程和所用时间都是固定的。"

推销员当即表示："我有办法缩短煮咖啡的时间。"

店主对推销员的话将信将疑，但是对于他提出的缩短煮咖啡的时间这一点非常心动，于是店主带着这名推销员去了咖啡店的厨房，让他展示如何缩短煮咖啡的时间。到了厨房之后，推销员详细描述了咖啡店现有咖啡壶的优点，然后故作不解地引导店主自己说出更换咖啡壶的原因——现有咖啡壶使用麻烦、花费时间长、容易出故障。之后，他提出了自己推销的咖啡壶的优点——可以把烹调时间再缩短 5 分钟、操作更简单、不容易出故障。推销员还亲自指导烹调师操作，以验证自己所说的话。

果然，正如推销员所说的那样，15 分钟后，咖啡准时烹制完成，店主对于推销员推荐的新咖啡壶非常满意，当即表示要购买他的咖啡壶。

其实，大多数销售人员感到推销产品是一件非常难的事情的时候，是还没注意到客户拒绝推销，并不是因为他不需要这个产品，而是他没有发现这个产品能够给他带来的益处。因此，在向客户推销产品的时候如果客户表现出了绝对的拒绝态度，销售人员不要按照原来的说法试图说服客户，而是要寻找能够证明客户的确需要这款产品的证据，准备充分了再次去拜访客户。

所以，销售人员在推销产品的过程中，要懂得将客户的注意力放到产品的利益点上，这样客户才会从利益的角度认真考虑是否需要这款产品。

4.2 向客户展示产品的优越性

都说好酒不怕巷子深，但隔行如隔山，在行业市场，不是每个客户都了解产品的情况。销售人员面向的不仅是那些专业的对产品有深入了解的客户群体，更多的客户对于销售人员推销的产品没有丝毫的了解。所以，销售人员要懂得展示自己所推销的产品的优势，在有同行竞争的情况下，销售人员更是要懂得最大程度展示自己的产品的优越性，吸引客户的目光，成功拿下订单。

2016年，华为的产品经理张英石负责和代理商Y一起开发竞争分析工具，在工具开发出来之后还要负责推广这款新产品。如果说产品推广是从1到N的工作，那么开发并推广新产品对于张英石来说，意味着从0到1再到N的工作。

产品开发出来之后，张英石陷入苦恼之中，因为新产品的受众有限，如何推广新产品，让客户最快最直接地获得产品的信息、了解到新产品的优越性是一个大难题。而只有客户认可，华为的新产品才能构筑产品影响力，做大市场空间。

于是，张英石开始从客户对新产品的疑问开始寻找产品优势并向客户详细描述，比如客户问："园区业务可编程有什么应用？园区有哪些场景需要如此高规格的芯片？"张英石就会很坚定地告诉对方，新产品具有超高性价比，并且非常适应未来的演进，客户如果能够选用新产品，对于园区的发展也有推动作用。

此外，张英石还从网络中跳出来，看趋势、看应用、看场景。张英石跟轨道交通客户着重讲可编程芯片，表示华为的新产品能够帮助客户解决DCS场景快速倒换的问题；而跟教育客户则会重点讨论数据上云，可以通过新产品分析优秀学生的作息轨迹……

因为找准了产品亮点并进行了有效的精准传播，张英石拿下了无数订单，并且获得了华为的金牌销售奖。

销售人员在向客户推销自己的产品的同时，一定会有竞争对手向客户展示他的产品。当双方的产品都摆在客户面前的时候，谁的产品更优秀，相关服务更好，谁就能够赢得客户的订单。所以，销售人员要能够找准产品优势，并且让客户了解到产品的优越性，才能打败竞争对手，打破僵局，赢得合作机会。

4.3 以专业性打消客户的疑虑

客户在购买产品的时候，希望了解关于产品的所有相关信息，以确定自己是否真的需要这款产品。而销售人员在与众多同行竞争的时候，如果不能首先为客户提供最全面最专业的产品介绍，或者不能解答客户针对产品提出的疑问，那么客户会因为不够相信销售人员以及不够了解产品而放弃购买。

所以销售人员在推荐产品和服务的时候应该注意到，对于那些事先没有对产品进行系统的调查的客户，销售人员要能够提供关于产品的全面的信息。对于那些已经对产品有一定了解的客户，销售人员要确认客户已掌握的信息是否正确，并且补充客户没了解到的方面。

为客户提供专业全面的产品及服务的信息是销售人员基本的职业素质，能够打消客户疑虑，帮助销售人员在客户心中树立具有信任感的形象，从而促成购买行为。销售人员要想掌握全面专业的产品信息，为客户提供专业化的服务，可以从以下几个方面着手。

（1）了解自己所处的行业的历史、发展情况、发展规律、未来预测等行业知识，并且根据这些行业知识帮助客户做出科学的分析。

（2）了解自己所在公司的历史、公司规模、公司主要负责人、公司的客户分布、公司产品的销售政策、价格政策、市场份额等公司知识，帮助客户核实信息，避免误解。

（3）深入了解自己推销的产品的特征、功能、材质、设计工程师、公司所特有的产品更新生产方法等产品知识，让客户相信自己是该类产品方面的专家，使客户愿意与自己进一步讨论产品信息。

（4）明确客户关注哪些方面的服务，掌握具有针对性的服务方式、服务内容、服务限制等服务知识。销售人员的使命之一是为客户创造价值，所以要以客户为重，根据客户所关注的信息和喜爱的服务方式为客户服务。

（5）牢记产品价格与公司的促销信息。销售人员通常需要给客户提供产品报价和折扣信息，所以要全面了解公司的产品价格、销售政策。如果销售人员不能合理地解释公司的定价和折扣信息，很容易使客户犹豫不决。

（6）了解市场知识与客户知识。虽然客户可能只对与自己的特定需求紧密联系的知识感兴趣，但是销售人员要能够从多种渠道收集与客户相关的信息，并且根据这些信息了解整个市场是如何使用该类产品的，从而对“客户需要什么”“客户寻求什么利益”“产品如何满足客户的特殊要求”等问题作出完整、精确的回答。

（7）了解竞争对手的信息。销售人员向客户推荐自己的产品的过程中，很有可能被问及与竞争对手的产品相较而言有什么优势。因此销售人员需要为客户提供完整的、与竞争对手产品相比照的产品信息，为客户分析竞争对手产品的优劣势，以及自己的产品与其他产品相比具备的优劣势。

心理学表明人们更愿意相信并接纳来源可靠的信息。销售人员要意识到，专业化的信息不仅可以提升客户对销售人员及产品的信任度，更有利于客户采纳销售人员提出的观点与建议。因此，销售人员如果想让客户相信并接纳自己所说的信息，就要通过专业化的描述来提升信息来源的可靠性，打消客户疑虑，获得客户的信任，从而签下订单。

5. 由签小单到签大单

销售人员在和客户建立长远的合作关系的时候，切勿急功近利，要从小单入手，逐渐打开市场。

5.1 签小单，打开市场

“登门槛现象”表明，要想顺利登上高处，需要一个台阶一个台阶地攀登。销售就如同登门槛一样，是一个“得寸进尺”的过程。也就是说，一旦客户有所松动，接受了销售人员的推销，哪怕只是一个很微小的订单，也会使得客户想要给人保持前后一致的印象，从而有更多可能接受更大的订单。

1997 年初，华为刚进入广西市场，由于没有任何客户基础，也没有成熟的大型交换机，想要占据这个地区市场显得异常艰难。范厚华在这个时候被委以重任，负责广西市场的开拓工作。范厚华不知道该从何下手，但是他想到华为在当地没有任何可以借助的力量，客户不会轻易答应与自己合作，于是他决定先进入地处偏远的河池地区，先攻克小难关，再瞄准下一个目标。

范厚华先去拜访了地市局，并且到当地的各个县去拜访客户。为了能够签订第一个小订单，华为的团队每天都在各个县局机房里检测设备是否有缺口，如果有缺口就找运营维护人员汇报并为客户解决缺口问题，同时寻找客户的需求。范厚华带着华为的团队成员走访了当地所有的偏远地区，拜访了每一个有可能签单的客户，并赢得了一些小订单。

一段时间之后，范厚华已经累积了很多小订单，也打响了华为在河池地区的名气，当时河池地区开始电源招标，信心十足的范厚华和华为的产品经理联系了客户的高层，向对方详细讲解华为的产品，并告知对方这款产品的优势，客户有疑虑，范厚华就针对客户的问题逐一解答。与此同时，为了更好地贴合客户需求，解决客户的实际问题，华为团队为客户制定了有针对性的解决方案。

最终，华为得到了客户的认可，并且顺利进入投标、应标阶段。华为也获得了当时华为莫贝克电源公司一次性签单局点最多、金额高达300多万元的一笔合同。

事实上，从范厚华一点点开拓市场的过程就可以看出，如果一时不能和客户签订大订单，就要通过小订单慢慢与客户建立互相信任的关系，再一举拿下大订单。

销售员在推销产品和服务的时候应该意识到，一般情况下，客户很难在一开始就接受销售人员提出的较高较难的合作要求，因为难度大的合作费时费力成功概率也低。客户反而会乐于接受较小的、比较容易完成的要求，在完成第一个小合作之后，客户才会慢慢接受更进一步的合作要求。

5.2 在签小单的过程中不断展示自我

心理学表明，人们在拒绝自己难以实现的任务或违背自己意愿的请求时，能够非常自然地拒绝。但是，当他面对一些找不到理由拒绝的小请求，就会增加自己同意这类请求的倾向。

如果销售人员能够抓住人们的这一心理，在签一些小订单的过程中不断向客户暗示产品的优势，不断展示自己的优质服务，就能够顺利地与客户建立长期合作关系，将小订单转变为大订单。

王永庆被誉为“台湾的经营之神”，在他取得辉煌成就之前，曾经卖过大米。在王永庆销售大米的那个阶段，不管对方是谁，他都以最优质的服务赢得对方的信赖，这也为他日后的经营积累了丰厚的资本。

当时，每当有客户购买王永庆的大米，他都会主动帮助客户把大米抬回家，并且帮助客户把米装进米缸。王永庆尤其注意细节，在帮助客户装米的过程中，他会帮客户先把米缸里的陈米倒出来，把米缸擦净，再把新米倒进去，然后将米缸里原先的米洒在新米上面……

在帮助客户倒米的过程中，王永庆还会和客户拉家常，在不经意间了解客户家中的人数，并将客户家中有几个成年人、几个小孩都记录下来，由此推算缸里的大米够吃多长时间。当客户家里的大米快要吃完的时候，王永庆就会主动和客户联系，询问是否需要送些大米过去。

因为王永庆在这种看似微小的合作关系中体现出自己的优质服务，并且不断让客户了解他家大米的优势，许多客户对王永庆提供的大米和服务产生了依赖，也使得客户在需要大米的时候会第一时间想到王永庆。大量的忠诚客户让王永庆在激烈的竞争中不断前进，创造了属于自己的辉煌。

很多人只看到王永庆的辉煌，却不知道他在事业的开端也是一步一个脚印地成长，以最积极的工作状态对待每一个小客户和小订单，在工作过程中不断展示自我，才最终将小订单累积成大订单，将小客户转化为忠诚的大客户。

销售人员应该学会这种以小及大的推销方式，在签订小订单的时候能够全身心投入，并且在合作过程中不断展示自我，赢得客户的信任，获取进一步合作的机会。

5.3 主动为客户解决问题，签下大单

很多销售人员认为与客户的合作关系在签订订单、客户交完钱、自己提供完产品或服务之后就终止了。抱着这种想法，客户在使用过程中遇到了一些非由产品或服务造成的故障和难题的时候，有些销售人员认为自己没有必要浪费时间帮助客户解决。但实际上，客户在使用销售人员的产品的时候，客户就将使用产品带来的体验转化为了对销售人员的印象。如果客户在使用产品时遇到

的困难没有被及时解决，最终造成了损失，客户十有八九会迁怒销售人员。这样一来，不仅客户体验不好，也不利于下一次合作。

如果销售人员能够从长远角度考虑问题，在客户遇到难题的时候及时提供帮助，帮助客户避免损失，就能够使得客户的忠诚度提高，有利于与客户开展长期合作。

2014年7月，塞拉利昂爆发了埃博拉病毒，出现了大量的患者。塞拉利昂的疫情，导致华为的合作运营商的业务量与往年相比激增数倍。因为疫情造成了人心恐慌，当时很多国际公司的员工都离开了塞拉利昂，但为了能够帮助客户挺过艰难时期，华为所有员工都坚守在自己的岗位上。

当时项目组负责人龙峰照常组织华为的项目组跟客户接触，后期疫情加重，双方的联系却越来越频繁。由于疫情严重，双方都采取了各种防护措施，见面时双方甚至都不再握手了。但往往聊着聊着，合作双方又会放下心防握手谈笑。只要客户伸出手，华为人都不会犹豫，马上握上去。

8月下旬出现了一件意料之外的事情，当时客户投入运营的全网设备均由A运营商提供，但A运营商的两名代维工程师不辞而别，A运营商向客户解释这是“个人人权决定”。8月底，A运营商全部撤离，改现场代维为远程支持。

客户CEO把华为的团队叫过去，说：“反正他们人都不在了，你们全搬了吧。”实际上这位来自爱尔兰的CEO刚把因为疫情而不愿按时返塞的COO直接辞退。他说：“作为一个外国人，既然决定来非洲工作，就应该有面对这种环境的心理准备。”所以龙峰知道，如果要成功拿下这次合作，必须坚守在塞拉利昂帮助客户解决问题。果然，到了9月初，这位客户CEO说服了董事会，让华为在二期扩容的方案上加上全网搬迁方案。

2014年10月，在客户CEO的支持下，华为成功签下N项目；11月，华为拿到客户首个PO，实现历史突破，并一举奠定未来几年该产品的全份额市场格局。

关于如何以客户为中心，如何全身心为客户解决问题，华为内部发文强调道：“若在服务过程中不去推动客户解决维护中的隐患，以种种理由辩解，不管原因在客户还是我们自己，其结果就是增加了客户对华为产品和服务的不信任，降低了客户满意度。”

华为的客户CEO最终将重要的合作机会交给华为，是因为华为能够在危急关头，主动留在客户身边，帮助客户解决问题。销售人员更应该以客户满意度为重，在关键时刻帮助客户解决问题，用自己的真诚打动客户，签下大订单。

6. 由点到面，扩大胜利果实

在销售过程中，销售人员要学会以点带面的扩张方式，将某个客户当成自己的突破点，扩大自己的销售范围，扩建自己的客户群，最终获得更多订单。

6.1 把客户当朋友，维系合作关系

很多销售人员在建立客户关系的时候过于商业化，在与客户的沟通中话题始终围绕产品或服务。对于那些急需产品或服务的客户，或许这种简单粗暴的推销是有效的，但是多数客户在考虑一项服务或一款产品的时候，要经过长时间的衡量。过于急功近利的推销方式不仅不能获得客户的认可，反而适得其反，使客户产生排斥心理。

其实，销售人员在与客户的接触过程中，应该学会换位思考，将心比心地关注客户心理，对客户多一些理解，才能使合作过程有更多默契。因此，销售人员在拜访客户的过程中，要跳出生意圈，先交朋友，再做生意，与客户建立牢固的友谊，进一步维系合作关系。

石艳东是华为的一线客户经理，最初在山东办事处负责客户开发工作。工作之初，石艳东就接到任务，带领一批客户参观华为公司。因为缺乏工作经验，石艳东对待客户非常客气，也因为过于客气导致客户关系不够紧密。石艳东带领客户高层参观民俗村的时候，有小商贩试图接近客户，他立即站出来拦住对方，并拒绝了对方："这是我们的客户，请不要打扰他们。"

结束了一天的工作之后，石艳东的主管找到了他，并且针对他一天的工作提出了自己的建议："艳东，你记住，不要在客户面前用'客户'这个词称呼他们，哪怕是间接的。我们和客户生意场上是合作伙伴，私下里就是朋友，甚至是兄弟。"

石艳东牢牢记住了主管的一番话，在后续的工作过程中一直以真诚的态度对待客户，并且适时关心客户的生活，真正在生活和工作中给客户提供最好的帮助。

一次，石艳东的一名老客户的家人因为生病在北京住院，那名客户也需要在北京住几天，于是给他打电话询问能否帮忙预订宾馆。石艳东理解客户忙于家人

病情的焦急心情，在接到客户电话的第一时间就立即帮客户安排妥当，并且细致地给客户说明了入住事宜。客户带着家人一路奔波到达北京之后，舒适的酒店环境也缓解了他们焦虑的状态，帮助他们调整心情。这件事被石艳东的客户记在心里很多年，每次有合作就直接找石艳东，并且表示石艳东是自己的兄弟，他在哪，自己的合作订单就跟到哪。

其实做客户关系最关键的就是深入人心，如果销售人员能够做到不单单从个人利益出发思考问题，而是将自己的注意力放在如何把客户关心的事办好，真正关心客户的需求，就能赢得客户的信任和认可。

谁为客户着想，客户就一定会为谁着想。所以，销售人员必须通过实际行动感动客户，把客户当成自己的朋友，为客户排忧解难，真正建立起牢固的合作关系。

6.2 关键时刻，要勇于挺身而出

销售人员在与客户打交道的过程中，不可避免会遇到一些突发状况，影响到双方的合作关系，但这也就是考验销售人员的关键时刻。如果销售人员能够在这种关键时刻挺身而出，帮助客户解决问题，与客户共同处理好突发状况带来的负面影响，不仅能够体现出销售人员的个人能力，对于双方建立牢固的合作关系也非常有利。

2014年初，华为的项目经理徐海负责西非几内亚湾的N海缆项目，当时与徐海一起出发的还有客户的项目经理范总和技术顾问康老师，为了快速找准项目突破点，徐海和客户方一起坐船在海上做路由勘测。

有一天，徐海和范总忙碌一天后一起吃饭，徐海才发现客户技术顾问康老师已经一整天没出现了，问了范总，徐海才得知由于康老师被蚊虫叮咬，得了疟疾，在房间里休息。徐海赶忙去康老师的房间探望，并找来了医生查看详情。医生表示病情紧急，可能需要上岸去医院医治。当时海况不好，蚊虫肆虐，如果贴身照顾康老师，徐海也有可能感染疟疾。但为了在船只靠岸之前照顾好客户，徐海只能挺身而出。

在徐海的悉心照料下，康老师的状况一直比较稳定，送康老师上岸之后，徐海不顾劳累，接着和客户项目经理范总留在船上做勘测工作。某天，海况恶劣，船上的很多人都出现了晕船呕吐的情况，考虑到范总年纪偏大，体质较弱，徐海将自己的晕船药物都给了范总，并且在极度不平稳的行船状况下，坚持去厨房给范总煮粥，照顾范总直到他不再晕船。

事后，客户方给华为发来感谢邮件，称徐海在范总和康老师生病期间的悉心照料使得他们恢复健康，再加上徐海的工作能力非常突出，工作完成得非常好，客户方表示希望接下来的工作都能与徐海共同完成。在海缆项目结束之后，徐海提出华为为客户提供了海缆保护方案，希望能够和客户再次合作，范总也毫不犹豫地与华为签订了合同。

徐海在突发事件中的优秀表现，使得他取得了客户的信任。而和客户关系的深入，也让徐海有了更多和客户合作的机会。

可见，销售人员在关键时刻挺身而出，不仅展示了自己的业务能力，也让客户看到了自己的责任心和担当，更容易获取客户的信任，使得自己和客户的关系走上新的台阶。所以，销售人员想要由点及面地扩大和客户的合作范围，就要能够在关键时刻勇敢地为客户解决问题。

6.3 持续满足客户需求，赢得后续订单

在销售人员为客户提供服务的过程中，会因为某一个细节打动客户，也会因为某一个环节不能满足客户的需求，导致所有的付出付诸东流。所以想要赢得客户始终如一的信任，就要持续为客户提供优质的服务，不断满足客户的需求。只有坚持做好每一个环节的工作，才能够与客户构建长远的合作关系。

2014年5月，华为完成了客户端版本解耦的战略任务，将Any Office（办公系统）与AnyMail（邮件系统）拆分成了两个独立客户端。就在此时，客户找到华为，提出合作意愿，并表示希望华为能够马上上线交付。华为立即派研发专家前往一线，与客户进行深入交流并进行现场调测，开始了交付试用。

上线后，客户不断提出新的要求，华为都一一为客户实现。但最让华为感到压力的是客户提出在1个星期内完成新功能的交付工作。根据正常的流程推断，华为认为需要1个月的时间才能实现新功能。于是，华为方找到客户说明了自己的难处，但客户对此感到不满，并且质疑华为的能力。为了能够更好地为客户服务，满足客户的需求，华为从各个角度与客户做了沟通，客户最终同意华为2周后按

迭代交付新功能。

在巨大的压力下，华为各领域专家一起探讨如何满足客户需求，敏捷交付，尝试按需求价值排序，快速决策，每个月按迭代分批持续交付，不断发布新的版本。在各方面的努力下，AnyOffice 不断成长，最终高质量地完成了交付。通过这个项目，客户也感受到了华为的能力，并且表达了长期合作的意愿。

持续满足客户的需求，也是销售人员持续提升自己竞争力的有效手段。销售人员在不断满足客户新需求的过程中促使自己进步，更是能够让客户深刻了解销售人员的个人能力，赢得更长远的合作机会。所以，销售人员应该在客户提出新需求的第一时间就积极响应，不断满足客户的合理需求，赢得后续订单，由点及面地扩大胜利果实。

第8章 打下更多粮食

任正非表示，那些成功的公司，都是为客户创造了价值，客户才从口袋里拿出钱来。为此，华为人一定要把所有的改进对准为客户服务，实现『粮食增产』的目标。

1. 以团队利益为导向

任正非说："当今世界的科技进步已走过了爱迪生时代，不可能依靠一个人的聪明才智改变整个世界。所以，只有形成狼性文化的团队，才能走向成功。"

1.1 目光不应局限于自己的一亩三分地

任正非在《一江春水向东流》一文中提到："组织的力量、众人的力量，才是无穷的。人感知自己的渺小，行为才开始伟大。"在任正非看来，定位决定地位，眼界决定境界。如果组织中的每一个人都只聚焦于自己职务所在的一亩三分地，而不去关注市场和项目，投身于集体奋斗，关注团队成长，个人也不会得到很好的成长。

对于销售行业的工作者而言更是如此，如果目光短浅，只关注个人利益得失，那么将无法和同事处理好人际关系，也无法跟上整个销售团队的步伐。也许能够在短时间内收获一定的利益回报，但从长远来看，不利于个人发展。所以，销售人员要目光长远，投身于集体奋斗之中。

2011年9月，华为正式开启了Single多频天线的开发项目。Single多频天线与单频天线相比，开发难度呈指数级上升。对于客户提出的Single多频天线性能不能下降，且部署难度不能增加的要求，华为技术开发项目组一时之间难以拿出合适的解决方案。

在项目组全体成员的集思广益下，很快就有了两个架构方案。第一个方案是将多个频段上下堆叠，这种架构方式的技术难度低，开发速度很快，但是相较于单频天线，性能较差。第二个方案就是将多个频段左右延伸，这种架构方式的技术难度稍微大于第一个方案，但是性能与单频天线相当，只是这种架构方式给部署带来较大困难。

项目组的李俊飞（化名）是刚接触项目的新人，他认为如果快速上交方案，既省了自己的麻烦，又能拿到客户的订单，自己就能够很快拿到奖金，于是提出干脆上交两个方案中的任意一个，但是被项目组的其他成员否定了。项目组的其他成员表示为了长远的合作，绝不做苟且方案。最后大家达成共识要提供一个确保 Single 多频天线扩频不降性能、增频不增尺寸、加端口不加重量的全新方案。

2011 年 11 月，项目组重新整理了思路，设计出一个“肩并肩”方案，能够满足客户的全部需求。确定方案之后，项目组成员很快就通过合理的分工，各自承担起项目责任，测试方案的可行性。于是，项目组成员有的开始测量数据，有的开始测试性能……最终实现了方案，这个新方案的性能提升 15% 以上，宽度及重量不增加部署难度。项目组在拿下客户的订单之后不久又获得了进一步和客户的合作机会，项目组的每一个成员都获得了数额可观的奖金。

华为项目组如果真的按照李俊飞说的那样做，绝对不可能获得和客户的新的合作机会，甚至连在进行的这个项目也将终止。所以，目光太狭隘，只顾自己的短时间的得失，将失去很多机会。

销售人员在与客户建立合作关系的时候，要将目光放得长远一些，顾全大局，关注销售团队的整体利益和发展。只有团队发展好了，个人才能通过团队提供的强大的平台力量和团队力量走得更远。

1.2 强化沟通，保持一致的行动方向

约翰 · 奈斯比特指出：“未来竞争将是管理的竞争，竞争的焦点在于每个社会组织内部成员之间及其与外部组织的有效沟通之上。”在竞争激烈的销售行业，良好的沟通更是增强团队竞争力的最佳方式。对于销售人员，自己的利益与团队整体利益休戚相关，团队成员之间虽然存在良性竞争关系，但是根本利益方向是一致的。所以，要想分享更多胜利果实，就要强化内部成员之间的沟通，保持一致的行动方向，一举拿下团队的目标，打下更多粮食。而不是像下文中的约翰，为了个人眼前的得失，损害团队的利益。

英特尔某分公司因为员工的人岗匹配管理进行了一次人事调动，当时约翰的

主管杰克在没有事先与约翰商量的情况下，直接将他从本部门调往了一个业绩平平的小部门，约翰认为杰克是嫉妒他的才能，害怕被他抢了主管位置，才故意把他调走的。约翰对杰克非常不满，在公司见到他也态度冷硬。对新岗位，约翰非常不满意，终日提不起精神，对工作没有热情。久而久之，约翰的工作业绩越来越糟糕，他对杰克的不满也随之加深。

一次，一位重要客户给约翰打电话，通知他业务情况，并让他转告杰克让他第二天务必出席洽谈会。约翰挂了电话之后想了一会儿，认为这是报复杰克的一个好机会，于是没有告知杰克这个消息。

第二天，杰克从洽谈会回到公司就找到了约翰，非常生气地对他说："如果不是客户今天早上打电话催我去洽谈会，公司将面临上千万的损失，客户明明让你转告我这个消息，你怎么能隐瞒呢？我一直觉得你平时表现不错，想把你调到销售部历练一下。可是你反倒心怀不满，寻机报复我！你这样做毁掉的可是我们公司的利益啊！我告诉你，你被解雇了！"

针对此事，英特尔分公司专门召开了一次会议，会议上公司高层强调员工之间要多沟通，增加彼此的信任，并且在行动上保持一致，才能保证公司的利益。

销售团队是由不同的人组成的，团队中的成员是因为利益目标才聚集到一起，如果不能好好沟通，造成了彼此的误会，很有可能造成整个销售团队不可避免的损失。所以，对于销售团队来说，内部成员的交流和沟通是非常重要的。创造一个良好的沟通环境，才能构建一个好的销售团队，才能保证内部成员目标一致，打下更多"粮食"。

1.3 胜则举杯相庆，败则拼死相救

华为以狼性团队著称，之所以以狼性形容华为人的工作状态，是因为狼是非常团结的动物，而华为人则是具备"胜则举杯相庆，败则拼死相救"的团队协作精神的战队。任正非说："紧紧抱在一起生死与共，聚焦客户需求的共同作战单元，目的只有一个：满足客户需求，成就客户的理想。"

2015 年 3 月，袁弘晨（化名）接受华为的安排，去往南非担任 MTN BULK PO 项目的负责人。MTN BULK PO 项目由三家厂商共同负责，其中华为占据最大区域。也因为华为负责这个项目的主要部分，要处理的客户方的现网信息十分复杂，

同时因为客户的分包资源稀缺，导致计划集成非常困难。更为棘手的是，袁弘晨一行人从未有过类似的交付经验，而其他两家厂商对南非局势十分了解，对于华为方来说，这个项目的交付形势十分严峻。

2015年3月到7月之间，同个项目，华为的友商共交付新建站点37个，而华为只交付了7个。为了能够让客户满意，袁弘晨每天只休息4个小时，梦中还在排计划过站点，但仍旧没能达到很好的效果。反复思考之后，袁弘晨开始意识到仅仅依靠自己的力量是无法解决这个问题的，于是他向公司发出了求助的信号。

本着“胜则举杯相庆，败则拼死相救”的基本理念，华为快速响应了袁弘晨的求助信号，在华为地区部和代表处领导大力支持之下，团队很快就完成了建设工作。袁弘晨的团队终于开始梳理内外部流程，针对新建站点类型的瓶颈和难点制定出了完善的交付方案，并且通过实施方案，拉通了下面的子项目，不留死角解决了全部问题。

在华为地区部的帮助下，项目终于在2015年年底有了很大的进展，华为负责的新建站交付终于在三个区域同时起量，项目也顺利开展，客户也逐渐转变了对华为项目组的态度，多次赞赏华为的工作成果。

通过“胜则举杯相庆，败则拼死相救”的精神感召，华为组织起千军万马，上下一心，以客户为中心，以团队利益为导向，最终实现华为的大目标的同时，也实现了每一个华为人的事业目标。

这对于竞争激励的销售行业而言是很好的榜样，销售人员如果一味地单打独斗，虽然能够赢得短暂的辉煌，但是从长远发展角度来看，是很难拓宽自己的事业道路，延长自己的职业生涯的。所以，销售人员要能够像华为人一样互相帮衬，以胜则举杯相庆、败则拼死相救的团队协作精神，在繁荣团队的销售事业的同时，繁荣个人的销售事业。

2. 融合团队价值和个人价值

IBM公司曾对团队下过这样的定义：“一小群有互补技能，为了一个共同目标而互相支持的人。”销售人员在工作过程中应该意识到，只有将个人融合到团队之中，才能通过和其他成员的互相帮助互相支持，实现团队的目标，最终实现个人目标。

2.1 奋斗的路上，避免孤芳自赏

任正非曾表示，华为人应该将目光放在“多产粮食”上，而非过度在乎管理。任正非说：“我们要避免孤芳自赏，自我膨胀，我们的目的就是‘多产粮食’。”

对于有雄心壮志的销售人员来说，适当的职业规划和工作管理当然是好事，但是过于沉湎于自己已经取得的成就，认为自己的能力超出销售团队的其他成员，整日沉浸于“我这么厉害，一定能在事业上取得巨大的成就”“我能力这么突出，肯定比其他人有很好的发展”等想象中，而不是将想法付诸行动，与团队成员打“配合战”去实现团队的目标，那么就不可能创建伟大的事业。所以，销售人员应时时保持警醒，在奋斗的路上，避免孤芳自赏，而是投身集体奋斗，勤勤恳恳地工作。

2011 年，Jenny 成为华为 A7 代表处固网解决方案销售团队主管，虽然她是团队的负责人，但她管理的中方员工和本地员工年龄都比她大。因为担心团队成员不服她的管理，她非常注重和员工的沟通，总是根据大家的想法设计工作方案。

Jenny 团队中有一位成员 M 来自约旦，是名技术达人，他通过了 CCNP 认证，能力出众。这也造成了 M 有些自负，一开始根本不愿意配合 Jenny 进行沟通，也不愿意听从 Jenny 的安排执行工作。

当时华为在 IP 市场可以说是一穷二白，Jenny 的团队在制定 IP 运作策划方案时，M 建议先进入中心城市，而 Jenny 则倾向于“农村包围城市”。Jenny 认为首先进入大城市正面竞争胜算太少，而迂回策略看似当期亏损，长期却是成功的。但双方谁也不能说服谁，于是 Jenny 将两种想法拿到团队内部做讨论判断，各级主管都大力支持 Jenny 的“农村包围城市”的方案。

华为采用了 Jenny 的方案之后，M 非常不服气，认为自己的想法才是正确的，Jenny 仗着自己是主管一意孤行，不考虑方案的可行性和回报率。M 坚持自己的看法，不愿意配合团队工作，他一次又一次将自己的想法以及设计的方案交给公司，希望公司认真考虑自己的方案，但没有任何回应。

反观 Jenny 这边，她带领团队一起说服了大客户，让客户用华为的 IP 设备建了一个又一个的城域环，客户的大量业务也如预期的一样在这个基础上顺利运转。

到了2015年华为最终实现了IP从0到100%的跨越，面对如此成绩，M也不得不对Jenny当时的决策表示佩服。

在项目结束之后，Jenny找到了M，表示自己在技术层面是非常尊重他的看法的，但希望M能够在方案和项目运作上先尝试理解她的想法再提出建议。M反省了自己的工作态度，表达了自己的歉意，并在之后的项目运作上，积极配合团队工作。Jenny也给了M充分的尊重和自由，让M极大地发挥了他在IP上的技术能力，并在客户心中建立了IP品牌，为IP策略的成功落地贡献了关键力量。

销售团队的最终目标是为客户创造价值，从而拿到客户口袋中的钱。所以销售人员在工作过程中不能固执己见，孤芳自赏，将个人凌驾于团队之上，而要相信集体的智慧和力量，将个人价值融合于团队价值，积极配合团队工作，打下更多“粮食”，个人的价值才得以实现。

2.2 融入群体奋斗，实现团队和个人双发展

囚徒困境指出，当团队成员之间或者团队成员与团队之间存在利益冲突时，个人会依据自身利益最大化的原则进行选择。但是，如果人人都优先考虑自身利益的话，虽然做出了表面上最有利于自身利益的选择，但因为不利于整个团队利益，所以最终也会使自己的利益受损。

所以，销售人员在工作过程中要尽量避免囚徒困境，而是要积极融入群体奋斗，与团队成员建立彼此信任的关系，实现成员之间的良好合作，使得团队利益最大化，从而实现个人利益最大化，实现团队和个人双发展。

2010年7月，黄青松（化名）到尼泊尔支持Ncell项目组的交付工作，当时尼泊尔的基础设施十分落后，站点获取、土建设计和实施等工作进程缓慢，工程的实施更是成为项目交付的一大瓶颈。

想到要在尼泊尔西部三个省的各个角落里安装完224个新建站点需要做多少准备工作，尤其北部山区最为艰难的交付站点需要投入多少的人力物力来支撑，黄青松越想越着急，当时团队中的另一负责人发现黄青松似乎有些焦虑，立即组织团队成员开会商量站点勘测设计这一难题。

整合了集体的智慧，项目团队将站点分包给正常的勘测分包团队之后，启用华为自有团队负责部分站点的勘测设计工作，并且现场联合分包团队一起勘测设

计，还联系了华为首都作战室的各个专家和客户一起远程支持，及时决策，以高速高效的方式解决现场的问题。这样一来能够大大减少前期无效勘测和重复勘测的情况，保障关键站点的勘测设计工作。

华为团队的每个成员都积极融入群体奋斗，集各方力量解决了站点勘测设计的工作。团队全员分工协作，一起奋战，尼泊尔的站点终于如期成功上线商用。这个站点也成为唯一一个项目组因单个站点开庆功会的站点，因为它见证了一个团队协同作战的成功。

华为号召所有华为人都能够积极融入群体奋斗，和团队成员一起为实现团队的胜利贡献自己的力量，实现团队和个人双发展。华为人的行为准则明确指出："任何时候都要以公司利益和效益为重，个人服从集体。任何个人的利益都必须服从集体的利益，将个人努力融入集体奋斗中。"

对于销售团队而言，也是如此。只有维护集体的利益，个体的利益才能得到保障。销售人员要和销售团队的所有成员团结一致，为完成团队任务而奋斗，在实现团队的胜利的同时，实现个人的事业成功。

2.3 与团队共享成果，每个人都有回报

积极的合作意识，除了帮助团队获得成功之外，还体现在与团队成员共享成功的喜悦和物质回报。只有让团队的每一位成员都能意识到自己不是孤军奋战，而是与团队齐头并进，才能建设一个优秀的团队，进而成就集体中的每一个人。

李立恒加入阿里集团的时候，阿里巴巴的中供铁军刚刚成立。当时为了能够尽快让公司发展起来，中供铁军到处开疆拓土，扩张市场，但实际上大环境对于阿里巴巴和互联网是非常陌生的，公司老板自己都没用电脑，却要出售"全英文的网站"这个产品。

那时候阿里巴巴的经济状况有限，给销售人员提供的只有微薄的底薪。为了能够减少生活消费，李立恒和销售团队的成员一起 AA 制找房子，整个销售团队都住在一起，每天早上起来就喊口号说："我们是最棒的，我们一定会成功。"

销售团队的任务非常重，再加上很多客户根本就听不懂产品介绍，李立恒时常感到举步维艰。好在团队成员之间非常团结。每个人每天都至少要拜访 30 到 50

家客户，而且全靠两条腿跑客户，在李立恒几乎走不动路的时候，团队成员会买一些舒缓疼痛的药膏给他，在其他成员因病无法完成销售任务的时候，李立恒也会尽可能多地承担一点。

就这样，在团队成员的互帮互助之下，中供铁军几乎跑遍了目标地区的全部企业，李立恒终于找到了唯一的一个潜在客户，虽然客户非常强势，但是李立恒非常有耐心地将所有的产品细节和用处解释得非常清楚，最终签下了第一单。拿到支票的那一刻李立恒哭了，因为这个过程的确是困难重重。回到公司之后，李立恒立即和所有的团队成员分享了这份喜悦，李立恒表示没有团队全员的协助，他不可能成功拿下这一单，他主动提出要与团队共享这份成果。

可见，销售人员要真正取得事业上的成就，仅凭个人能力是远远不够的。只有在团队中主动适应他人，尽可能学会与他们合作，并且能够与团队共享工作成果，帮助团队中的每一个人都得到成长，团队才能够成为个人事业的优秀平台，个人也才能真正实现事业上的成功。

3. 帮助别人成功，共同成长

销售团队的成功靠的是每一个成员的共同付出，所以销售人员在完成个人工作、取得好业绩的同时也要力所能及地帮助其他人获得成功，与团队一起成长。

3.1 既要求助于他人，又要帮助他人

任正非在《致新员工书》中强调："公司管理是一个矩阵系统，运作起来就是一个求助网。希望你们成为这个大系统中一个开放的子系统，积极、有效地既求助于他人，同时又给予他人支援，这样您就能充分地利用公司资源，您就能借助别人提供的基础，吸取别人的经验，很快进入角色，很快进步。"

华为监控工程部的人十有八九来自工程现场，同事之间的感情特别好，不管是在工作中还是在生活中都能够互相帮助，互相支持，直到胜利。

2000 年，工程管理部重点忙于改造工作，部门负责人陈杰灵与李长江事先就

做好了充分准备与合理分工，并明确了每个人的职责和完成任务的最后期限。工作安排发放下去之后，工程管理部的每一个成员都分头行动，承担起自己的职责。在工作过程中，不管是计算改造材料，还是分配改造材料并且包装材料分发到现场，实施改造以及改造后的报销等工作，工程管理部的全体成员都互帮互助，在同事需要帮助的时候拉一把，并且在完成自己的工作内容之后，没有人离开工作现场，而是协同作战，直到完成部门当天的工作任务。

事实上，最初部门的成员都有各自特定的工作职责范围，各干各的，一旦工作流程不顺利，某一个环节出现问题，整个部门的工作进度都会受到影响。于是监控工程部制定了一个工作方案，即既要帮助他人，又要求助于他人，从而避免有些工作被部门成员以“不在我的职责范围内”为借口挡回。久而久之，部门成员都会忘了彼此职责的界限，谨记大家都是在同一屋檐下的好朋友，打破“职责”的条条框框，有问题全体成员一起上，通过互帮互助，又好又快地完成工作任务。

华为的销售工作，不仅涉及客户人员，还有交付人员、产品专家等，他们通过铁三角模式为客户提供完整的解决方案。

在华为，销售工作是一份双向工作，不仅要做好与客户的沟通谈判工作，同时还要维护好项目内外部成员的关系。与项目组成员建立良好的人际关系，有助于销售人员开展业务工作，并为其提供可靠的资源保障。所以，每位销售人员都要重视内部成员关系的建设，为自己的业务发展构筑一道有用的人脉墙。

3.2 相互帮助，产生思想的碰撞

任正非说：“我们都是五流的，但是抱团打天下，可以干出一流的事。”任正非称华为能够获得如今的成就，就是因为华为善于应用人力资源，靠着一群狼性人才，让他们互相帮助，彼此之间碰撞出思想和智慧的火花，最终共同成就了华为。

在华为，每个人都必须拥有团队精神，团队成员之间资源共享、经验互补才是帮助自己快速获取成就的唯一途径。所以，销售人员要有互相帮助的意识，要借助团队成员的力量成就自己。

随着华为海外事业的扩张，华为的海外员工队伍逐渐庞大。2004年，华为的

海外本地员工还不足千人，到了2008年，华为的海外本地员工数量已超过一万人。

为了能够加强海外员工和国内员工的交流，减少文化、语言、地域的障碍，让海外员工真正了解公司，认同公司，成为华为真正的同路人，和国内员工建立互帮互相友好相处的关系，华为自2007年开始推进“掺沙子”行动。

“掺沙子”行动指的是华为推选出一些优秀的海外本地员工到中国，让机关部门为他们量身定制详细的培训计划和实践计划，并指定导师为他们提供指导和帮助。最重要的是让他们和国内的员工一起参加项目实践、技能培训、文化培训、参观交流等活动，加强彼此之间的友好互助，并且通过彼此的思想碰撞改进彼此在工作之中不足的地方。

“掺沙子”行动中，海外的本地员工让国内的员工感受到了一缕国际化气息，海外员工的一线经验、一线视角、本地化的思考等激活了中方员工的工作积极性。海外的本地员工不仅收获了来自中方员工提供的经验、技能方面的培训和帮助，还重新理解了公司的文化价值观，尤其对“胜则举杯相庆，败则拼死相救”有了深刻理解。

“掺沙子”行动中，因为中方员工的帮助，海外本地员工的业务能力有了显著提升，对华为公司以及公司的价值观更为认可，回国之后与中方员工和中方主管的相处、沟通和互动更加和谐融洽。中方员工也能够借助和海外员工的思想碰撞，开阔视野，在之后的工作中能够以新的思路思考问题，并且在面对海外合作方的时候，能够更好地和对方交流沟通。

任正非表示要有多种思想的碰撞，百家争鸣，激发大家的创造力，使每一个人都成为能动的要素，而不是被动的要素。

3.3 把经验和能力传授给他人

英国的学者贝尔纳天赋极高，是一名科学天才，有很多人看好他在晶体和生物化学领域的研究，认为他能够获得诺贝尔奖。就是这样一个极具天赋的人才，将自己的经验和能力传授给他人，尽自己所能将一个个开拓性的课题提出来，指引其他学者登上科学高峰，他这一举措大大推进了世界科学发展，他这种伯乐精神和牺牲精神也被称为贝尔纳效应。

在销售团队之中尤其需要这种人梯精神，如果有才华有能力的人能够将自己的经验分享给团队中的每一位成员，将自己的能力传授给其他销售人员，就能够使得自己所在的团队成为一流的销售团队，自己也能够在一流的工作环境之中得到更好的发展。

毛国峰是华为企业通信设计部5级专家，这位耕耘多年的技术专家把产品竞争力提到业界一流。他在版本设计、项目拓展、客户交流、项目交付等领域都有出色的表现，也因为他的勤恳付出，逐步树立了自己的技术影响力，在客户面前赢得了良好的口碑。

毛国峰不仅会“打仗”，更善于“带兵”。他深信，自己想要成为“常胜将军”就要在一支素质过硬、敢打敢拼的队伍中奋斗成长。他常说：“我希望自己所在的团队是一个‘埋雷者’为零，而个个都是‘扫雷’和‘拆雷’突击手的团队。”

毛国峰对团队成员的发展格外重视，尤其注重对不熟悉业务的成员的培养。每当有新员工加入，毛国峰都会尽量多组织大家研讨交流，顺势给新员工推荐学习资料，向他们传授工作经验和工作技能，激励他们勇敢地处理工作事务，并告知他们有不会的地方就向团队的资深员工请教。毛国峰的团队里，不过两个月，新员工就能参与到团队的方案探讨中。

通过毛国峰的帮助，团队成员很快就能熟悉公司的事务，适应工作流程，之后也能顺利展开自己的工作，团队关系也十分和谐，大家都称呼毛国峰为“老毛”。团队成员沈东说：“老毛为人和蔼，技术精湛，工作勤奋，大牛都这么努力，自己工作和学习的动力也更足了。与他交流更是受益匪浅，他对问题的见解、思考问题的方式常常让我脑洞大开，与老毛共事是一种幸运和福分。”

销售行业中毛国峰这种成就大我从而实现小我的互帮互助精神尤为重要。因为在一个业绩平平的销售团队中，个人的发展也将受到限制，无法取得突破性的成就。只有乐于分享，将自己的经验和能力传授给他人，并且从同事那里学习更多工作经验和工作技能，互帮互助，才能互相成就。

4. 借助团队力量，成就自己

销售人员在投身集体奋斗的同时，也要意识到自己是集体的一分子，在个人业务遇到瓶颈的时候，要善于借助团队的力量，成就自己。

4.1 积累人脉关系，建立自己的资源网络

销售行业中，人脉资源是非常宝贵的资产，是一种潜在的财富。著名销售员乔·吉拉德说："每位顾客的背后，都大约站着250个人，这是与他关系比较亲近的人：同事、邻居、亲戚、朋友。"可见销售人员面向的每一个客户都不仅仅是一个个体，而是一个庞大的客户群体。如果能够与客户建立良好的人际关系，充分利用人脉资源网络，就能够寻找到更多能够贡献价值的客户，使得自己的业绩节节高升。

客户引荐是最有效的拓展客户资源的方式。销售人员要善待自己的客户，借助客户的引荐，认识客户背后的客户群，一层一层扩大自己的交际圈，扩大自己的业务范围。

乔·吉拉德是一名非常出色的汽车销售员，在他的销售生涯中，他推出过一套非常有效的客户扩展法则，即著名的"猎犬计划"。这个计划就是通过客户的引荐，使销售员认识更多潜在客户，扩大销售员的客户资源网络。

"猎犬计划"的主要方式就是在每一次的交易完成之后，销售员就将一叠自己的名片以及"猎犬计划"的说明书交给客户，并且告知客户，如果他能够帮忙介绍新的客户购买销售员的产品，在交易完成之后，每一单客户都能够获取一定的酬劳。乔·吉拉德表示当时自己每向客户介绍的新客户售出一辆车，他就会给客户25美元的酬劳，并且会寄上一封感谢信。此外，"猎犬计划"是一个长期有效的计划，每一年乔·吉拉德都会给有过成交订单的客户寄上一封新信件，提醒客户承诺仍然有效。

"猎犬计划"的关键在于通过与客户建立深厚的经济往来积累人脉关系，虽然看似每次都要支付25美元的酬劳，但换回了更多的客户资源。数据表明，仅1976年，"猎犬计划"就为乔·吉拉德带来了150笔生意，他支付给客户1400美元的"猎犬"费用，却收获了75 000美元的高额佣金。

从乔·吉拉德的"猎犬计划"可以看出，如果销售人员能够真心对待客户，甚至让利给客户，就能与客户建立起深厚的友谊，让他们自发地转介绍自己的朋友，这也是销售高手追求的最高境界。

销售人员要懂得与客户建立深厚的友谊，积累更多人脉资源。不管这个友谊是建立在经济往来上，还是基于自己对客户无微不至的关怀，只要能够将客

户背后的人发展为自己的潜在客户，扩大自己的客户资源网络，销售人员离成功就更近一步了。

4.2 关键项目上，懂得借助他人的力量

以老带新是销售行业的通行做法，华为的导师制也是同样的模式。有经验的销售前辈会领着新人，在正式开展工作之前，讲解一些销售经验，甚至提供一些客户资源。实际上，这就是销售行业的"借力打力"。

这种"借力打力"不仅体现在销售新人身上，还体现在销售工作的每一个环节，尤其是在面对关键项目的时候。

2008 年，华为的客户希望华为设计一款新的换热器支撑客户的 4G 商用，当时负责这一项目的是有着 6 年热设计工作经验的叶朗（化名）和刘辉（化名），他们在讨论实际操作的困难之后，发现如果按照客户的要求在不改变机柜大小、不增加机柜数量的前提下，大幅提升设备的散热能力，几乎是不可能实现的事情。

在叶朗和刘辉愁眉不展之际，项目组成员提醒说华为公司刚刚聘请了俄罗斯的资深散热专家 Vadim。在热设计领域，Vadim 无疑是顶尖水平的专家，如果能够得到他的帮助，相信项目组很快就能按照客户所需，设计出更优化的产品。

于是叶朗和刘辉马上找到了 Vadim，Vadim 听完他们的话略一思索，便提出了"塑料换热器"方案，也就是将原本的金属材料换成塑料，不仅便于加工，还能在相同体积内加工出更多的换热面积。叶朗和刘辉听后豁然开朗，立即和热设计部门的同事商量探讨这一方案的可行性，有人提出塑料有可能阻碍空气流通，导致热无法散出去，Vadim 表示这个问题可以通过做好关键设计参数上的适配工作来解决。

在 Vadim 的指导下，华为凭借在这个领域累积的资源，与运营商对接设计参数，做好迭代测试优化，正式展开项目合作。三个月后，华为项目组按照 Vadim 的设想全面实现了新换热器的设计工作，这一设备还获得了超亿元的采购。

可以看出，华为团队借助行业资深专家的力量，攻克了重要项目，实现了团队目标。这种借助他人力量完成自己的工作的方式，在销售行业尤为有效。当销售人员发现个人力量难以完成销售目标的时候，要善于借助旁人的力量。

5. 争取客户支持，完美交付

在销售人员为客户提供服务的过程中，一定要尽自己最大努力，与客户建立稳固的关系，从而争取客户的支持，顺利完成交付。

5.1 争取客户的支持，为项目提供助力

销售人员在与客户建立联系的时候，要意识到，只有得到客户的认可和支持，才能顺利开展自己的工作。所以，不管自己制定了多么优秀的营销方案，对于自己的产品和服务多有信心，都不能盲目地跟着自己的节奏走。要关注客户的需求点，争取客户的支持，为项目的实施提供便利。

华为的一线客户经理刘华军（化名）负责某地区A产品的营销工作，但是在这个地区，B公司一直占领着市场，华为的目标客户大多都是B公司的老客户。

在一次设备扩容项目中，华为的重点客户市局选择沿用B公司的机型，当时华为的A产品刚刚推出市场，急需市局的支持，以树立优质样本大面积推广华为的A产品，真正打开当地市场。刘华军多次与市局方取得联系，做了很多工作，局方都没有丝毫松动，坚持不给华为入围的机会。

刘华军没有就此放弃，而是打听到市局副总工对华为一直赞赏有加，对于民族通信产业抱有很大的热情，并且非常认同华为的企业文化和服务理念。刘华军直接拜访了这名客户高层，向他展示了华为产品的优势，以及优质的服务，最终打动了客户高层，得到了他的支持。

于是，这位市局副总工在局方的一次方案会上，强烈要求市局将华为的机型与B公司的机型做对比，并且从中择优选择。客户高层的支持使得局方开始认真考虑将华为列为合作对象，并密切关注华为的A产品。刘华军及时进行积极的引导，最终扭转了逆境中华为A产品的命运，得到了与市局合作的机会。

销售人员在争取客户的时候，常常会遇到上述案例中的情况：客户已经有了自己的理想合作方，拒绝销售人员的合作邀请。在陷入僵局的时候，销售人员一定不能气馁，要积极搜寻客户信息，深入了解客户的喜好，找到突破点，并且积极地争取客户的支持。

5.2 尽最大努力，将项目做到极致

将产品和服务做到极致的匠人精神历来被华为公司推崇，任正非曾提出：“我们公司也有工匠精神，我们从一个年产几百万，到年产几千亿是怎么过来的，多少辛酸泪。我们要让千万技师、技工成长起来，我们的质量要百尺竿头更进一步。”

华为一直以来都将客户的体验当作华为生死存亡的关键，秉持着让客户满意的理念，坚持将项目的每一个细节都做到尽善尽美，考虑客户所有意见和细节，实现客户对项目和服务的所有期待。

2014 年底，唐志勇（化名）成为华为的产品试制技师，除了检测天线的故障，还要在制造线上导入新的天线产品。也就是说唐志勇负责加强天线产品的质量，保证不在客户那里出现任何质量差错。

当时华为服务的日本客户因为日本的台风等自然灾害频繁，对天线质量格外重视，提出严格要求，希望产品能够在缩小尺寸的基础上增强风载能力。华为虽然顺利地拿下了这份产品合同，但是日本客户对于产品质量近乎苛刻的要求，还是让华为的产品研发团队神经紧绷。

华为的理念一直是以客户为重，尽最大的努力，将项目和产品做到极致，赢得客户的信任。于是，华为的研发专家表示要做当时业界尺寸最小的天线。

在接下来的合作期间，唐志勇带领项目团队开始了周密的导入工作，为了一开始就做好产品质量的把关工作，华为团队接连多日熬夜查询资料，梳理了许多要注意的事项，比如焊接不稳定的设备不使用，存在错、漏、反的装配方案不使用等，并且结合这些考虑，在初步研发方案之后又调整了部分设计方案。

华为团队拿到小巧玲珑的新产品样品之后，并没有放松对产品的极致追求。虽然在使用过程中，华为团队发现新产品没有出现任何原本天线产品的老问题，但是为了保证产品不出现其他故障，唐志勇每天都和研发员工一起，反复测试，反复试装。最终华为团队发现电机十字螺钉有极低概率会出现打花问题，立即改用内六角螺钉；还发现由于供应商不同，导致天线接口外观有差异，害怕天线盖子的频段丝印的细微偏差影响客户感知，于是更换为同一接口；还发现有三种金属结构件相似度极高，两种铆钉长度不同但颜色相同，存在错装风险。最终，经过精细地调整，华为的天线产品终于通过了最终审核。

除了产品设计过程，华为还在全流程制造环节上精益求精，以细致、细致再

细致，严格、严格再严格的严谨态度管控供应商物料加工和来料以及生产过程。

2015 年 4 月 28 日，华为的天线产品经过极其严苛的厂验测试后，成为第一个零缺陷通过验证的产品，这也是华为产品在日韩高端市场的首次突破。

对产品品质的追求是华为一贯的标准，任正非认为只有将产品的质量做到极致，才能得到客户的认可，而客户的口碑决定了华为能否有持久发展。此外，产品的品质影响到华为是否能够确立全球一流的品质标准，决定了华为能否扩大市场，吸引更多客户。

对于销售人员来说，客户口碑更是决定职业生涯长度的关键因素。只有尽最大努力，将服务和产品做到极致，赢得客户的认可，才能获得更好的销售结果。基于品质而来的好口碑及高收益带来的不仅是当下的回馈，更重要的是能够逐步建立起客户忠诚度，拉长销售员的职业生命长度和宽度。

5.3 为客户提供保姆式服务

任正非说："充分理解'为客户服务是公司存在的唯一理由'，这是我们一切工作的出发点与归宿，这是华为的魂，客户是永远存在的，华为的魂就永远同在。"在任正非看来，华为要持续发展就要一切以客户为重，为此，他要求每一个华为人都要与客户经常接触，保持随时为客户服务的意识。

实际上，按照华为提出的这种客户至上的服务理念，将客户当成是自己的上帝，关注客户的一举一动，及时发现并解决客户的问题，不仅能够提高员工应对紧急情况的能力，也能够以真诚的服务打动客户，增进与客户之间的友谊。

2005 年 7 月，李威加入华为的产品线做技术支持工作，当时他的任务是与华为的现网 BSC 工程师一起，根据客户的指令扩容电路。在李威最初接触华为项目的过程中，他就对华为人对待客户的工作态度和客户至上的服务理念印象深刻。当时华为项目组每天都要去客户办公室，与客户沟通工作事宜，客户"轻飘飘"的一个指令，对于华为项目组的工程师来说就是几个不眠的夜晚。但华为项目组没有任何人对客户提出的意见有异议，而是以客户的需要为重，不断调整自己的执行方案。李威就在这个过程中跟着工程师提升自己的技术水平，并且强化了对"以客户为中心"这一公司文化的认同感。

2006年上半年，李威作为核心网负责人，承担起了包头端局的设备搬迁新建工作。在此之前客户一直是与友商合作，习惯了友商的设备维护方式，对于华为的员工和设备下意识地有些排斥。李威没有气馁，而是组织华为项目组成员整理出华为设备的详细资料，在现场组织了多场针对日常维护的专题培训，并且重点培养了客户的两个工作人员，让他们熟悉现场操作。

华为帮助客户实现设备入网后，主要的工作就是处理日常投诉和制作端局的数据，李威长时间待在机房，随时响应客户的需求。因为李威随叫随到，并且能够很快帮助客户定位出问题所在，快速解决客户的难题，客户笑称："早就听说华为是保姆式服务，现在才真正体验了。可别哪一天小保姆不干了，再不好找这样的了。"

在这个项目交付完之后，李威已经接手了其他城市的新项目，但某天凌晨五点他接到客户的电话，客户急得语无伦次地说网络出现异常，客户系统无法运行。李威当即安抚客户，耐心地询问了相关的现场故障情况，并指导客户逐步排查了物理状态、异常警告、协商数据等故障点，最终根据客户的表述和个人的经验，推测可能是无线数据配置与核心网不一致导致的故障。随后李威指导客户打开用户跟踪查看故障情况，客户一看果然如此。李威当即指导客户修改数据，及时解决了故障，避免了一次割接事故。

李威凌晨五点接到电话，挂断电话的时候还不到五点半，他在这么短的时间内帮助客户解决了故障，避免了客户的损失。这种随时联系随时解决客户难题的保姆式服务彻底打动了客户，客户不仅和李威建立了彼此信任的友好关系，在后续的业务中也成为华为坚定的支持者。

销售人员应该注意到，客户是不会无缘无故地信任一个陌生人的，如果要消除客户戒心，与客户建立彼此信任的合作关系，就要能够随时给客户关怀，能够及时出现在客户需要的地方，为客户排忧解难。就像上文中的李威一样，凌晨五点听到电话铃声就立即响应客户的需求，真诚地为客户提供随叫随到的保姆式服务。

销售人员还要注意到，为客户提供保姆式的服务，需要有足够的耐心，不能坚持一段时间就放弃了对客户的服务，要在业务合作结束后依然将客户当成自己的服务对象，为客户做好售后服务工作，这样才能够加强彼此的信任感，与客户建立长期的合作关系。

6. 多做贡献，成为金牌员工

对于销售行业的工作者来说，业绩就是生命力，只有多做贡献，才能拿到高回报，只有多做贡献，才能延长自己的职业生涯。

6.1 敢于成为垦荒、松土的勇士

在非常艰难的初创时期，得益于一批坚持“垦荒”的华为人，华为才得以艰难生存。也正是因为最早这批华为人的努力，华为的“土壤”逐渐松动，变得适合“种植”，华为的各项业务才能得以发展，华为人才能够有所成长。

任正非曾指出，在特殊情况下，对于那些能够克服困难，坚持奋斗，但一时未能取得成就的勇士，华为最终要肯定他们的贡献。华为人明白，一旦进入华为，就要敢于成为垦荒、松土的勇士。

2009 年，印度 X 集团向华为公司购买了价值 1.56 亿美元的设备和服务，但是签订合同 3 年之后，印度 X 集团还有 1.28 亿美元的余款迟迟未付清。在华为印度代表处多次催促 X 集团还款无果后，华为公司认为以谈判要回款项的方式已经无效。于是 2012 年，华为公司正式成立了法务组，以法律的手段追债。

从中国政法大学毕业的米建思是华为法务组的一员，因为工作没几年就开始处理这么棘手的债务纠纷，他的精神压力非常大。再加上当时的印度是华为内部公认最难处理法律纠纷的地方之一，而且生活条件非常糟糕，米建思的工作并不是非常顺利。

某些印度人很喜欢空口给人承诺，几乎所有问题他们都会摆着手说：“no problem”，但实际上，麻烦一个接一个。华为对员工的要求一直是信守承诺，并且保持极强的执行力，所以米建思与印度方的外部律师接触的时候非常不习惯，他们表面上对所有诉求都答应，但实际上都无法兑现承诺。因为对方的不配合，导致双方存在沟通障碍，米建思始终无法和印度律师达成一致，也没能很好完成公司安排的任务。

面对重重困难，米建思憋足了劲，他付出了比平日百倍的努力来实现自己的工作计划，也坚信印度是法务的用武之地。米建思收集了印度 X 集团多年来与各个公司之间的法律纠纷，并多次上门与印度律师沟通，表示证据已经指明 X 集团的做法不符合法律规定，理应及时交还款项。在米建思的努力下，印度 X 集团方

态度逐渐松动，但最终因为证据不足，拒绝了米建思的要求。

虽然事情有了进展，但米建思仅凭一己之力无法追回退款，于是将工作移交给印度的本地律师专家 Gaurav，最终决定用上全部的法律程序，全方位对 X 集团进行施压。米建思的前期努力加上 Gaurav 的施压，最终使得 X 集团放弃了和华为的对抗，依据合同规定退还了全部余款。

华为的项目式销售是一个循序渐进的过程，从客户决定购买产品和服务，到最终的交付和付款通常要经历很长一段时间，这个过程中销售人员给人的印象、服务态度，以及产品是否符合需求等都会成为客户考虑的因素。项目销售中，往往是前一个销售人员松动了客户的态度和给予了专业答疑，后一个销售人员再经过多次努力最终拿下订单。

华为要求销售人员在服务客户的过程中，不要总是想着能够独自一人解决销售过程中的全部问题，要敢于成为垦荒、松土的勇士，为团队创造良好的交易环境。只有实现团队的大胜利，才能迎来个人的小胜利。

6.2 做出业绩，成为金牌员工

任正非指出，“绩效虽然不是检验员工能力的唯一标准，但员工能力必然要在工作绩效中有所体现。”对于销售行业而言，业绩更是衡量销售能力的最重要的标准。

同时，业绩还是驱动销售人员在工作中取得成就的重要力量。成功的销售人员总是保持着较高的热情和积极性，享受良好业绩带来的事业成就感。

2011 年，华为的一线业务员李国玉负责推销华为的视频系统，在一段时间的观察和了解之后，他将目光对准了客户 C，希望能够和对方建立合作关系。

一开始李国玉和客户的接触并不顺利，李国玉第一次拜访客户的时候，刚说明来意，客户就婉拒了他。但是李国玉并没有就此放弃，从负责人办公室出来后，他客气地请秘书帮忙分发一下华为的宣传册。C 公司的员工知道这次来谈合作的是华为的团队之后，都很好奇并纷纷凑上去和他聊天。就在李国玉不经意地问询中，华为收集到了项目的决策机制和渠道商等信息。

回到公司之后，李国玉立即查清了客户的渠道商的详细信息，他了解到负责该项目的渠道共有 12 家，分布在全国各地。于是李国玉组织销售团队的其他成员一起玩起了“拼图游戏”，他们依次联系了遍布全国的全部渠道商，从零开始介绍华为的视讯产品和解决方案。由于李国玉对市场的敏感度以及奋力争取，加上华为有成熟的解决方案和应用案例，很快李国玉就抢占了先机，和渠道伙伴一起拿到了订单。

李国玉非常注重与渠道伙伴的合作，合作之初就向他们传递一种理念：“企业业务正在成长阶段，希望经销商尽最大努力去做，但在结果上不强求，有产出最好。”李国玉主导销售团队公平、公正地对待每一家经销商，在利益上不偏不倚。于是合作顺利完成，李国玉的业绩十分突出。

到 2012 年，李国玉已经连续两年带领自己的销售团队获得了金牌团队奖，自己也因为业绩突出多次获得公司嘉奖，并获得了金牌个人奖，得到公司的重视，走上了管理岗位。

从李国玉的职业发展道路也可以看出，对于公司来说，要从千万个职员中选拔出最优秀的人才重点培养，首先就要通过业绩考核来筛选出真正有工作能力的人，否则对于公司来说，人力资源管理成本就会过高。

所以，对于那些想要获得公司认可，得到更多工作机会和更多资源的销售员来说，唯有做出业绩，才能真正走上金牌销售之路。

6.3 具有献身精神的人更容易得到机会

从价值创造角度来看，销售过程实际上是一个溢价过程，销售人员在与客户交易的过程中为客户提供的解决方案、付出的时间和精力等都会变成产品和服务的附加价值。销售人员为产品和服务创造的价值越多，销售团队收获的利益也越多。所以，最成功的销售人员应该是具备极强的溢价能力的，也就是说最成功的销售人员应该是能够为客户带来比产品或服务本身更多附加价值的。

从前期收集客户信息、接触客户到最后的交付，在整个销售过程中，销售团队中的多个销售员都会为拿下订单做出努力。并不是每个销售员都能成为真正与客户签订单的那一名销售员，但是每一个成员的努力都将为产品和服务增加更多价值。所以，只有具有献身精神的销售员才能够帮助团队实现最后的胜利，只有团队能够成为金牌销售团队，个人才能够从更优秀的平台获得更多资源和机会，成为金牌销售。

2012 年 11 月 3 日，非洲马里项目的负责人蒋子元（化名）已经买好了机票，准备回国照顾处于预产期的妻子。但凌晨五点，正处于睡梦中的蒋子元接到紧急通知，称客户方一直在找项目负责人。蒋子元第一感觉就是现场出了状况，于是马上穿好衣服飞奔到现场。

到现场之后，蒋子元从客户那得知监控中心检测设备异常，导致语音、网络全部中断。蒋子元马上开车去机房查看情况，一到机房，他就发现机房已经被客户高管团团围住，而机房在不停往外冒浓烟。蒋子元想到机房里有电源、电池、主设备等易燃易爆品，如果现场爆炸，客户的业务将长时间处于瘫痪状态，这也就意味着客户将面临巨大损失。蒋子元看现场没有人愿意进去关闭电源排除风险，作为项目的负责人，他当即找了块抹布，捂着鼻子冲进机房，切断了电源。好不容易松了口气，蒋子元却发现着火点已经离电池非常近了，又赶紧出去找到灭火器，再一次冲进机房灭掉明火，排除了爆炸风险。

解决了这个麻烦之后，不仅华为方松了口气，客户方更是放松了紧绷的神经。险情过后，蒋子元召集项目组一起为客户解决后续麻烦，帮助客户快速恢复业务，因为处理及时，设备在两个小时后就重新上电了。为了快速解决其他故障，蒋子元联系了研发团队的高级技术人员，在六个小时内帮助客户恢复了所有业务。

这次现场救灾抢修使客户避免了巨额损失，也赢得了客户方的高度认可，客户特意发来感谢信称："通过这个事件，XX 集团与华为的关系已经超越了纯粹的买卖关系，此次华为对事故的处理，体现了华为人特有的献身精神。"之后 2 个月内，华为办事处也一举签下了北非的第一单。

华为EMT曾多次发文强调："我们要优先从愿意艰苦奋斗的优秀员工中选拔卓有贡献的人进行培养。"也就是说华为强调把机会留给那些有献身精神，愿意为了公司的利益在艰苦地区贡献自己力量的人才，蒋子元作为项目组领导就表现出了华为干部身上的这种献身精神。正是因为华为人的甘于奉献，才造就了华为的成功，而华为在获得巨大成就之后，也不忘回馈这些华为人。

第9章 拓宽视野，勇于挑战

华为多次强调人类社会要转型了，没有方向和实力的奋斗是没有价值的，并且鼓励华为人不要害怕颠覆，要拥抱挑战，拥抱颠覆，要敢于去迎接新时代的挑战。

1. 保持饥饿感，开阔视野

苹果公司的联合创始人乔布斯·斯蒂文说：“保持饥饿，保持愚蠢。”他认为一切事物都是无常的，只有保持饥饿感，广泛吸收知识，开阔视野，才能够实现更多产品的创新，这也是苹果系列产品更新换代速度如此之快的原因。

销售行业的工作者要为客户提供更好的产品和服务，也要保持这种饥饿感，坚持学习，培养自己的全球化视野。

1.1 长期保持对学习的饥渴，持续改进

在飞速发展的信息时代，知识更新速度不断加快，知识已经不再像以往一样以多寡来衡量，而是以新旧来衡量。这也给了职场奋斗者机会，因为差距是相对的，只要能够不断汲取新知识，持续改进，就能够超越竞争对手，赢得更多机会。

2011年9月，杨娅飞成为华为企业业务商务管理部的商务经理。当时华为的企业业务才刚刚起步，很多方面都处于摸索状态，再加上杨娅飞之前对于这个领域没有深入的了解，她只能边查询资料学习相关知识，边处理客户提出的需求。

杨娅飞负责的是商务评审领域，从9月份到12月份，杨娅飞历经四个月的“知识恶补”才终于能够处理好手头的业务。但到了2011年底，华为企业业务迎来了销售冲锋期，项目组不断投标，导致商务核算任务呈井喷状态。此时因为业务任务量太大，再加上杨娅飞是通过手工来完成评审工作的，如果要保证审核结果完全无误，在杨娅飞审核之后还需要另外的同事复审，工作量大且效率非常低。

杨娅飞考虑到问题出在手工操作上，认为将业务运作模式改为用大平台的核算系统运作就能够解决这个难题。但是对于实现IT化，杨娅飞还有很多的知识和技巧要学习，一时之间可能难以全面IT化执行。

但是随着日益新增的产品种类、业务单量，杨娅飞和同事们已经精疲力竭，商务核算不可避免地成为合同评审流程的瓶颈。某天工作到凌晨两点的杨娅飞问自己：“这种情况能改进吗？”

杨娅飞决定将自己的想法付诸实践，并且与项目组成员达成共识。虽然项目组没有人使用过IT工具，也没有人做过开发工作，但是为了能够提升工作效率，又快又好地完成工作任务，满足客户所需，项目组的成员都开始学习IT系统知识。

为了能够通过学习快速成长，杨娅飞甚至还找到了中国区投标办的陈赋田来指导项目组的学习。陈赋田是IT开发的高手，手中也有一套开发工具，能够快速解答项目组成员在学习过程中遇到的难题，并给出最好最快的解决办法。

在陈赋田的指导下，杨娅飞和项目组成员认真努力地学习相关知识，最终琢磨出了如何解决正常结算价与实际结算价之间的公式转换问题。很快，项目组就优化了陈赋田提供的工具，商务核算IT工具和商务存储数据库顺利交付。新工具使得商务核算效率提高了50%，商务数据的存储效率提高了80%，且能确保商务数据的机密性。

杨娅飞之所以能够带领团队快速交付，是因为她保持着对学习的热情，能够持续不断地学习并改进自己的工作。可见，知识更新换代的频率不断加速，坚持终身学习才是个人通行于新世纪的“免签证护照”。善于学习的人才能跟上信息时代的步伐，在激烈的竞争中立于不败之地。

对于销售工作者来说，产品更迭速度加快导致的行业知识快速变化使得他们压力更大，当然机会也更多。所以，新时代的销售人员更要多做专业思考，保持视野开阔，多向外看，一方面跟进行业标准，一方面研究业界最佳实践，想着去钻研、学习、提高。

1.2 善于吸收和分析前人的经验

任正非表示，在高速发展的信息时代，除了要积极汲取知识，视野也是非常重要的。他说：“要善于学习专家的经验，看过专家的案例，上战场再对比一次，就升华了。”任正非认为没有标杆地学习，就失去了衡量差异的标尺，没有学习的榜样，就没有超越的目标。所以他鼓励华为人要积极与前辈交流，善于吸收和分析前人的经验，找到自己的不足之处，自我修正，自我提升。

2007 年 5 月前，欧朝晖（化名）一直都在华为某研究所负责产品的开发工作，但对产品在一线的实际应用方面他没有任何经验，工作也无从展开。于是，欧朝晖只能白天忙着学习测试，晚上就与那些讲理论知识的书为伴，拼命从这些书中寻找一些跟工作相关的案例，然后按照自己的思路重新写下来。

直到一次，欧朝晖到某地参加 V 项目的第一个商用网启动仪式，在验收测试中，遇到了一个语音与数据业务组合的用例，测试时总是失败。正当大家不知所措的时候，欧朝晖想到了之前在公司网站上看到的一个专家分享的案例，那位技术达人在案例中详细讲述了自己是如何解决验收测试中遇到的种种问题的，欧朝晖隐约记得有类似的语音与数据业务结合的问题的解决方案。于是他立即在公司网站上查找那篇案例分析，很快从文中找到了相关问题的解决办法。欧朝晖将专家经验应用到项目中后，问题很快得到了解决。这件事也让欧朝晖第一次尝到了用前人经验解决问题的“甜头”。

2009 年，欧朝晖来到了号称世界上最寒冷地区的某海外办事处，白天的室外温度达到了零下 30 度。就是在这种天寒地冻的环境下，欧朝晖在每次现场处理问题的时候，都会坚持从公司网站上查询专家分享的相关经验，自己也将工作的每个操作细节详细地记录下来，并且总结出其中有价值的部分，形成案例，然后在公司网站上发表。

欧朝晖不断学习前人经验，并在实际工作中进行实践。他将前人的专业知识和工作技巧转化为自己的知识和技能，从一个对一线技术一窍不通的“菜鸟”一跃成为专家。

在信息更迭速度如此之快的时代，销售人员要意识到“学无止境”的力量，要能够从前人的工作经验中认识到自己的不足，了解自己的成长空间。要时时保持饥饿感，吸取前人的经验教训，驱动自己补足缺陷，不断提升。

1.3 开放合作，培养全球化视野

2017年华为市场工作大会上，任正非说：“我们要敢于去拥抱这个快速变化的时代，也要敢于去拥抱全球化。这个时代一定是全球化时代，无论将来会产生多少风波，我们也要努力去实现全球化。”

在任正非看来，这个时代需要有全球化视野的人才，但是不去接触这个世界，是无法实现全球化的。为此，华为鼓励华为人到资源聚集地去，走出去开

阔眼界，与全球顶级科学家、国际一流企业的人才建立开放合作关系，培养自己的全球化视野。

2017年7月21日，华为巴黎研究所和华为创新研究中心共同组织了大型的交流活动，邀请了来自美国、法国、德国、俄罗斯等国家的数十位顶级科学家，这其中包括菲尔兹奖的获得者、国家科学院的院士、IEEE/ACM的学者等顶级专家。

华为耗费人力物力财力举办这次国际人才交流会，是为了让华为公司内部的ICT人才能够与这些科学家进行交流。这些专家虽然来自不同国度、不同机构、不同领域，但他们都对ICT领域即将面临的巨大挑战以及未来的发展前景有深入的研究，能够从各自的研究领域给出不同视角的看法。而华为的ICT人才非常需要接受全球视角的信息，来推动自己的研究工作。

于是，华为的ICT人才与众多国际顶尖科学家围绕科学的前沿发展、纳米及生物通信的实践探索、人机交互、脑成像算法以及背后的数学算法、未来的信息通信理论等知识一起探讨如何联接世界，以圆桌讨论的形式互相交流各自的想法，碰撞出激烈的思想火花，并从中构想对于未来的思考。华为人不仅在会议交流期间拓展思维，培养了全球化视野，更是因为良好的氛围与这些行业顶尖人才建立了合作机会，并将以开放的合作形式，一起推动ICT行业的发展。

随着信息时代的飞速发展，客户的需求也越来越多变，要求也越来越高，给销售工作带来了巨大的影响。因此，销售人员必须具备敏锐的市场洞察力和判断力，捕捉市场的细微变化。还需要与客户建立开放的合作关系，同时，培养自己的全球化视野，找准方向，有针对性地改变销售策略，调整销售方式。

2. 与时俱进，积极应对变化

随着市场经济的发展，社会供求关系发生了翻天覆地的变化，销售行业的竞争越来越激烈，销售人员为客户提供的产品和服务面临越来越严峻的考验。为此，销售人员要能够与时俱进，积极应对变化，改善自己的产品，优化自己的服务。

2.1 积极应对职业变化

在公司的发展过程中，华为曾多次根据公司发展需要和人才岗位的匹配程度对内部员工进行岗位调整。很多员工在这种职位变化中重新定位自己，找到新的发展空间，实现个人的职业理想。也有很多员工因为不适应新岗位，难以调整好自己的工作状态，最终只能选择离开公司。

实际上，真正有发展的工作是不可能一成不变的，任何行业的工作者都要随时做好准备，不要害怕和拒绝变化。要看到从原岗位到一个新岗位的转变背后的价值，以积极的心态迎接职业变化带来的挑战，抓住机会，提高自己，收获职业道路上新的成长。

自 1998 年王闯加入华为以来，一直从事研发工作。作为一个研发新人，王闯早期的工作非常艰辛。最初在华为的印度研究所开发 NE80V2 版本的时候，印度所的硬件、技术、人才等资源都非常匮乏，再加上工作任务重，印度研究所的员工压力非常大。

当时为了做好系统联调，只能从国内运输设备到印度，而且印度研究所的员工要三班倒，王闯更是经常一个人顶两个班，每天仅仅休息四五个小时。凭着一股激情和不服输的劲头，王闯和研究所的同事一起按时调通了整个系统。王闯的努力和付出没有白费，他的组织管理能力、技术能力、心理素质都在这个过程中得到很大提升。此后的 7 年里，王闯一直从事研发工作，研发技术大幅提升，成为一名功力深厚的技术专家。

2005 年，王闯被调往数通市场部，这意味着他从一名资深专家成为一名市场部新兵，以往的历练都要重新来过，这对他来说可谓是一次重大考验。但是，他很快调整了自己的心态，认为以往的磨炼让他成为技术专家，这次调岗也一定是一次成长的新机会。

于是王闯开始了自己的市场部工作生涯，一切从零开始，他投入了比以往更多的精力放在职业学习上，并且进步非常快。在一段时间的历练之后，他一步步将产品规划理顺，与数通市场部共同成长起来，完成了一次精彩的转身，成为华为不可或缺的市场部人才。

任正非说："公司提供了非常好的平台，只要员工自己努力，总能在业务能力和工作方法上获得持续改进。无论在什么岗位，只要你花精力深入探索，就能化例行为精彩，化平庸为神奇。”

对于销售行业的工作者来说，也是如此，在面对职业变化的时候应该保持平常心，不要过多地计较一时的得失，而要从长远发展的角度看待自己的职业调整。要相信自己，以积极的心态应对职业变化，这样不仅能够学习新的工作技能，也能够得到新的发展机会。

2.2 最大限度地提升自己

任正非曾对华为人说：“面对公司发生的很大变化，每个人其实都要集中精力努力学习，提升自己，互相比赛。”正如他所说，随着时代和市场的变化，每个公司为了生存都会调整自己的节奏，公司内部的各个岗位的工作内容也会随之发生变化，如果职员不能通过学习成长起来，就很难适应新的工作环境和工作状态。所以，只有不断学习，最大限度地提升自己，才能够不被时代抛弃，不被公司淘汰。

系山英太郎是日本最年轻的参议员，除此之外，他在日本商界地位显赫，个人净资产高达49亿美元，在福布斯全球富豪排行榜上排名第86位，并且连续十年登上福布斯全球亿万富翁排行榜。

系山英太郎之所以能够获得如此高的成就，是因为他本人一直信奉“终身学习”的信念，在学习中不断进步，不断提升自己。每当他遇到不能解决的难题时，他不会逃避问题也不会放任不管，而是拼命寻找解决问题的方法。系山英太郎早期是一名汽车销售员，通过推销汽车他不断精进销售技巧。后来通过自我学习，掌握了利用贷款实现“一石三鸟”的赚钱手段，为他积累了一定的财富。也因为他不断学习金融投资方面的知识，他的投资生涯百战百胜，几乎每天都有10亿日元的资金流动。

系山英太郎年龄渐长，但他却不甘心被时代淘汰，于是他聘请计算机老师为自己讲课，学习使用电脑的技巧。通过刻苦的学习，系山英太郎很快建立了自己的网站，还不时地发表自己的见解。

也正是凭借“终身学习”的信念，系山英太郎才始终站在时代的前头，不断向前发展。

现代社会的竞争日趋激烈，情势瞬息万变，盛衰可能发生在一夜之间。在激烈的销售行业的竞争中，销售人员不能安于现状，专注于“吃老本”，而要通过不断学习提高销售技能，跟上社会发展的步伐，适应时代的潮流。销售人员必须时刻提醒自己，仅仅抱持对销售事业的热情还不够，要通过不断学习提升自己，能顺利解决问题和挑战才能在行业中屹立不倒。

2.3 与时俱进，打破职业瓶颈

大部分的职场奋斗者在工作3到5年之后就会陷入瓶颈期，造成这种现象的很大一部分原因在于长时间地从事一项工作，积累了一定的经验后，就变成“老油条”，对于工作应付了事，工作不再追求尽善尽美。如果公司整体处于向前发展的状态，职业内容也随之变化，但职员没有与时俱进地学习，职员就会跟不上发展速度，陷入职业瓶颈。

所以，当一个人在职场上找不到出路，或者感觉到自己的职业发展受到限制的时候，就是应该正视自己的工作状态，发现自己的不足的时候。只有发现自己的局限，才能够抓住突破点，不断学习，打破职业瓶颈。

2008 年，日本质量专家 KEN 就任华为供应链制造质量部部长，供应链制造部的基层主管程晨主要负责和他沟通工作上的事宜。一次，程晨和 KEN 在生产现场讨论一个质量问题，但是因为程晨的英文水平有限，他只能连说带比画地和 KEN 交流，折腾了十几分钟才弄懂彼此的意思。通过这次，程晨切切实实地意识到提高英语水平的重要性和紧迫性。因为按照程晨的职业规划，他以后要面对的可不止 KEN 一个国际专家，他希望能够参加世界各地的国际会议，与全球的专家交流学习。

这件事对程晨刺激很大，他意识到如果自己不能学好英语，不仅无法顺利开展眼下与 KEN 的对接工作，以后的职业发展也很有可能会受到限制。因此，程晨开始每天学习英语，每遇到一个工作生活场景，他都会在心里努力用英语表达一下。此外，他在工作间隙都会挂着耳机听英语录音，业余时间还会查阅英文字典翻看英语材料，并且还在网络上报了学习班，和外教用英语交流。

在持续不断地努力学习之后，程晨发现自己渐渐可以和 KEN 无障碍地交流了，并且通过了英语托业考试，打破了自己原有的职业瓶颈，在自己的国际化职业道路上更进了一步。

程晨之所以能够实现自己的事业理想，是因为他早早地发现了自己职业发展过程中的局限，通过与时俱进的学习弥补了能力不足，最终赢得了更好的工作机会。

对于处于职业瓶颈期的销售人员来说，除了眼下的订单要处理，不能停止学习，要抓住业余时间，不断给自己充电，与时俱进，找到事业瓶颈的突破口。只有提高自己的工作能力，让自己符合新阶段的要求，才能够顺利度过瓶颈期，进入新的更广阔的职业发展空间。

3. 不断进取，与客户共同进步

任正非曾表明华为能有如今的成就，得益于能够在服务客户的同时，与客户共同进步。销售人员在走近客户、为客户服务的过程中，也要能够在帮助客户发展的同时，与客户共同进步，成就自己。

3.1. 适时关注客户的成长

华为曾表示要与华为的客户成为利益共同体，真正构建起互惠互利的关系，形成同呼吸共命运的战略伙伴。这种双方利益高度关联的关系，使得彼此关注对方的成长，并能够在适当的时候给予对方帮助，彼此成就，实现共赢。

实际上，销售人员与客户之间本身就存在这种互惠互利的利益关系，如果销售人员能够目光长远一点，尝试与客户建立恒久的利益关系，就能够督促自己贯彻落实以客户为中心的服务准则。在这种长久的利益关系的驱动下，销售人员才能深切体会到为客户创造价值就是为自己创造价值，才会适时关注客户的成长，在客户需要的时候伸出援手。

1998 年，华为与泰国的 AIS 公司第一次建立了商业合作关系，当时泰国的 AIS 公司还只是一个名不见经传的小移动运营商。华为不仅没有因此轻慢 AIS 公司，反而非常重视这家公司的发展潜力，认为这家公司在未来能够成为一家强大的移动运营企业。于是，华为与 AIS 公司达成共识，表示要通过双方的努力将 AIS 公司做强、做大，实现共赢。

与 AIS 公司签订合作协议后，华为向 AIS 公司提供了高质量的产品和快速响应的服务，在不到60天的时间里完成了全部的设备安装工作和设备测试工作。很快，华为公司和AIS公司的第一个合作项目就圆满结束了，并且取得了比预期更好的成绩，AIS公司在华为的支持下逐渐打响了名号，开始走向更大的舞台。

在AIS公司的发展过程中，华为一直关注着这家公司的成长情况，每一次AIS公司出现问题，华为都会及时伸出援手，帮助AIS公司解决难题。自1998年以来，华为专门为AIS公司开发了八十项业务拓展所需的服务，先后八次对设备进行建设、扩容。华为提供的优质产品和服务，帮助AIS公司击败了当时最大的竞争对手，AIS公司也因此一举成为当时泰国最大的移动网络运营商，而华为也彻底打开了泰国市场。

时隔多年，泰国的AIS公司依然是泰国三大移动运营商之一，华为也逐渐成长为电信行业的巨头，如今仍然是AIS公司最大的战略合作伙伴。

可以看出，在双方的成长过程中，华为为AIS公司开拓了市场，AIS公司也帮助华为打开了泰国市场，实现了双赢。从泰国AIS公司和华为公司的发展与崛起可以看出，当利益双方建立了长远紧密的合作关系，就会成为彼此最为可靠的朋友，会帮助对方解决发展过程中遇到的问题。

销售人员在与客户建立合作关系之后，不要认为一次合作结束就是彼此关系的终结，要适时地关注对方的业务发展情况，在客户需要帮助的时候支持对方，与客户共同进步。

3.2. 自身成长跟上客户的成长

任正非曾说："华为的魂就是客户，客户是永远存在的。华为要琢磨客户在想要什么，做什么东西卖给他们，怎么才能使客户的利益最大化。"也就是说，他认为要赢得与客户的合作机会，帮助客户获得成功，就要能够跟上客户的脚步，弄明白客户需要的是什么，追求的是什么。所以，华为要求每一个人都能够按照客户的需求不断调整自己的步伐，让自身的成长跟上客户的成长，真正为客户解决问题，实现商业成功。

2013年，华为企业业务部的王明负责与运营商签订一个地铁项目，但此前王明没有任何这种类型的项目经验，也没有行业先例，所以在这个过程中遇到了很多麻烦。于是王明开始了白天工作、晚上学习的模式，努力跟上客户的步伐。

最初，因为缺乏行业知识，王明连合同条款都看不明白，比如合同提到了罚款规则，但当时地铁项目的周期较长，运营商方面提出的产权和物权转移条款与华为的标准有差异，导致验收也会存在差异。也就是说原本运营商市场的有关罚款的经验无法套用到这个项目中，华为项目组陷入两难境地。

为了成功拿下订单，王明私下做了大量的功课，希望能够快速成长起来，避免因为理解不够导致合作过程中出现大问题。当时王明咨询了很多行业专家，引入外脑，学习了很多相关经验。此外，华为项目组通过各种途径获得了类似项目的合同文本，并且逐一对比了其中的条款。对于业界统一标准，华为很快就与客户达成了共识；对于客户的个性化诉求，华为方面努力与客户沟通，弄明白客户是出于什么考虑才制定的条款。

就这样，王明很快就在这种学习过程中成长起来，也逐渐跟上了客户的节奏，并且在2013年的4月正式签单。

实际上，很多销售人员在业务起步期也会因为对于行业的理解不够深入，遇到上文中王明遇到的问题。在发现客户的节奏比自己快的时候，销售人员应该清醒地认识到差距，学会调整自己的节奏，提升能力，这样才能服务好客户。

尤其是销售人员面向的客户数目庞大，有一些大客户对于产品和服务的要求非常高。销售人员要拿下大订单，就要盯紧这些大客户，认识到现有能力和客户需求之间的差距，通过努力学习加快自己的成长速度，跟上客户的节奏。

3.3. 超越客户，帮助客户更好地成长

华为的轮值CEO徐直军表示，在下一阶段华为仍要为实现成为行业领导者的目标持续努力，他说："站在全球、站在更高的层面去帮助全球电信运营商发展得更好，做大产业空间，真正有能力去帮助客户应对挑战和困难。"

2015年，华为的运营商业务收入超越爱立信，成为面向运营商客户群体最大的收入获得者。华为在迈向更高台阶的过程中也逐渐意识到，全球运营商生存与发展的好坏，直接影响华为的发展。为此，华为主动转型、主动提升能力的同时，也一直积极地利用自己的优势帮助运营商应对挑战和困难，帮助客户实现更好的成长，以推动华为的发展。

华为与全球运营商建立合作关系之后，顺利地在全球铺开业务，逐渐发展为国际一流企业。在这个过程中，华为发现全球运营商面临着诸多挑战和困难，尤其是单个运营商，这些运营商面临的是碎片化的市场。即使是大规模的跨国运营商也因为区域局限发展受限。

作为电信企业，华为在看待电信运营商和OTT运营商之间的竞争之时，表示华为借助电信运营商才取得如今的成就，在未来依然要借助电信运营商的帮助才能得以发展，华为表示："我们有责任、有使命去帮助我们的运营商客户生存和发展得更好。"并决定从以下几个方面帮助客户运营商得到更好的发展：

第一，华为表示要帮助电信运营商优化网络，使得运营商的网络能够覆盖更多的连接。

第二，华为表示要想办法帮助运营商把网络管道中的流量提升起来。

第三，华为认为必须要帮助运营商实现运营转型，提升竞争力，应对OTT的竞争。

第四，华为表示要基于"四有原则"有节奏地选择合适的运营商联合发展云服务，帮助运营商寻找新的收入增长机会。

华为已经成为国际一流的企业，它站在更高更大的全球舞台上，超越了客户，看到了客户的局限和发展难处，并且尽力帮助客户在面向未来的过程中能够更好地成长和发展，以实现与客户彼此依存、互相帮助、共同成长的目标。

一个对于自己事业发展有长远规划的销售员，也应该意识到自己与客户之间的关系应该是彼此成就的。如果自己的客户在未来发展受限，就不可能给自己带来新的订单，自己的事业发展也将受到影响。所以，销售员要能够超越客户，考虑到客户未来的发展情况，帮助客户实现更好的未来，才能收获更好的未来。

4. 打造健康体魄和提升品位

对于销售行业的工作者而言，保持身体健康才能与客户打交道，最终实现自己的职业规划和事业理想。提升品位有助于和客户更为顺利地沟通，并且很快赢得客户的信任。

4.1 看待职业发展要有长远的眼光

任正非曾表示，华为人在工作的时候要有广阔的视野和开阔的思维，只有目光长远，才能够更为全面地思考问题，看清楚正确的方向，才能保证自己的利益。如果目光短浅，思维局限，只顾及眼前的事务和利益，不能站在放大利益和未来发展的角度思考问题，个人发展也会因此受限。

其实众多知名企业内的中高管均有着这样的职业意识，也只有这样才能帮助企业保持稳健的发展态势。

联想公司 CEO 杨元庆最初进入公司的时候就是一名销售员，和所有的同事一样，他每天都要在各个街道给来往的行人递公司产品广告单，并且在公司附近的窗玻璃上贴上产品介绍和销售电话。此外，杨元庆还要骑着自行车给客户送货，不仅要推销产品，还要承担送货员和服务员的职责。当时，杨元庆和联想所有的销售员一样，整日为了拿提成和奖金奔波。

随着杨元庆的业务范围逐渐扩大，他的销售业务遍布中国多个省份，他的薪酬实际上已经非常可观了，他身边的同事业绩也越来越好。但就在其他同事都安于现状，拿着高额的薪酬非常满足的时候，杨元庆看到了计算机业务的巨大潜力。

杨元庆在认真分析过后，对于职业发展有了更长远的规划，除了当好销售部门的老大，他更是将目光瞄准了公司的整体运营。于是，他提出了家用电脑的概念，表示个人电脑的需求量将会越来越大。他的同事不以为意的时候，他却坚持这个想法，并提出了“分销”的概念。杨元庆一鸣惊人，帮助所在的部门增加了十倍的销售业绩，销售额从 3 000 万元增加到了 3 亿元。

因为此举，柳传志任命杨元庆为联想计算机辅助设备部总经理，杨元庆一路从普通的销售员逐步走到了公司副总裁的位置。

如同隧道视野效应，一个人如果对未来发展不能以长远的眼光去看待，就会像身处隧道的行人，前后都是非常狭窄的视野，发展也会因此受到限制。而杨元庆视野开阔，有洞察力和远见，才能看得更高更远，最终在事业道路上走得更高更远。

经常和眼前利益打交道的销售人员应该对自己的职业发展有长远的眼光，不能只关注眼前利益，完全着力在埋头苦干上；要有一定的眼光和开阔的视野，才能基于长远发展和未来的利益做出正确的判断，挖掘出事业的更大价值。

4.2 构建健康的生活方式

华为大学的校训将“健壮体魄”放在第一位，华为特别强调身体健康。在华为看来，员工所有对工作的规划和期望，没有身体健康，都是不可能实现的。为此，任正非说：“你们要加强体育锻炼，只有身体最健康，工作才会最有效率。你们要加强健身，保证身体健康，保证头脑清晰，可以为公司多工作几十年。”

华为系统部的方乾远（化名）参加完新员工培训之后就被派往埃及进行实战演练，那时方乾远对于非洲的印象还停留在贫穷、落后、社会治安差、医疗条件差，但是为了抓住机会快速成长，方乾远同意了公司的安排。

由于当时埃镑迅速贬值，美元购买力减弱，华为的客户面临的市场竞争加剧，需要通过提升用户体验缓解竞争压力。于是，客户找到华为，希望通过华为的帮助解决用户服务问题。

方乾远在埃及安定下来之后，就参与到这个3G新项目中。为了能够按照客户提出的要求快速为客户做好3G业务，在两个站点上同时支持2G和3G，方乾远开始了日夜颠倒的工作生活。

项目进行到一半的时候，客户提出是否需要新增一块硬件单板将两个站点连接起来。当时的华为项目组已经在25个基站上测验成功，显示不需要新增硬件也可以同时正常开展2G和3G业务，并且运行性能指标稳定。但是客户不知道其中的原理，于是一直询问华为方。

为了能够给客户做好技术澄清，方乾远本就不足的休息时间砍到一半，每天稍微睡几个小时。他一直在现场做测验，希望拿到真实数据为客户澄清互联单板设计的初衷和原理。但过于着急为客户澄清的方乾远却因为连日的劳累而病倒，只能在条件简陋的医院调养身体。这样一来，他做到一半的测验得到的数据无法支撑自己的理论，也没法说明现场的运行情况。

方乾远只能将自己的想法和做到一半的工作移交给项目组同事，并简述了操作过程。幸好数据已经收集得差不多了，方乾远的同事在现场奔波一周之后，终于做好了说服客户的准备，并且经过几轮澄清，打消了客户增加单板的想法。

方乾远为了工作废寝忘食，但因为身体状况不得不放弃了手头快要完成的工作，如果不是同事的支持，他之前做的努力就全部白费了。

在业绩为重的销售行业，一旦销售人员因为个人原因导致与客户的合作中断，就有可能给项目带来不可知的风险。所以，在努力工作之前，销售员必须保证自己有强健的体魄。为此，销售人员一定要有健康的生活方式，通过合理的饮食和运动、规律的作息以及劳逸结合的工作生活保障自己的心理健康和身体健康。

4.3 重视精神文明建设，提升个人品位

木心先生说："没有审美力是绝症，知识也救不了。"现在很多销售人员为了能够提高业绩，常常不管不顾地向客户推荐自己提成最高的产品，完全忽视客户所需，不能根据客户的定位为其提供产品。

销售人员要在解决自己的物质需求的基础上，追求恰当的审美情趣，提升个人品位，才能让真正的大客户对自己刮目相看。销售人员重视精神文明建设，才能够和客户在多个层面都聊得来，才能够更好更快地建立友好的合作关系。

苹果公司鼓励零售店的销售员和客户之间建立彼此欣赏互相信任的关系，希望销售员能够在销售过程中为客户做好时尚顾问。这就要求销售员能够重视精神文明建设，提升个人的品位，能够根据客户的搭配为客户提供配套的产品。

于是，苹果公司启动了零售店的 Apple Watch 销售培训计划，不仅培训销售员掌握基本的产品信息，更是请到了巴宝莉的安吉拉·阿伦德茨、切斯特·奇珀菲尔德，Yves St. Laurent 的保罗·德莱夫与凯瑟琳·默尼耶，Tag Heuer 的帕特里克·普鲁尼奥克斯以及路易斯威登的雅各布·乔丹等时尚界不可替代的人才为苹果的销售员进行个人时尚品位方面的培训和指导，以便向顾客提供时尚建议。

苹果公司希望客户能够在接受建议时有类似的表示："看起来很棒，我很喜欢它！它能与我的许多衣服搭配！""我非常喜欢这个颜色，这正是我想要的！""我太喜欢这个设计了，和我的风格非常接近！"

为此，苹果公司制订了相关的 Apple Watch 出售计划，即在销售人员接受专业的时尚界人士的培训之后，在加深对顾客购买计划、风格要求以及时尚需求的理解的基础上，能够向顾客提供时尚建议，与顾客建立良好的信任关系。

所以，苹果公司的 Apple Watch 销售热季常常能够听到零售店的销售人员向顾客推荐不同的时尚和风格，并时常听到以下言论："您似乎属于有趣的风格，我

认为粉色运动表带与您的风格完美搭配。”“白色表带看起来更适合您。”

正如苹果公司所做的这样，销售行业越来越注意到客户的需求不再局限于实用性，现在的客户在购买产品的时候会考虑到这款产品是否符合自己的审美取向。所以，苹果公司开始培训销售员成为客户的时尚搭配师，不仅考虑到客户的使用需求，也考虑到客户的审美喜好。

对于所有的销售员来说，要与客户建立真正牢固的合作关系，就要能够在精神层面与客户有来往有交流，对于客户的审美品味有一定的了解，能够为对方提供独一无二的设计。所以，销售员要重视自己的精神文明建设，提升自己的品位。

5. 走出舒适区，应对大挑战

华为电信战略前负责人孙建恒曾说：“每年都要有一些进步。在年初做好规划，年终回顾相比去年有哪些提升，如果只是去年的简单重复，则必须调整自己。当你发现周边人无法带给你更多，自己又无法有效激励和提升自己的时候，对自己狠一点，勇敢地跳出舒适区。”

5.1 跳出业务舒适区，拓宽发展空间

法国心理学家林格尔曼曾做过一个拔河实验，他要求参与者分别参与一对一的拔河比赛和多对多的群体拔河比赛，让他们在比赛中使劲全力，并且对他们的拉力进行测量。数据结果显示，参与者参与一对一拔河比赛时的平均拉力为63千克，参与三人组的群体拔河比赛时平均拉力为53.5千克，而参与八人组的拔河比赛时平均拉力仅为31千克。也就是说，但凡参与者意识到自己处于一个比较“轻松”的拔河情景中，会认为自己的压力分解到群体的其他成员身上，自己处于比较舒适的区域内，能够少出点力。

这种情况时常出现在职场上，当工作者长期处于一个较为熟悉的工作环境中，他就能够掌握工作的全部技巧，处理业务游刃有余。但久而久之他会认为这是自己的业务舒适区，感到工作非常轻松，倾向于借助工作技巧“偷懒”，使用最小的力气达到业务最低标准。这样不仅对公司的业务发展无益，也会对

个人成长造成一定的限制。要想长期以积极的状态工作，不断收获成长，就要跳出业务舒适区，拓展自己的发展空间。

2001 年，华为的客户要迎接“863”展，同时还要给政协和人大“两会”献礼。但是华为的设备出现了问题，打不通电话。华为立即派当时的版本经理吴杰浩（化名）担任产品线的负责人，处理好所有的业务故障。

吴杰浩此前一直在后方做产品开发，突然被派往一线与客户交流，他感到非常不适，但是关键时刻也只能硬着头皮上。吴杰浩鼓足勇气走出自己原本的业务舒适区之后，并没有很快适应新的工作方式和工作环境，为了解决客户的问题，他经常独自从晚上 9 点工作到第二天早上 9 点，短暂休息过后又投入到新的挑战中。正是因为他的努力和付出，最终带领团队做好了业务，获得了客户的认可，吴杰浩感受到了以往的工作中没有的激动心情。他说：“不经历风雨怎么见彩虹，一个人如果不挑战困难，就享受不到经历痛苦之后的喜悦。”

带着这种心情，到 2002 年，吴杰浩主动申请到新岗位上锻炼自己。于是，他被派到了市场部。当时吴杰浩的英语和一线工作能力都比较差，第一次拜访 TELEFONICA 负责全球事务的客户总监时，他的压力非常大，在与客户对接的过程中，一直非常紧张，打开电脑时手都在抖。但拿起自己准备已久的资料开始为客户宣讲之后，他逐渐可以流利地表达自己的意思，就这样，他成功跨越了第一道难关。之后，原本他以为的难以逾越的难关，比如语言、客户开发等问题都被他一一解决，并且锻炼出了新的工作技能，收获满满。

在多次职业转身的过程中，吴杰浩遇到了数不清的难题，他一直处在“不舒适区”中，他一直学习一直进步，不断克服工作中遇到的瓶颈，找到新的业务发展空间。吴杰浩也正是在不断跳出自己的业务舒适区的过程中，提升了自己的业务能力，实现了他在职业上的理想。

吴杰浩之所以能够不断进步，不断成长，是因为他能够不局限在轻松的工作环境中，而是多次转岗，跳出业务舒适区，从而拓展自己的发展空间。

销售员也有自己的业务舒适区，当销售员的手中拥有一批比较稳定的客源的时候，他们能够通过这些客户非常轻松地实现自己的销售任务。很多销售员认为只要业绩足够应付目标，就能够拿到比较可观的收入，于是放弃拼搏，而是以比较轻松的工作方式达成自己的工作目标。但实际上，销售是最不能安于舒适区的行业，不管是哪个公司的销售业绩榜单，从来没有一个人能够长久地独占鳌头。也就是说销售行业本身就是一个需要不断挑战自己、不断创造的工作，只有打起精神，跳出自己的业务舒适区，不断寻找新客源，才能不断发掘新的销售机遇，成为销售行业的佼佼者。

5.2 走出自己的舒适区，主动适应新岗位

任正非说："人生走得顺利的人，你们要警惕一点，你们可能把华为公司拖进陷阱。人的一生太顺利也许是灾难，处于逆境中的员工注意看，就会发现受挫折是福而不是灾。"

舒适的职业环境对于当下来说也许是件好事，但从长远的角度出发，不利于职场员工的发展。想要在事业上有所成就的人，绝对不能够满足于眼下安逸的工作环境，而要不断在挫折中提升自己的能力，实现个人成长。

2015 年，刘威还是苹果公司的一员，负责某个区域的体验店工作。一天，他接到了猎头公司打来的电话，告知他华为终端有一个体验店的工作机会，对于他来说是一个新的挑战和新的机会，问他是否愿意了解华为，加入华为。

当时，刘威对于苹果公司这类具有成熟管理模式和经营模式的企业有一定的了解，并且在苹果公司的工作过程中学习了相关的知识，工作能力也有了很大的提升。但是随着刘威在苹果公司的时间渐长，他逐渐感受到了个人事业发展的局限性，认为自己遇到了事业的瓶颈期。于是对于华为抛来的橄榄枝，他欣然接受了。

2015 年 12 月，刘威成为华为的一员，由一种工作模式转换到另外一种新的工作模式。在过去十几年的工作中，刘威都没有打卡的经历，而到了华为之后，日常打卡变成了他每天必做的事情。这种微小的工作细节给刘威带来的影响很小，真正让他有些无措的是，作为原苹果公司的一名资深专家，到了华为这个新的工作平台之后，却没有一支信服自己的团队，导致他不知道该如何自处。虽然最初还有点不适应，但刘威认为自己既然已经勇敢地走出了工作舒适区，就应该抓住这个机会，主动适应新的工作岗位，做出一番成绩。于是他开始站在一个全局的角度来看公司体验店业务的运作，考虑到各个不同地方的特性及共性，他提出了改善体验店经营模式和运作模式的宝贵意见，最终被公司采纳。

2016 年六月，在刘威的提议下，华为公司开始做穿透性战略投资，支持中国区开自营店。这是刘威一直想做的事情，这也越发激励了他努力工作。刘威开始全身心投入到新的挑战，将他过去的工作经历和经验不断转化到业务中可以使用

的地方，并且也保持开放创新，吸收别人的建议，做一些从未想过的事情。

事实上，刘威完全可以继续留在原本的舒适区中当资深专家，安稳度日。但是因为他对事业还满怀理想和激情，于是决定出走原来的企业，走进华为，最终做出一番成绩，实现了自己的职业梦想。

要想成为金牌销售，销售员就要意识到一直守着自己手中稳定的客源，拿着来自这些稳定客户的业绩提成，并不是长久之计。要勇敢地走出自己的舒适区，去开拓自己的新天地，学习更为精妙的销售技巧和销售话术，扩张自己的客户群，发展更多业务机会。

5.3 将每次挑战都当作学习的机会

很多职场员工在岗位变化的过程中不断提升自己的能力，收获了成长，最终拓宽了自己的职业发展道路；也有很多职场员工不能适应新的工作环境，无法面对职业中的挑战，最终被淘汰。出现这两种状况很大程度取决于职场员工的心态。那些心态不好的员工，只想待在业务舒适区，没有工作激情和学习意识，最终会因为不思进取走向失败；而那些能够以积极的心态面对职业上出现的变化和调整的员工，将每一次的调整都当成提升自己的学习机会，付出努力，最终得以收获成长。

曾令嵩称自己在华为十几年的工作历程，是由一个又一个的挑战组成的。令他感受最深的是电子产品的更新换代异常迅速，市场导向常常转变，公司多次对研发人员提出更高的要求，要求他们不断提升产品竞争力，以应对市场的挑战。

一次，华为面临一个新的挑战：需要通过不断开发新的产品功能以提升产品竞争力，打开欧洲市场。曾令嵩作为研发团队的核心成员，要顶着巨大的压力，迎接新的挑战。

曾令嵩此前对于公司提出的产品新功能没有任何了解，这就意味着他在工作的同时还需要自己建立关于新功能所需的新知识体系。为了能够更好地处理工作，曾令嵩开始重新学习，通过翻资料，看文档，参加部门组织的培训和考试，在设备上进行操作演练等学习和实践构建产品新功能的知识体系。那段时间，曾令嵩生活作息时间完全被打乱，只为了能够尽快熟悉产品的相关知识，将其运用到开发工作中。

曾令嵩通过不断学习掌握了新的工作技能之后就全身心投入到产品的测试过程中，此时，最大的挑战来自客户对新功能的需求。客户经常要求华为在一个月内开发出新功能，否则不能通过测试。于是曾令嵩开始了组织分析、设计、开发、测试的工作过程，不断根据客户要求进行测试。最终，华为团队100%通过了所有测试场景，在众多厂家中技术排名第一。

曾令嵩在工作挑战中，能够抓住机会不断学习，最终实现自己的工作目标，实现个人成长。从他的成长经历可以看出，随着职场员工在职场上的时间越久，在前行的过程中所需的工作经验和工作能力越多。所以，要将每一次挑战都当成自己学习的机会，不断提升自己，才能找到更好的发展空间，实现自己的工作理想。

销售行业更是如此。在积累客户的过程中，销售人员的经验和能力积累会带来更多发展空间。所以，销售人员要敢于直面职业中的挑战，通过不断的学习，提升自己的销售技巧和客户开发能力，最终成为能够独当一面的金牌销售。

6. 能力越强，责任越大

任正非一直倡导的两点是：在华为，不在于走得多快，更重要的是走得多远；做事要捡最难的做。在他看来，一个人的能力越大，就能走得更远，就应该承担更大的责任，勇敢挑战自己。

6.1 把压力当动力

销售行业属于高压行业，销售人员在工作过程中难免遇到难以逾越的困难，如果不敢正视工作压力，一味地逃避，那么销售人员很容易对工作疲累、遇事容易焦躁、缺乏耐心、容易抱怨等，而这些都是销售人员最大的忌讳，会极大影响到销售人员的生活和工作。

长期处于高压之中的销售人员，要懂得有效减压，认识到危机也意味着转机。产生压力的原因是由于个人能力不足，导致无法独立解决工作中的难题。因此，销售人员要懂得将压力转换为动力，将解决问题的过程当成个人成长的重要机会，以正向乐观的态度去面对困局。

1998年，张仁杰（化名）加入华为，成为终端的一员。当时华为非常看重系统，终端只是配套，所以，对于终端的工作量要求非常高。有一次，华为系统需要100部终端做容量测试，但是华为的生产线不愿意接这项工作，系统部的同事表示至少要20多个终端，并且要求在很短的时间内就要生产出来。对于系统部的施压和生产线的不配合，终端的张仁杰感到了巨大的压力。在劝解生产线无果的情况下，张仁杰只好自己联系了焊工，在实验室里焊了一个多星期的硬件单板，从早焊到晚，每天在实验室待十几个小时，硬逼着自己在系统部要求的时间内把20多个终端给做出来了。这次经验不仅让张仁杰得到了系统部同事的认可，也使得他的焊接水平有了质的飞跃。

进入公司之后，张仁杰一直积极面对工作压力，以此鞭策自己快速成长，他很快就成为技术专家。但在他加入华为两年之后，由于对自身要重新定位，张仁杰的内心非常焦虑。当时他的个人能力和表现都非常突出，但是同龄人都已经纷纷升职，成了项目经理、部门主管等，张仁杰却还是一个技术工程师。张仁杰没有自怨自艾，而是主动承担起更有挑战性的项目，将工作中的压力转化为工作的动力，促使自己通过不断学习和能力提升去解决项目中出现的种种问题。在张仁杰的努力下，他在2000年下半年成为项目主管。

压力不仅来自工作本身，还来自自己在职场上的发展情况等，但是究其根本，问题出在个人能力有限，所以当出现对工作不熟悉，对于达成目标感到力不从心的时候，疏解压力最直接的方法便是去深入了解、掌握工作状况，并且设法提升自身的工作能力，积极主动解决难题，将压力带来的负面影响转化为正面影响。

销售人员在感受到巨大的工作压力之时，要意识到自己身上存在的问题和发展的局限。这样一来，就没有时间伤春悲秋，陷入消极的情绪中，而是感到精力充沛、动力十足，非常清楚自己应该怎么做。能够及早正视现实，主动寻找解决问题的方案，调整自己的工作目标，思考新的策略，才能在确定新的行动之后，调整自己的心态与步伐，适应新的情况。

6.2 敢于为机会冒险

比尔·盖茨说："成功的首要因素就是冒险。"他认为在任何事业中，如果将所有的冒险机会都清除掉，也就意味着将所有成功的机会消除掉了。在比尔·盖茨看来，如果一个机会没有伴随风险而来，那么这个机会是不值得花费心力去挑战的。

这一点，也是任正非的观点。任正非白手起家直至事业有成，虽然在这个过程中有运气的成分，但究其根源，是因为任正非有勇气去冒险，才能在运气的帮助下，抓住机遇，创造出华为的辉煌。这一点对于销售行业的工作者尤为重要，销售人员要具备冒险精神，在每个机遇来临的时候，全身心地投入，才能抓住机会，开启成功的大门。

美国著名企业家安德鲁·梅隆是一个"热衷于机会"的人，而他能够把握住机会的最重要的原因就是他具备冒险精神，敢于为机会冒险。

安德鲁·梅隆一生中涉足银行、石油业、钢铁业、铝品业等多个行业，他在每个领域都能大获成功就是因为他的大胆和敢于冒险。1889年，安德鲁·梅隆遇到了三名陌生青年，这三名青年声称他们找到了一种可行的电解生产法，并且向安德鲁·梅隆展示了他们找到的原料，银蜡色的金属铝。既有技术又找到了原料，但是苦于没有资本，询问安德鲁·梅隆是否愿意替他们偿还给银行4000美元欠款，并且资助他们创业。

安德鲁·梅隆凭借自己的独到的眼光和大胆，预感到这种电解生产法将在未来大放异彩，于是当即答应了这三名年轻人的请求，帮他们偿还了银行4000美元的债务。此外，安德鲁·梅隆资助他们成立了匹兹堡电解铝公司，将生产资本升至100万美元，并由他本人掌握60%的股份。果然，两年之后，这家公司就控制了北美的铝生产，安德鲁·梅隆的投入有了数倍的回报。

1895年，与爱迪生共事长达十年的发明家爱德华特·兹奇逊找到安德鲁·梅隆，他带着一块闪闪发光的"金刚砂"，向安德鲁·梅隆申请资金支持。安德鲁·梅隆思量一番，认为这一项发明有着非常好的商业前景，于是答应了兹奇逊的请求，提供了资金支持并取得了一部分股份，这项生产得到了迅速的发展，给安德鲁·梅隆带来了大量的财富。

企业家安德鲁·梅隆对市场有一定的了解，并且有雄厚的资本，在机会来临的时候，敢于冒险，敢于巨额投资，以一定的赌注在风险中求取大胜利，才得以抓住机会，实现自己的事业理想。

销售行业遍地都是机会，能否抓住这些机会，就在于销售人员是否敢于冒险，敢于比别人更主动地靠近机会，比别人多付出一些。客户追求的是利益最大化，一个敢于冒险敢于搏击的销售人员显然更容易得到客户的青睐，因为敢于冒险的销售员有勇气、积极上进，更能够帮助客户成就事业。

6.3 主动承担有挑战性的任务

英国批评家切斯特顿曾说："我是不相信命运的。行动者，无论他们怎样去行动，我不相信他们会遇到注定的命运；如果他们不行动，我倒确信他们的命运是注定的。"也就是说，只有积极地行动才能够把握自己的命运，所以，职场员工想要把握自己的职业命运，就要主动行动，挑战自己。

当然，任何行动都存在着一定的风险，而越是巨大的风险，越是巨大的挑战，越能带来大的回报。所以，职场员工想要获得巨大的成就，就要勇敢地、主动地接受挑战，主动承担有挑战性的工作任务。

聂愿愿在加入华为之前是从事并行计算行业的，加入华为之后，成为数据管理软件的一员。但是一年之后，不管在理论的广度上，还是具体技术细节的深度上，他在新的工作领域都做到了极致，远远超过那些在数据管理软件行业的资深员工。

与聂愿愿共事十个月，共同完成交付项目的同事表示他能够有这么大的成就，是因为他能够主动承担有挑战性的任务，活跃在编码一线。同事都笑称："通常哪里有疑难问题，哪里就有聂愿愿的身影。"

当时，XX 版本中有个涉及并发控制的核心逻辑，是一个非常复杂的状态机，直接影响着数据的一致性，华为项目组的成员面对这一难题止步不前。在这个时候聂愿愿主动提出要承担起解决这个问题的责任，为了保证质量万无一失，他几乎到了废寝忘食的地步。当时，聂愿愿连吃饭睡觉都在不停地琢磨解决方案，为了修改其中的一个核心函数的 200 多行代码，聂愿愿不断调试研究。很快他发现自己遇到的逻辑问题实在太复杂了，不管他怎么努力调试，都没有任何进展。那段时间，聂愿愿几乎陷入魔怔状态，不管是在班车上，还是在食堂里，只要是和项目组的成员在一起，他都不断提起这个复杂的技术问题。最终，聂愿愿找到了解决问题的新思路，从原理上做了理论分析，写了长达 16 页的资料，完整地阐述了算法思想，从理论上证明了方案的完备性和有效性。

“木受绳则直，金就砺则利”，正是因为聂愿愿能够主动承担有挑战性的工作任务，并且踏实执着地投入到工作和学习中，使得他很快成为新的工作领域的佼佼者，超越了那些老员工。

事实上，积极主动承担更有挑战性的工作，对于销售员来说极为重要。因为客户心中都有一杆秤，每一个客户都希望为自己服务的销售员具备奋斗进取的精神，能够帮助自己实现更有挑战性的任务，勇敢挑战自己的销售员才会成为客户的第一选择。所以，销售员要谨记：没有挑战，就没有机遇。只有敢于积极主动地挑战，才能够抓住机遇，获得成功。

参考文献

1. 黄卫伟主编. 以奋斗者为本. 北京：中信出版社，2014.

2. 黄卫伟主编. 以客户为中心. 北京：中信出版集团，2016.

3. 田涛，殷志峰主编. 枪林弹雨中成长. 北京：生活·读书·新知三联书店，2016.

4. 田涛，殷志峰主编. 厚积薄发. 北京：生活·读书·新知三联书店，2017.

5. 杨少龙. 华为靠什么. 北京：中信出版社，2014.

6. 田涛，吴春波. 下一个倒下的会不会是华为. 北京：中信出版社，2012.

7. 程东升，刘丽丽. 华为真相. 北京：当代中国出版社，2004.

8. 汤圣平. 走出华为. 北京：中国社会科学出版社，2004.

9. 张利华. 华为研发. 北京：机械工业出版社，2009.

10. 彭剑锋，吴春波，黄卫伟等. "＋时代管理"：人的一场革命.北京：中国计划出版社，2015.

11. 吴春波. 华为没有秘密. 北京：中信出版社，2014.

12. 周留征. 华为哲学. 北京：机械工业出版社，2015.

13. 李玉琢. 一路直行：我的企业理想. 北京：当代中国出版社，2013.

14. 刘劲松，胡必刚. 华为能，你也能.北京：北京大学出版社，2015.

15. [美]菲利普·科特勒等. 市场营销：原理与实践. 楼尊，译. 北京：中国人民大学出版社，2015.

16. [日] 大前研一. 专业主义. 裴立杰，译. 2版. 北京：中信出版社，2010.

17. [美] 彼得·德鲁克. 成果管理.朱雁冰，译. 北京：机械工业出版社. 2006.

18. [日] 大岛祥誉. 麦肯锡工作法. 王柏静，译. 北京：中信出版社，2014.

19. [美] 罗宾斯等. 管理学. 李自杰，等，译. 7版.北京：机械工业出版社，2013.

20. [美] 戈德史密斯等. 领导力教练. 徐中，等，译. 北京：机械工业出版社, 2013.

图书在版编目（CIP）数据

销售就是拿订单：华为金牌销售的成长之路 / 周庆，易鸣，向升瑜著. — 北京：中国人民大学出版社，2018.12

（华为营销方法丛书）

ISBN 978-7-300-26032-7

Ⅰ. ①销… Ⅱ. ①周… ②易… ③向… Ⅲ. ①通信企业－企业管理－销售管理－经验－深圳 Ⅳ. ①F632.765.3

中国版本图书馆CIP数据核字(2018)第169822号

华为营销方法丛书

销售就是拿订单——华为金牌销售的成长之路

周庆 易鸣 向升瑜 著

Xiaoshou Jiushi Na Dingdan——Huawei Jinpai Xiaoshou De Chengzhang Zhi Lu

---

出版发行 中国人民大学出版社

社　址 北京中关村大街31号　　**邮政编码** 100080

电　话 010-62511242（总编室）　010-62511770（质管部）

010-82501766（邮购部）　010-62514148（门市部）

010-62515195（发行公司）　010-62515275（盗版举报）

网　址 http://www.crup.com.cn

http://www.1kao.com.cn（中国1考网）

经　销 新华书店

印　刷 涿州市星河印刷有限公司

规　格 170mm×230mm　16开本　　**版　次** 2018年12月第1版

印　张 16.25　插页2　　**印　次** 2019年5月第2次印刷

字　数 246 000　　**定　价** 58.00元
